河南省“十四五”普通高等教育规划教材

新编21世纪新闻传播学系列教材

新闻学系列

财经新闻基础

第2版

贺晓宏　编著

Introduction to Financial News

中国人民大学出版社
·北京·

内容简介

《财经新闻基础》（第2版）从宏观、中观、微观三个层面介绍财经新闻所涉及的财经基础知识，以七编十六章涵盖财经新闻的常规报道领域，各编以专题的形式论述财经新闻报道与评论必备的基本理论知识、相关法律知识，提供财经事件的新闻报道案例分析，并做出新闻报道提示等，有益于财经新闻的初学者和从业者。

作者简介

贺晓宏 博士，河南财经政法大学副教授。

总序

中国人民大学出版社策划出版的“新编 21 世纪新闻传播学系列教材”，是一套在新闻传播学领域内密切联系新闻传播工作的实际，广泛吸收新闻传播学的最新研究成果，高挹遐揽，取精用宏，供 21 世纪的高等院校新闻传播院系教学使用的系列教材。

20 世纪初以来的 120 年，是世界新闻传播事业飞速发展的 120 年。这一百多年来，随着科学技术的不断发展，继报纸、期刊、通讯社之后，广播、电视、网络、自媒体等多种新媒体相继问世，新闻传播的媒介日趋多元化，新闻传播的手段日趋现代化，“地球村”变得越来越小，新闻传播事业对世界政治、经济和文化的影响则变得越来越大。

这 120 年，也是中国新闻事业飞速发展的 120 年。尤其是中国改革开放以来的 45 年，发展进入快车道。

21 世纪以后，中国新闻事业发展的势头更为迅猛。报纸、期刊、通讯社、广播电台、电视台的数量在宏观调控下，虽无大变化，但软硬件的实力都有了很大的提高。进入新时代，媒体融合发展有序进行。据 2022 年 5 月中国记协发布的《中国新闻事业发展报告》和 2023 年 2 月国家新闻出版署发布的《2021 年新闻出版产业分析报告》的最新统计数字，2021 年全国共出版报纸 1 752 种，总印数 283 亿份。共出版期刊 10 185 种，总印数 20.1 亿册。全国共有广播电视播出机构 2 542 家，地市级以上广播电视播出机构开办的广播电视频率频道 2 366 套，其中广播频率 1 166 套、电视频道 1 200 套，另有各级教育电视台开办的 38 套教育教学类频道，中央广播电视总台和全国 25 家省级电视频道基本实现高清化，全国地市级台电视频道已有 73%实现高清化。

另外2023年3月中国互联网络信息中心（CNNIC）发布的《第51次中国互联网络发展状况统计报告》显示，截至2022年12月，中国网民规模已达到10.67亿，互联网普及率达到75.6%。其中，手机网民数量为10.65亿，网民中使用手机上网的比例为99.8%。网络新闻用户规模达7.83亿，占网民整体的73.4%，短视频、生活平台、“两微一端”成为网民获取新闻信息的重要渠道，抖音、快手、小红书等应用逐渐从娱乐、生活、社交平台转变为具有新闻属性的信息平台，成为网民获取新闻信息的重要渠道。2022年上半年，新华社、中央广播电视总台、《人民日报》等八家主要央媒机构累计生产1.5万篇爆款短视频内容，“央视新闻”微博开设党的二十大相关话题，总阅读量突破147亿。网民个人、自媒体等也纷纷利用短视频、生活平台等跟进舆论热点，传播新闻信息，为人民群众及时获取热点资讯创造了条件。

这样大的发展规模，这样快的发展速度，在世界和中国新闻事业史上都是空前的。回顾既往，盱衡未来，新闻传播事业在新时期还将保持旺盛的发展势头。新闻传播，作为上层建筑中意识形态的一个重要组成部分，在全面准确地宣传党的基本理论、基本路线和基本方针以及各项决策，反映人民群众的伟大业绩和精神风貌，以及推动改革开放和社会主义现代化建设等方面，必将继续发挥重要的作用。

与新闻传播事业的发展相配合，这120年来，为中国的新闻战线培养和输送人才的中国新闻教育，也有了相应的发展。中国的新闻教育起始于20世纪初，迄今有110年的历史。中华人民共和国成立前的30年，虽然先后在个别院校中设立了新闻系或新闻专科，但规模都不大，设备也不够完善，在校学生人数，最多的时候不超过400人，30年间累计培养出来的毕业生还不到3 000人。中华人民共和国成立后，为了给新闻事业培养人才，新闻教育有了新的发展，但到20世纪60年代中期为止，全国的新闻教育机构也还只有14家。当时全国只有343家报社、78座广播电台和13家电视台，革命老区来的新闻工作骨干正当盛年，足以支撑大局，新闻系和新闻专业的学生统招统分，基本上能够满足中央和省市以上新闻单位梯队建设方面的需要。“文化大革命”爆发后，新闻事业进入低谷，新闻人才的培养也被迫中辍。拨乱反正之后，新闻事业有了飞速的发展，但新闻工作的人才却出现了断层，明显供不应求，因而极大地推动了新闻教育的发展。中国的新闻教育得以重整旗鼓并得到空前迅猛的发展，主要是改革开放以来的这40多年的事情。40多年来，中国新闻教育和中国新闻事业同步发展。根据教育部数据，截至2021年，全国设有新闻传播学类院、系、专业的高校已由改革开放之初的两三所增加到727所，本科专业布点在全国共计1 439个，覆盖以下10个专业：新闻学、广播电视学、广告学、传播学、编辑出版学、网络与新媒体、数字出版、时尚传播、国际新闻与传播、会展（交叉专业）。新闻专业的教学已从单一的大学本科教育，发展到博士生、硕士生、本科生、大专生、成人教育、函授教育等多层次的格局，不少院系还设置了新闻传播学方向的博士后流动站。改革开放之初，全国在校新闻系科学生总共只有500来人，现在仅在校本科生就有14万人左右，硕士和博士研究生4万人左右，办学层次、办学规模、办学水平都有了很大的提升。进入21世纪以后，随着新闻传播事业的加速发展和新闻战线人才需求的不断增加，中国的新闻教育将由规模扩张迈向高质量发展。

一般说来，新闻教育质量的高低，起决定作用的主要是两个因素：一个是师资，一个是教材。两者之间，教材的作用更大。这是因为，师资的多少和良窳，往往受办学主客观条件的限制，而教材一旦完成，就可以直接嘉惠于学子，风行四海，无远弗届。进一步说，一部好的教材，不仅可以满足教学的需要，培养出一大批人才，而且还可以同时拥有一定的学术含量，推动新闻传播学研究的发展。1919年出版的徐宝璜的《新闻学》，1927年出版的戈公振的《中国报学史》，就是这方面的很好的例子。这两本书都是作者在高等学校从事新闻学理论和新闻史教学时作为教材编写出来的，出版之后，立即引起世人的关注和推崇，一再重版，历久不衰，至今仍然是公认的新闻学理论和新闻史方面的传世之作和经典之作。正因为这样，新闻教育的前辈们，历来十分重视教材的建设。中华人民共和国成立初期的十来年，坊间出版的新闻学方面的书籍，绝大部分是教材。改革开放以后，新闻传播学研究空前繁荣，新闻学方面的书籍大量问世，但教材仍然在其中占了很大的比重。这些教材，覆盖了新闻传播学的方方面面，经过出版家和众多作者们的长期努力，门类和品种基本配套齐全，曾经为同时期的新闻教学做出过重要的贡献。但是，随着时间的推移和新闻工作实际的飞速发展，这些教材的体例日显陈旧，观点和内容也亟待调整和更新。一些属于学科前沿和科技含量较高的新开课程的教材尚付阙如，使现有的教材出现了不少缺口。在21世纪已经到来之际，集聚力量，重新编写出一套体系完整，门类齐全，能够为21世纪的新闻教育和新闻人才培养服务的新闻传播学的系列教材，已经成为人们的共识和新闻业界与新闻教育界的迫切需求。

呈现在读者面前的，就是应这样的需求产生的一套系列教材，它将涵盖新闻学、传播学两个二级学科的方方面面内容，满足新闻、广播、电视、广告、媒体经济、新媒体等多个专业的教学需要。负责这些教材编写工作的，是中国人民大学、复旦大学、北京大学、清华大学、中国传媒大学等多所著名院校长期从事新闻传播学方面教学与研究工作的专家学者，其中有相当大的一部分编写者是相关学科的国家级的学术带头人，堪称一时之选。收入本系列的教材中，既有国家级重点教材，也有部级重点教材，其他的也是经过严格筛选的精品，所以，本套系列教材的质量是有保证的，其权威性也将得到社会的认同。

21 世纪是一个高度信息化的时代，是信息经济和知识经济占主导地位的时代。信息经济和知识经济有两大支柱，一是以高科技为代表的传播技术产业，二是从事新闻和信息产品生产的媒体产业。新闻传播学作为将这两大领域有机联结的桥梁，在今后的国家建设和社会发展中必将发挥越来越重要的作用。中国人民大学出版社经过精心策划，隆重推出这套系列教材，是具有高度的前瞻性和战略眼光的。在这里，我谨代表编委会和全体作者向中国人民大学出版社表示由衷的感谢。

这套系列教材开始策划于 20 世纪的最后一年，21 世纪初起陆续问世，迄今已编写出版了 180 余种。在体例和内容的创新和开拓等方面，远远超过同时期出版的同类教材。其中有些教材，还根据整个新闻传播理论与实践的发展和新闻传播学教学与研究的发展，陆续做了必要的补充和修订，重新出版，实现了内容的与时俱进。

这批教材的问世，将会为新闻传播事业和新闻教育事业的发展和繁荣、为 21 世纪新闻传播人才的培养做出它应有的贡献。这是出版者和全体作者共同的一点希望。是为序。

方汉奇

2023 年 7 月

于中国人民大学宜园

序言

百年变局与中国财经记者的专业素养

百年变局、社会结构变迁和新技术驱动是当前影响中国财经传媒发展最重要的外部环境，也是重构中国财经新闻教育范式的逻辑起点。

刚刚走过2024年的第一季度，从疫情中艰难复苏的世界经济仍旧疲弱，增长动力不足，而甚嚣尘上的贸易保护主义、俄乌冲突、巴以冲突、红海危机等地缘政治危局仍旧无解。进入4月的两周内，美联储高息的溢出压力迫使亚洲主要国家的诸多主权货币猛烈贬值①，黄金、石油价格则是一路走高，加剧了人们对不确定性时代的深深忧虑。

反观中国，一方面，根据国家统计局2024年4月17日发布的中国经济春季报告，一季度我国GDP为296 299亿元，按不变价格计算，同比增长5.3%，实现了良好开局，高技术制造业投资和高技术服务业投资同比分别增长10.8%和12.7%②，以新质生产力为代表的经济新动能日趋活跃。但是另一方面，知名地产企业万科在发布最新年报的同时屡屡召开信息发布会和进行危机沟通，也在提示中国地产业转型的不易。中华人民共和国人力资源和社会保障部等九部门适时印发《加快数字人才培育支撑数字经济发展行动方案

---

① 重磅！亚洲货币面临贬值压力，各国央行紧急行动，“淘金潮”将延续？有色龙头ETF（159876）单日劲涨2.14%.（2024-04-18）[2024-05-17]. https://baijiahao.baidu.com/s?id=1796637894214530698&wfr=spider&for=pc.

② 赵同录：一季度经济运行开局良好.（2024-04-17）[2024-05-17]. https://www.stats.gov.cn/sj/sjjd/202404/t20240417_1954650.html.

(2024—2026年)》（简称《行动方案》），表示“用3年左右时间，扎实开展数字人才育、引、留、用等专项行动，提升数字人才自主创新能力，激发数字人才创新创业活力，增加数字人才有效供给，形成数字人才集聚效应”，彰显了国家对新技术时代趋向的响应。与此同时，作为财经新闻成长的土壤，根据中国证券业协会的统计，中国已经形成了近2亿股民和超7亿基民的全民理财市场。

这是看得见的外部生态，而伴随中美博弈特别是继贸易战、科技战之后的金融战、预期战已经悄然开始，这些战况更复杂、更激烈、更难以琢磨。

所有这些都是中国财经传媒人面对的内外环境，构成了30多年来最多变的情势，对财经新闻的供给质量和财经新闻教育的供给侧改革都提出了全新的要求。

我们认为，首先必须以新闻判断为核心重塑财经新闻教育教学的基础模式。

何为新闻判断？让我们看看近期几个报道的标题。

案例1：

针对2024年3月PMI（采购经理指数）的发布，不同媒体拟定的标题如下：(1)《国家统计局：3月份制造业采购经理指数为50.8%，比上月上升1.7个百分点》；(2)《3月制造业PMI为50.8%：比上月上升1.7个百分点，重返扩张区间》；(3)《50.8%！3月制造业PMI创一年来新高》；(4)《3月统计局制造业PMI录得50.8 六个月来首次扩张》。

变动中出新闻。PMI作为每个月最早发布且全球通用的一种重要的宏观经济先行指标，通常有两种比较方式，即同上月PMI进行环比和同50%荣枯线进行比较。以50%为荣枯线，当月PMI大于50%，反映经济扩张，反之则显示经济收缩。当月PMI环比上升或升至荣枯线之上体现着媒体不同的判断结果，最终影响公众对国家经济基本态势的看法。

从报道标题看媒体新闻判断：第一个着眼于PMI同上月环比的变动幅度，第二个则强调3月PMI已经回到扩张区间，第三个强调PMI是一年来的高点，第四个则明确这个数据自六个月以来首次站在荣枯线上方的特殊性，侧重凸显PMI的扩张意义和实现的不易。相比之下，最后一个更显示出变动的新闻价值和新闻工作者对于这个敏感宏观数据的社会意义的定性判断。

从全球比较看，国外主流财经媒体也都会报道中国PMI的数据，用于定性中国经济的发展态势，但是负面意味明显更浓。比如同期路透社的报道在导语段一边报道中国PMI上升，一边强调“房地产行业的危机仍然拖累经济和信心”。

媒体对PMI正负的不同判断作用于公众预期，影响公众对未来经济走势的判断乃至实际经济决策行为。

在网络的全球传播时代，今天的中国记者要明白现在已经是全球话语竞争的时代，中国经济的定调权更应该掌握在中国媒体人手中。

中国媒体敏锐准确的新闻判断力对于在国际舞台上赢得舆论引导权及预期引导权至关重要。

案例 2：

2024 年 4 月，美联储公布了由波士顿联储编制的最新经济状况褐皮书，有媒体将其标题定为《美联储褐皮书：经济略有扩张，物价基本稳定》。

这个标题几乎是美联储报告的摘要版，似乎美国经济风景依旧，并没有体现出中国记者的任何独立分析和判断。而其实几乎同期公布的美国“3 月消费者物价指数（CPI）环比上涨 0.4%，同比上涨 3.5%，创 6 个月以来最大涨幅”[①] 的数据表明，其市场已经被通胀居高不下和美联储到底加息还是降息的预期搅动得异常了。我们的报道如果只传递信息，不结合新闻背后的新闻，那么在大国博弈的今天，很可能沦为他人的传声筒。

无论什么时代变革，新闻判断始终是指导新闻采访和新闻写作的核心，也是智能传播时代人机协作中作为新闻工作者最为主动、主导的能力。

表达形式是面子，新闻判断才是里子。必须先有新闻判断才有新闻选择和新闻生产，新闻判断统领新闻采写，新闻判断质量的高低决定了新闻报道的成败。新闻价值判断、新闻的价值判断和媒体的价值判断又构成新闻判断的三层内涵（见下图）。新闻价值判断是第一层，仅仅涉及是否引起受众兴趣、引起多大的兴趣；新闻的价值判断是第二层，需要较深入地考量新闻对社会的正面或负面影响等；而媒体的价值判断则是记者、编辑判断的最后一层，也是最复杂的一层，既要根据不同类型媒体（依据功能定位、受众定位等确定）的编辑方针，又要结合新闻价值和新闻的价值综合考量，对新闻事件是否报道、如何报道、重点在哪里、从什么角度报道等做出判断。记者的新闻判断能力是其水平高低的彰显，也是媒体立场的表现，是今天我们重塑中国财经新闻教育的逻辑起点，也是中国财经记者重构新闻报道认知框架的指针。

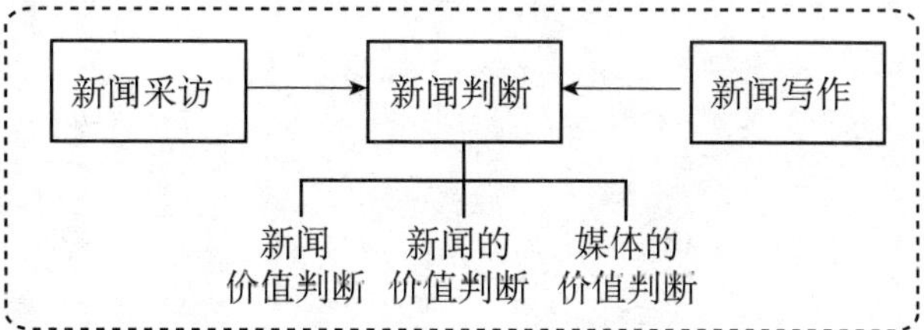

① 美 CPI 再超市场预期 贵金属市场逆势走强 .（2024-04-19）[2024-05-17]. https://licai.cofool.com/user/guide_view_2773757.html.

贺老师是我非常尊重的同行，二十多年如一日默默耕耘在财经新闻教育的第一线，祝贺她的教材更新再版。这体现了她多年来的新思考和新发现，也意味着一位兢兢业业的教育工作者的不懈和坚韧！很荣幸能够和这样的同仁携手前行，奋斗不止。

也祝福所有坚守初心的从事财经新闻教育的老师们。

是为序。

林晖

2024 年 5 月

前言

近些年来，财经媒体如雨后春笋般遍及全国，方兴未艾。以“胡润中国最具影响力财经媒体榜”为例，排行评选已经细分为最具影响力财经媒体、最具影响力综合媒体财经版、最具影响力财经资讯平台、最具影响力资讯平台财经版、最具影响力财经自媒体等等。

为回应社会现实需求，高等院校如中央财经大学、中南财经政法大学、天津财经大学、西南财经大学、南京财经大学、北京工商大学等财经院校的新闻学院、人文学院相继开设财经新闻类课程。此类课程包括但不限于财经新闻报道、财经新闻概论、财经新闻导论、财经新闻评论、经济新闻报道、财经媒体概论等。其中财经新闻概论/导论课程在财经新闻类课程体系中居于核心地位。财经新闻概论是在特色新闻专业理念指导下开设的财经新闻专业/方向的基础课程，旨在培养未来财经新闻工作者基本的理论知识素养。

《财经新闻基础》就是为财经新闻概论课程而编撰的专门教材。与已出版的财经新闻类课程教材相比，本教材有如下特点。

首先，已出版教材多聚焦于财经新闻报道领域，尤其是诸如楼市报道、股市报道、公司报道等类型报道的具体写作技法。本教材则聚焦于支撑写好财经新闻报道与评论的基础财经理论与知识。

其次，内容较为丰富。本教材共计七编十六章，涉及资本市场、财务报表与财务分析、公司、中央银行与商业银行、通货膨胀与金融危机、外汇管理与资本管制、国家与地区发展等方面，基本上涉及财经新闻报道的常规领域。除介绍相关财经理论外，还穿插“知识窗”，介绍相关背景知识。各章所附的“延伸阅读”板块内容涉及专家学者相关述评等，旨在拓宽读者视野，各章末的“问题与思考”便于教师和学生检查对各章知识的理解掌握程度。本教材的“附录”中国财经大事件与中国财经新闻大事记为读者检索当代中国重大财经事件和经典财经新闻提供方便。

再次，本教材体例内容安排有一定创新性。各章以财经新闻案例导入，易激发读者兴趣；之后提出具体学习目标，更具针对性。视各章具体内容，围绕基础财经理论与知识，多角度多方面展开探讨：既有纵向的股票、基金和期货的历史发展梳理，又有企业经营战略、三大财务报表、通货膨胀类型的横向比较；既有宏观的国家发展和全球脱贫问题，又有微观具体公司财报案例解析；既有公司法、证券法等法律政策解读，又有公司并购步骤、财经信息数据获取辨析与呈现的实操指引。

最后，本教材尽可能利用最新的案例与数据。财经新闻概论课程属于“与时俱进”的融合类课程，对于同类型经典案例，《财经新闻基础》选取较新案例，这样易于拉近与读者的距离。随着互联网金融的崛起与电信诈骗的频发，本教材在相关章节中加入了防范金融欺诈的相关知识。

在教材的篇章顺序安排上，以“股票”为首章是因为考虑到中国资本市场的发展历程中股市影响最大，最贴近老百姓，且精彩故事不断。具备了股票市场和公司财报的基础知识，对于上市公司财报造假的动机和手法就较易理解。学习了公司战略与战略分析之后，对于公司并购的类型、动因和程序也好理解。把中央银行与商业银行并置，是因为二者联系紧密又有区别。“通货膨胀”一章聚焦于最影响民众生活的财经问题，分析了通货膨胀的本质、衡量指标以及严重通胀的危害。金融危机除了严重通货膨胀之外，还有其他类型。“金融危机”专章在概述金融危机后介绍了两种普遍危机：主权债务危机和银行危机。“外汇管理与资本管制”一编主要涉及外汇管理和资本管制的概念与理论，联系现实说明我国现阶段资本管制的必要性，说明反洗钱国际合作的必要性。本教材的最后是统摄在“国家与地区发展”同一主题下的两章：“贫困与消除贫困”“国际贸易与国家发展”。这两章涉及贫困的概念内涵、国家与个人贫困的原因、国际贸易相关理论、世界贸易组织等。这些内容也是整部教材的落脚点：个人脱贫与国家发展。

本教材主要面向财经院校的本科生［新闻学（经济新闻方向）、广播电视新闻学（财经新闻方向）等］，除作为财经新闻概论课程教材外，也可作为财经新闻报道、财经新闻评论、经济新闻报道、财经媒体概论等课程的配套教材。普通高校也可选用本教材作为大学生提高财经素养的财经通识公共选修课程教材。财经新闻从业者可用本教材作为参考资料。财经知识喜好者也可在本书理论知识和案例中汲取营养，以透视现实财经事件。

本教材注重案例和理论知识融合，知识性与趣味性融合，难易程度适中。

即使是财经知识“小白”，也可从各章具体案例入手，循序渐进理解并学习教材内容。

本教材共七编十六章，主要内容如下：

第一编包括第一章股票、第二章基金和第三章期货。本编介绍了资本市场的三个子市场。第一章介绍了股票的概念及股票市场的构成、分类和相关制度以及西方主要经济体的股票市场，梳理了中国股票市场的发展脉络，涉及股票发行交易制度的变革以及中国股票市场国际化等内容。第二章介绍了基金的种类和特点，对公募基金、私募基金、私募股权基金和对冲基金的特点和运作方式做了说明。第三章介绍了期货的由来、期货交易的特点、期货市场的功能和期货交易的风险。该章也描述了中国金融期货的发展情况并列示了国内外主要的期货交易所。

第二编包括第四章财务报表和第五章财务分析。本编侧重介绍财经新闻记者必备的基本财会知识。第四章介绍了三大财务报表的基本结构和主要指标。第五章阐述了财务分析的具体作用以及基本的财务分析工具。该章还指出了财务报表造假的动机、步骤、手段及识别的主要方法。

第三编包括第六章公司概述、第七章公司战略与战略分析和第八章公司并购。第六章概述了公司的起源、类型及治理，辨析了企业与公司、企业与法人、母公司与子公司、本公司与分公司等概念，厘清其中法律责任的区别。第七章阐述了公司总体战略、经营战略和职能战略的含义，结合具体实例说明两种基本的竞争战略即成本领先战略和差异化战略。该章还介绍了战略分析工具波特五力分析模型和SWOT分析模型。第八章介绍了公司并购的类型和程序、公司并购的具体步骤，指出公司并购成功以后面临的风险。

第四编包括第九章中央银行和第十章商业银行。第九章概述了中央银行的起源，介绍了中央银行的职能、类型等，以及货币政策目标和货币政策工具。第十章主要概述了商业银行的职能、基本业务及运营模式，介绍了我国商业银行的分类及银行体系变革。该章也指出了我国银行业面临的挑战和应对。

第五编包括第十一章通货膨胀和第十二章金融危机。第十一章阐述通货膨胀的含义、衡量指标及种类，介绍了通货膨胀成因的理论阐释，分析了严重通货膨胀的危害，同时提出了应对严重通货膨胀的对策。第十二章侧重介绍了两种金融危机——主权债务危机和银行危机，并分析了这两种金融危机的表现和危害性，同时提出金融危机的防范措施与化解方法。

第六编包括第十三章汇率与外汇管理和第十四章资本管制与反洗钱。第十三章说明汇率的含义以及汇率的重要性，阐明进行外汇管理的必要性。第十四章介绍了资本管制的概念、作用及我国乃至全球资本管制情况，揭示了洗钱的危害与主要手法，描述了近年来我国反洗钱制度和反洗钱的国际合作。

第七编包括第十五章贫困与消除贫困和第十六章国际贸易与国家发展。第十五章侧重讨论了贫困概念的多种定义、国际贫困线和中国贫困线的标准及贫困原因的理论解释，介绍了解决贫困问题的对策。第十六章侧重介绍了目前国际贸易多边体制——WTO。其中介绍了自英国古典经济学派以来的国际贸易相关理论，分析了自由主义贸易理论和保护主义贸易理论提出的背景，阐明了加入 WTO 的市场机制前提。该章也介绍了中国加入 WTO 的具体承诺条款及履行情况。

附录一和附录二按时间顺序梳理了国内 30 年来重大财经事件和财经新闻事件。

参考文献是本教材修订时理论、数据、图表等信息的主要来源。除此之外，第 2 版教材较新的案例及数据信息来自相关参考书和《财经》《财新周刊》《第一财经日报》等报刊，世界银行、中国证监会、上海证券交易所、国家统计局等官方网站，以及新浪财经、和讯财经和知乎等网站，限于教材篇幅，恕不一一指出。

编　者

目录

第一编

资本市场

第二编

财务报表与财务分析

第六编

外汇管理与资本管制

第七编

国家与地区发展

第一编

资本市场

股市报道、期货报道和基金报道构成当代财经新闻报道中资本市场报道的主要板块。资本市场的变动信息是西方主流财经媒体如路透社、彭博社、《华尔街日报》、《金融时报》的关注焦点。

金融市场、资本市场与货币市场是三个有联系而又不同的概念，也是财经记者进行相关报道首先要厘清的概念。

金融市场，指具有一定规模的资金融通、货币借贷和买卖有价证券的活动的场所。金融市场不一定要在固定的场所中，通过电子通信等方式完成的交易也可以被认为是金融市场的一部分。金融市场的参与者是资金供求双方，可以是个人、企业、银行、经纪人、证券公司、保险公司、投资机构以及政府机构等。金融市场交易的对象是货币形态的资金商品，并以利息作为价格。而利息通常是资金使用权转移的代价或者是资金参与生成的利润的分割。

金融市场从不同角度可做如下划分：按业务活动期限划分为货币市场和资本市场；按成交后是否立即交割划分为现货市场和期货市场；按有价证券是否新发行划分为一级市场和二级市场；按地域范围划分为地方性金融市场、国内性金融市场、国际性金融市场；按市场职能划分为货币市场、资本市场、外汇市场、黄金市场；等等。金融市场重要的经济功能表现在，使资金由收入大于支出而储蓄有盈余资金的人向支出大于收入而存在资金短缺的人流动。

资本市场是金融市场的一部分。资本市场是资金富余者和资金短缺者直接进行交易的市场。资本市场有七个子市场——股票市场、债券市场、基金市场、信托产品市场、权证和衍生品市场、资产证券化市场和风险投资市场，其中股票市场是核心。

货币市场是指期限在一年以内的金融资产交易的市场。该市场的主要功能是保持金融资产的流动性，以便随时转换成可以流通的货币。

机构投资者的发展是中国资本市场近年的趋势。随着资本市场的发展，基金、保险、社保基金以及企业年金等机构投资者逐步进入了资本市场，初步改善了资本市场的投资者结构及各类机构投资者发展不平衡的局面。

第一章
股　票

只有在退潮时，你才知道谁在裸泳。

——沃伦·巴菲特

案　例

1993年11月6日，海南《特区证券报》（现名《证券导报》）在头版头条刊登广西北海正大置业有限公司（简称北海正大置业公司）给该报编辑部的来信，信中声称到11月5日下午3时30分，北海正大置业公司已经持有250.33万股江苏昆山三山公司股票（简称“苏三山”股票），占该公司流通股的5.006%，并表示将按规定程序继续收购该公司的股票。消息一出，11月8日星期一开盘后，苏三山这支在深圳证交所上市的股票，买盘汹涌而来，从8.3元开盘价蹿至11.5元收盘，当日飙升38.55%，成交达2 000多万股，成交金额2.2亿元，换手率高达42%。事后证明，这是一场利用媒体操纵股价的骗局，而受虚假消息影响购买股票的股民则被深度套牢，蒙受损失。这就是中国股票发展史上的“苏三山事件”。事后海南《特区证券报》受到相应的处罚。无独有偶，世纪之交的“中科系事件”更是令众多投资者损失惨重。在此事件中，庄家吕梁多次在数家有影响力的媒体上发布股评，或明或暗地引投资者入局，媒体无意间成为吕梁操纵股价的工具。对此，《财经》2001年第35期的封面文章以“庄家吕梁”的主标题和“中国股票市场三位一体‘超级庄家’的典型代表”的副题予以深度披露。

上述案例表明，虽然以股票市场为代表的中国资本市场是财经报道的“富矿”，为财经记者提供了源源不断的素材，但要讲好资本市场的故事并非易事。财经信息的生产传播者除了应具备常规的新闻知识之外，还必须掌握股票市场的基本理论和知识，否则就不能在涉及股市内容的报道中做好信息“把关人”的角色，甚或付出不菲的代价。

通过本章的学习，你可以：

- 掌握股票和股票市场的基本知识。
- 了解股票市场投资的两种基本理论。
- 了解我国股票市场基本的发行制度、交易制度、监管制度、信息披露制度等。
- 知道如何获取股票和股票市场的相关信息。

第一节　股票和股票市场概述

企业融资可以通过向银行等金融中介机构进行间接融资，也可在资本市场通过发行股票和债券进行直接融资。根据《中华人民共和国证券法》的规定，一般股票和债券等可以在资本市场上交易流转，统称为证券。

一、股票的起源和含义

股票制度，起源于1602年的荷兰东印度公司。荷兰东印度公司经营航海事业。出于融通资金的需要，它在出海前会向人集资，航程完成后不仅将钱返还出资人，并且将该航次利润分配给出资人。这就是“股东”和“派息”的前身。荷兰东印度公司是世界上第一个股份有限公司，在此之后，股份制公司在荷兰和英国数量剧增，发行股票也成为公司融资的重要手段。

股票是一种有价证券，是股份公司为筹集资金发给投资者作为公司资本部分所有权的凭证。成为股东可以借此获得股息和红利（股利），分享公司成长或交易市场波动带来的利润，但也要共同承担公司运作失误所带来的风险。

众所周知，市场最重要的经济职能之一是提供价格的确定机制，股票市场也是如此。股票市场向人们提供了一种资本评价机制。无论是新建的还是现有的股份公司，都可以通过自己发行股票的价格和在发股票的买卖价格来衡量公司的价值，特别是衡量在一般商品市场上难以估价的公司经营管理水平。一个公司经营管理的好坏直接反映在公司的收益水平和股息分派水平上，而后者正是决定股票市场价格的首要依据。

二、股票市场的构成、分类及相关制度

股票市场对于一国的经济发展具有非常重要的意义。股票的发行情况主要取决于它的盈利和前景。而股票的盈利和前景在很大程度上决定着某个企业或部门的兴衰。因此，股票市场能制约资金流向，起着调节投资方向的作用，对经济结构的变化产生着直接或间接的影响。股票市场的繁荣稳定通常是国民经济正常运转的重要标志。

股票市场不仅具有投融资功能，还充满着大量的投机机会。一方面，它给需要长期资本的公司提供了一条从愿意承担风险而获高利的资金供给者那里筹集资金的有效渠道。另一方面，股票市场为那些有志于从商的、想冒大险赚大

钱的以及其他愿意投资于股票的剩余资金持有者开创了一显身手的天地。

在股市中，由于股价的走向取决于资金的运动，资金实力雄厚的机构大户就能在一定程度上影响甚至操纵股价的涨跌。机构大户可以利用自身的资金实力，采取多种方式制造虚假的行情而从中获利，因而使得股票市场有投机的一面。但这并不能代表股票市场的全部，不能反映股票市场的实质。从股票市场诞生之日起，股票市场报道就成为财经新闻报道的重头戏。西方各国主要的经济类报纸上每天都把交易所前一个营业日中股票的主要牌价刊登出来，列成行情表，供人们分析股票价格的现状、变动和预测未来趋势，以此作为股票投资者和投机者制定投资战略或交易战略的重要参考依据。

（一）股票市场的构成

大体而言，包括股票市场在内的证券市场主要由投资者、筹资者、各类中介机构和监管者四部分构成。

第一是投资者。以身份区分，投资者有机构投资者和个人投资者（散户投资者）。机构投资者广义上是指用自有资金或者从分散的公众手中筹集资金专门从事有价证券投资活动的投资者，一般具有法人资格，例如证券公司、基金公司、投资公司等。个人投资者是指以自然人身份进入股票市场从事各种有价证券买卖的投资者。以买卖持有证券的时间区分，投资者分短线投资者和长线投资者。长线投资者中又有一类被称为战略投资者，这类投资者通常持股需达到一定比例，有较长的锁定期，有的还会向标的公司派出董事和高管等。目前我国的股票市场，从数量上讲，个人投资者在股票市场上占有举足轻重的地位，但在持有的金融资产总量方面，个人投资者远远小于机构投资者。

第二是筹资者，主要指上市公司。上市公司都是股份公司。无限的生命，有限的责任，以及所有权和经营权的两权分离，是股份公司最为引人注目的三大特征。在我国，一般而言，拟上市公司都应该是有融资需求的优质公司，这是因为公司上市得具备一定的资质和条件，证监会相关部门会对拟上市公司进行筛选审核，俗称“过会”。由于公司上市后成为公众公司，且必须遵守严格的信息披露制度，所以某些优质公司没有融资需求，就不选择上市，如国内的华为技术有限公司、贵阳南明老干妈风味食品有限责任公司和仲景宛西制药股份有限公司等。而某些公司达不到上市标准，通过财务造假等欺诈手段发行股票，就会给投资者造成损失并要承担相应的法律责任，如云南绿大地生物科技股份有限公司（简称“绿大地公司”）。

第三是各类中介机构，包括从事证券销售业务和经纪业务的证券公司（当然券商自营买卖证券时也是投资者）；对证券买卖从事专业服务的投资咨询公司、财务顾问、资产评级评估机构、会计师事务所、律师事务所等。这类中介机构又有各自的行业自律组织。

第四是监管者。在美国，根据《1934 年证券交易法》（Securities Exchange Act of 1934）于当年成立的美国证券交易委员会（Securities and Exchange Commission，SEC）是美国股票市场的监管机构。2011 年成立的欧洲证券和市场管理局（European Securities and Markets Authority，ESMA）是欧盟的最高证券监管机构。1992 年成立的中国证券监督管理委员会（简称“证监会”）是集中统一监督管理全国证券市场的最高监管机构。对股票市场监管的目的是保障股票交易的有序进行。股票市场的管理层依据证券法、公司法等相关法律法规负责监管股票市场。中国证监会有对中国股票市场重大案件的调查和行政处罚权。股票交易所制定的本所股票上市规则及具体细则也可列入监管者之列，同时，交易所作为交易场所又是一种中介。

2023 年 2 月 17 日，上海证券交易所、深圳证券交易所同步发布了沪深主板股票异常交易实时监控细则，同时上海证券交易所发布了科创板股票异常交易实时监控细则，其中沪深两市主板细则完全一致、科创板细则与之高度接近。目前，沪深两市利用大数据分析技术，对异常交易做到了较为精准的实时监控。

此外，专业的财经媒体也可视作股票市场特殊的监管者。以《华尔街日报》《巴伦周刊》为代表的媒体在资本市场预警方面可圈可点，这方面值得我国同类媒体学习和借鉴。

案　例

《华尔街日报》创造了通俗易懂的故事化财经报道体——“华尔街日报体”，《巴伦周刊》则多次揭示了股票市场的风险。2000 年 3 月，《巴伦周刊》在题为《烧钱》（Burning Up）的封面文章中详细介绍了几十家互联网公司大量耗费资金的情况，指出这些公司很可能在年底前就会耗尽资金。没过多久，这一观点就得到了验证，到了当年 4 月，纳斯达克指数开始直线下跌。《巴伦周刊》准确地判断了互联网泡沫顶峰的到来，对当时许多互联网公司的估值和盈利能力提出质疑，这是其中最知名的一个案例。

（二）股票市场的分类

1. 一级市场与二级市场

一级市场是指筹集资金的公司或政府机构（筹资者）将其新发行的证券，如债券或股票，出售给最初的投资者的金融市场。在一级市场中首次买卖证券过程里发挥重要作用的是投资银行。投资银行通过承销证券发挥了重要作用：它为公司的证券做出价格承诺，然后公开发售。在股票市场上，投资银行既可以通过代销股票以赚取经纪费，也可以通过包销赚取更多的差额利润，同时承担更大风险。

二级市场是已经发行的证券流通交易的市场，也是通常所指的股票市场。

个人在二级市场买入证券时，证券的卖方售出证券，得到钱款，但发行证券的公司却并没有取得新的资金。公司只有在一级市场中所发行的证券第一次售出时才能取得资金。然而，二级市场有两个重要的功能。首先，二级市场为以筹资为目的的金融工具的售出提供了便利条件，也就是使金融工具具有更强的流动性。这些金融工具流动性的加强使得它们更受投资者的欢迎，发行公司的证券也就更容易在一级市场售出。其次，二级市场决定了发行公司在一级市场所出售证券的价格。在一级市场购买证券的公司不会付给发行公司高于其所认为的这些证券在二级市场能够售出的价格。证券在二级市场中的价格越高，发行公司新发行的证券在一级市场中的价格就越高，公司的融资额也就越大。因此，二级市场的各种状况与发行证券的公司是最为相关的。

案 例

2007年2月27日星期二，沪深两市放量暴跌：收盘时上证综指跌去268.81点，跌幅高达8.84%；深证成指跌去797.88点，跌破8 000点整数关，跌幅更是高达9.29%。两市创下近10年来最大单日跌幅。中国股市在暴跌近9%之时，纽约华尔街股市、亚洲各地股市也在下跌。对此，《参考消息》头版头条刊出大标题为《中国股市吸引全球目光》的文章，引题是“中国股市影响世界，这似乎还是第一次”。《市场报》记者就“中国股市真的影响世界了吗?”这一问题采访了深圳股民、北大教授和外企专员，呈现出不同于《参考消息》的声音。报道中援引北京大学经济学院曹和平教授的评析：“中国股市在暴跌近9%之时，纽约华尔街股市也度过2001年以来最黑暗的一天；第二天中国股市虽然回弹，纽约股市回弹0.8%，但欧洲股市并不见回弹，亚洲各地股市却加剧下跌，新加坡的海峡时报指数仍然狂跌约4%，大于前一大的2.3%。这些数据表明，中国股市与全球股市并没有出现共向性的特征，所以它难以支持中国股市影响世界股市这一结论。”《中国青年报》发表的《如何看待“黑色星期二”中的中国因素》一文对“2·27暴跌”做出这样的分析和判断：“考虑到中国A股市场的封闭性，这次全球股市大跌，中国因素可能只是其中一个导火索或催化剂。最本质的问题，是美国和其他许多国家股市都存在回调的客观需要。这些股市近来都持续牛市，股指迭创历史新高，‘高处不胜寒’导致股民‘杯弓蛇影’，越米越担心股市中的泡沫成分，任何一点利空消息都可能造成恐慌性的抛售情绪。”

股票市场的波动很正常，而股票市场的暴涨暴跌就不是很正常了，常常引发媒体的关注和解读。如何看待并解释股市的暴涨暴跌现象，最考验媒体记者对股市的判断和理解能力。

2. 集中交易与场外交易

集中交易即集中市场交易，指的是依照标准合约，由电脑撮合交易，交易量大，价格资讯透明公开，交易迅速。而且有证券交易所保障交易安全。例如期货买卖，证券交易所会保障买方有足额的保证金，到期如约交割。

场外交易，又称柜台买卖，或称店头市场（over the counter，OTC），指有价证券不在集中市场上以竞价的方式买卖，而在证券商的营业柜台以议价的方式进行的交易行为。由柜台买卖所形成的市场，称为柜台买卖市场。

集中交易的缺点是无法提供特别交易契约。相对而言，场外交易的优点是买卖双方可以洽谈特别交易条件，不需依照集中市场的标准合约交易，例如买卖一年以上的远期外汇（集中市场不提供远期外汇交易）。但场外交易的缺点则是市场资讯较不公开，且无证券交易所保障履约，到期履约风险大。所以一般说来，OTC 市场的风险比正规的交易所要大，股票的价格浮动也会更大。

（三）股票市场的相关制度

任何市场交易都必须遵守一定的规则，股票市场也不例外。股票市场的相关法律法规等构成股票发行、交易秩序的制度保证。在我国，股票市场参与者必须遵守《中华人民共和国公司法》（简称《公司法》）、《中华人民共和国证券法》（简称《证券法》）等法律以及证监会、上交所、深交所颁布的相关规则，涉及股票上市发行、股票交易、股票退市以及监管等各个环节，例如涨停、跌停、举牌、信息披露等。

三、股票市场相关术语

（一）牌价

每当一笔股票以新的价格成交，股票交易所的报价人员就把这一成交价格挂出，这就是所谓的股票“牌价”。

（二）做多和做空

1. 做多

做多指在预计某股票价格必将上涨时利用远期交割方式买进该股票，以图在交割期满前按上涨价格将其售出，从贱买贵卖中赚取利润的交易行为。

例如，投机人 X 在分析了股票市场价格动态后，预料 A 公司的股票价格将会在短期内上涨。这时，他如果手中握有大笔资金而且对时间毫不在乎，就可以按即期交割的方式买进A股票，待价格上涨后再卖出。但在股票市场上，这样做是多此一举的。因为他完全可以不动用这样多的资金便可达到同样的目的，而且省时省力，办法就是做多。

假定当时A股票的价格为20美元一股，投机人X可以按此价格买进1 000股远期交割的A股票，应付价款为20 000美元。若一段时间后，A股票价格上涨至25美元一股，则投机人X可以按此价格卖出1 000股和上笔交易同期交割的A股票，应收价款为25 000美元。他的一买一卖在经纪人那里冲销后，经纪人便将他的买卖差价5 000美元付给他。这样，投机人便获得5 000美元的利润（还要扣除他为投机交易付出的佣金和其他成本）。

可见，做多投机的实质就是基于价格看涨的判断，买进自己不要的股票，伺机高价卖出冲销，从中赚取价差。因此，做多俗称“买空”。

2. 做空

做空指在预计某股票的价格必将下跌时利用远期交割方式卖出该股票，以图在交割期满前按下跌的价格将其买进冲销，从贵卖贱买中赚取利润的行为。

假设当时B股票价格25美元一股，投机人Y预期过一段时间后此股票将下跌至20美元一股，便可按25美元一股的价格卖出1 000股远期交割的B股票，应收价款为25 000美元。一段时间后，若Y股票的价格果然跌至20美元一股的水平，投机人Y便可以此价格买进1 000股Y股票，应付价款为20 000美元。他的一买一卖在经纪人那里冲销后，赚得价差5 000美元。

可见，做空的实质是基于价格看跌的判断，卖出自己手中没有的股票，伺机低价买进冲销，从中谋取价差。因此，做空俗称“卖空”。

（三）投机和欺诈

所谓投机，是一种敢冒特殊风险意图获取特殊利益的行为。股票投机通常是指那些期望从价格变化中获取资本收益的股票交易活动。股票市场之所以充满投机机会，是因为除了价格相对自由浮动这个大前提外，其交割制度和冲销制度都为股票投机提供了便利。

股票市场上的欺诈，一般是指某些人利用资金优势、信息优势或其他优势操纵股票价格，使之按操纵者意愿发生人为的涨跌，从中牟取暴利的活动。

欺诈有两种典型形式：（1）虚卖。欺诈者制造一种实际上并没有发生的交易，造成某种股票需求上升或下降的假象，引起该股票价格变动，或制造人为价格以便从中渔利。虚卖通常有几种方式：两个经纪人通过事先商定交易价格和数量，在交易中做成一笔交易，但实际上并没有现金和股票易手；

投机人同时向两个经纪人发出指令，委托他们以同一价格同一数量同时一买一卖；投机人把股票卖给自己的亲友，然后再买回来。（2）操纵。操纵指两个或两个以上资金实力雄厚的人联合起来组成临时性的操纵集团，操纵股票价格，从而牟取暴利。

在西方国家的金融市场上，投机被认为是一种合理的交易活动，而欺诈则受到禁止。有人如果欺诈，则会受到相关法律的惩处。在我国，2010 年 3 月底证券公司开展融资融券业务之前，买空与卖空的信用交易一直是被禁止的。

四、股票市场投资的两种基本理论

股票市场的投资理论影响较大的有价值投资理论和空中楼阁理论。

（一）价值投资理论（坚实基础理论）

价值投资理论侧重对上市公司内在价值的评估，而不在意股票价格的短期波动。所谓内在价值，即上市公司资产、收益、股利未来前景以及管理状况等因素所决定的股票价值，是未来上市公司所拥有现金流的折现值。

价值投资有两步基本操作：先选股，后择时。

（1）买股票就是买企业：企业是否具有内在价值是价值投资的基础。

（2）利用市场：在市场运作过程中，会出现较多的买点。当投资者看到某一股票时，在市场回调时买入，并且坚定持有。

（3）安全边际：投资股票就是对未来的情况进行预测，预测的结果可能不太准确，所以要有安全边际，安全边际通俗来说主要强调便宜的价格和低预期。

（4）固守能力圈：长期投资的投资者会建立自己的能力圈，只有有足够的能力判断并且分析企业，才能做出高出所有其他人更准确的判断。“股神”巴菲特是价值投资理论的信徒。

（二）空中楼阁理论

空中楼阁理论就是股价达到最高点之前买进股票，而在股价达到最高点之后将其卖出。空中楼阁理论认为，投资者之所以要以一定的价格购买某种股票，是因为他相信有人将以更高的价格向他购买这种股票。其基本思想是认为股票价格取决于投资者对股价的心理预期。由于它注重心理分析，带有很大的不确定性，因此后人把它称之为“空中楼阁理论”。一般认为，技术分析的理论基础是空中楼阁理论。空中楼阁理论在各投资领域都很有市场，其要点可通俗地归纳为以下方面：

（1）股票价格并不是由其内在价值决定的，而是由投资者心理决定的。

（2）人类受知识和经验所限，对长期预期的准确性缺乏信心，加上人生短暂造成的短期行为，使一般投资大众用一连串的短期预期取代长期预期。

（3）占少数的专业人士面对占绝大多数的一般投资大众的行为模式，只好采取顺应的策略，这就是通常所说的顺势而为，股票价格取决于股民的平均预期。

（4）心理预期会受乐观和悲观情绪的影响而骤变，从而引起股票价格的剧烈波动。

（5）投资者想要在股市中获利，必须先发制人，以智取胜，而斗智的对象不是预期股票能带来多少长期收益，其投资价值有几何，而在于预测短期之后股价会因股民的心理预期变化而有何变化。

（6）只要投资者认为未来股票价格会上涨，他就可不必追究该股票的投资价值而一味追高买进；而当投资者认为未来股票价格会下跌时，他也不顾市场价格远低于内在价值而杀低抛出。所以股票投资往往被称为“博傻游戏”，成为投机者的天堂。经济学家凯恩斯是此种理论的清晰阐述者和成功实践者。

第二节 主要经济体的股票市场

证券交易所是专门为办理股票交易、管理上市股票和债券的现货交易提供场所，为客户提供证券的清算、交割、过户和保管以及市场信息的市场。相比固定收益的债券市场，股票市场交易更为活跃，流动性更强，股票价格波动更为频繁，投资者参与更为广泛，故事更多，新闻性更强，因而成为财经媒体关注的焦点。

一、美国的股票市场

美国股票市场是世界上最发达的股票市场，无论是股票发行市场还是流通市场，无论是股票发行及交易品种的数量、股票市场容量还是市场发育程度，在世界上均首屈一指。股票市场是美国企业的主要资金来源，是美国吸收外国资本的重要渠道，同时也是美国调整经济结构的主要杠杆，在美国经济中发挥着重要作用。

（一）美国股票市场的产生与发展

1792 年 5 月 17 日，24 个美国股票经纪人在纽约华尔街 68 号外的梧桐树下签订了一个协议，约好每周有几天在这棵树下进行交易，在交易中互相照顾，并统一了佣金的收费标准，这就是经纪人的“联盟与合作”规则，通过华尔街现代老板俱乐部会员制度交易股票和高级商品，这一天也被看作纽约证券交易所的诞生日。1817 年纽约证券交易委员会的名称被正式采用，1863 年改名为纽约证券交易所（简称“纽约证交所”）。

进入 20 世纪以后，美国的股票市场的地位发生了重大的变化，它开始由国内市场转变为国际市场。第一次世界大战不仅给欧洲经济造成重大的创伤，而且使欧洲资本大量流向美国。战后，纽约证交所就发展成为重要的国际资本市场，纽约也成为重要的国际金融市场。1921 年，美国证券交易所（AMEX）在纽约正式成立，原称“纽约场外股票交易所”，1953 年改为现名。

1975 年，美国通过了建立全国性证券系统的方法，并且在证券交易机构大量使用以电脑为中心的新设备，使证券交易效率与容量都大大提高和增加。

（二）美国股票市场的基本特点

美国股票市场的基本特点如下。

（1）规模大、市场成熟、运作规范、股价稳定。

（2）证券市场管理严格、规范。美国证券市场的管理为注册制，其证券业的法规管制十分严格，联邦和州立法机关颁布了各种法规来管制这一领域的经济活动，其中最重要的有《1933 年证券法》（Securities Act of 1933）、《1934 年证券交易法》。

（3）允许外国股份公司在美国证券市场发行股票并进行交易。

（4）交易所众多。其中属全国性证交所的有纽约证交所、美国证券交易所和纳斯达克证券交易所；地区性证交所有 10 多家。

（5）场外交易发达。美国场外交易曾由美国全国证券交易商协会管理，2007 年全国证券交易商协会与纽约证交所的会员监管、执行和仲裁部门合并成立美国金融业监管局。1971 年为提高场外交易的效率，美国建立了全国证券交易商协会自动报价系统即纳斯达克（NASDAQ），纳斯达克目前是世界上最重要的证券交易市场之一。

美国股票市场上的股票价格指数很多，主要有道・琼斯工业平均指数、标准普尔 500 种股价指数、美国证券交易所股价指数和纳斯达克股价指数。

二、英国的股票市场

和美国的证券交易所体制不同，英国的证券交易所是“大一统”的。到目前为止，英国只有一个统一的证券交易所，这就是伦敦证券交易所（简称“伦敦证交所”）。

英国是世界上最早工业化的国家。早在1689年，伦敦便出现了挂牌的证券交易。经营证券的商人们汇集在伦敦城中的一些咖啡馆里做着公债交易。1773年，乔纳森咖啡馆变成专门的证券交易所，并于1802年获得政府的正式批准。1812年，英国第一次颁布了证券交易条例。1890年，英国成立了股票交易所协作委员会，开始对分散于各地的小型股票交易所进行合并。1973年，英国把仅存的以伦敦证券交易所为首的八家交易所联合起来，成立了联合王国交易所。这个全国统一的交易所以原伦敦证券交易所为主体，其他七个交易所都作为它的分支机构。所有这些分所中的经纪人可以直接和伦敦证券交易所中的交易商进行交易，出于习惯，人们仍称它为伦敦证券交易所。

1986年以前，和美国各证券交易所中的佣金经纪人一样，伦敦证券交易所中的经纪人也是受客户委托，代其在交易所中买卖股票，从中赚取佣金的。他们无权用自己的资金同投资者直接进行交易。

1986年10月27日起，英国金融界进行了一场股票交易体制的大改革：改革固定佣金制和最低佣金制；开放证券交易所，允许会员以外的第三者加入交易所理事会；放宽对会员的资格审查；允许证券经纪商与自营商同时具有双重资格；由交易商与经纪商分离的“单一资格”制变为“双重资格”制，并另设做市商；证券交易逐步实现电脑化，与纽约、东京证券交易所联机，实现24小时全球性证券交易。这些改革措施使英国股票市场发生了根本性的变化，股票发行额和交易额迅速上升，因此被称为英国的“金融大爆炸”(Big Bang)。

伦敦证券交易所除股票外，还发行政府债券，国有化工业债券，英联邦国家及其他外国政府债券，地方政府、公共机构、工商企业发行的债券，其中外国证券占50%左右。

知识窗

全球股票市场报道中高频出现的三个指数

道·琼斯工业平均指数、金融时报指数、日经225指数都是全球股票市场报道中出现的高频名词。这三种指数分别起源于三家著名的财经媒体：美国《华尔街日报》、英国《金融时报》和《日本经济新闻》。

道·琼斯工业平均指数可以说是世界上使用最广泛、最具影响力的股票指数。道·琼斯工业平均指数中的30种成分股是美国蓝筹股的代表。它于1896年5月26日问世，1928年10月1日作为基准日，这一股票价格平均指数自编制以来从未间断，可以用来比较不同时期的股票行情和经济发展状况，成为反映美国股市行情变化最敏感的股票价格平均指数之一，是观察市场动态和从事股票投资的主要参考。公布道·琼斯工业平均指数的新闻载体——《华尔街日报》是世界金融界最有影响力的报纸。

金融时报指数是伦敦《金融时报》工商业普通股票平均价格指数的简称，由英国《金融时报》于 1935 年 7 月 1 日起编制，用以反映伦敦证券交易所行情变动的一种股票价格指数。它以该日期作为指数的基期，令基期股价指数为 100，采用几何平均法进行计算。该指数最早选取在伦敦证券交易所挂牌上市的 30 家代表英国工商业的大公司的股票为样本，是欧洲最早和最有影响的股票平均价格指数。目前的金融时报指数由 30 种、100 种和 500 种等各组股票价格平均数构成，范围涵盖各主要行业。其中有英国经济“晴雨表”之称的是《金融时报》100 指数。

日经 225 指数（英语为 Nikkei 225，又译作日经平均股票价格、日经 225 平均指数），是由《日本经济新闻》推出的东京证券交易所 225 种股票的股价指数。因此种指数延续时间较长，具有很好的可比性，所以成为考察日本股票市场股价长期演变及最新变动最常用和最可靠的指标，传媒日常引用的日经指数就是指这个指数。日经 225 指数编制始于 1949 年，它是由东京证券交易所第一批挂牌的 225 种股票的价格组成的。这个由日本经济新闻有限公司（NKS）负责计算和管理的指数，通过主要国际价格报道媒体加以传播，并且被各国广泛用来作为代表日本股市的参照物。

三、其他西方国家的股票市场

泛欧证券交易所是由荷兰阿姆斯特丹证券交易所、法国巴黎证券交易所、比利时布鲁塞尔证券交易所合并而成的，总部位于巴黎，除在上述城市设有分支机构外，在里斯本、伦敦等城市亦设有分支机构。除了提供股本及金融衍生品交易外，泛欧证券交易所还提供清算和信息服务。以 2006 年年初的数据计算，泛欧证券交易所上市公司的总市值达到 2.9 万亿美元，是世界上第五大证券交易所。

2006 年 6 月，纽约证券交易所击败德国证券交易所，将泛欧证券交易所收入旗下，2007 年 4 月正式合并为纽约泛欧证券交易所（NYSE Euronext）。合并后的证券交易所成为首个全球性的证券交易所，把全球总部设在巴黎和阿姆斯特丹，纽约则仍是美国的总部所在地。

此外，东京证券交易所也是全球著名的股票市场。东京证券交易所（简称“东京证交所”）曾与大阪证券交易所、名古屋证券交易所并列为日本三大证券交易所，其市场规模一度位居世界前三大，同时也是日本最重要的经济中枢。它在 1878 年 5 月 15 日创立，同年 6 月 1 日开始交易，创立时的名称为“东京股票交易所”。东京证券交易所在第二次世界大战时曾暂停交易，1949 年 5 月 16 日重开。

东京证券交易所虽然是全球规模较大的证券交易所，但却不是一个大的国际融资中心，在东京证交所上市的海外企业相当少，基本上以日本的企业为主，而纽约等其他国际性的证券交易所，则有相当大数量的外国企业。

东证股价指数（Tokyo Stock Price Index，TOPIX）是以在东京证交所第一市场上市的所有日本企业和第二市场中的 300 种股票为对象的市价总额型股价指数。东证股价指数将基期 1968 年 1 月 4 日的市价总额定为 100 点，从而计算当前市价总额的指数。东京证交所于 1969 年 7 月 1 日开始计算并公布 TOPIX，现在则实时（每隔 15 秒）发布给国内外的各金融机构及信息咨询商。

2013 年 1 月，东京证券交易所与大阪证券交易所合并，成立了日本交易所集团。

第三节 中国的股票市场

中国股市从 1990 年 11 月 26 日上海证券交易所成立起步，历经 30 多年，中国资本市场有了长足的发展。截至 2021 年年末，中国境内有上市公司 4 697 家，规模在全球排第二位。

一、中国股票市场的发展概况

1984 年上海飞乐音响公司成立，并向社会发行每股面值 50 元的股票 1 万股。这是中国改革开放以来发行的第一只上市股票，也是中华人民共和国成立以来第一次公开向社会发行的股票。1986 年 11 月 14 日，邓小平会见纽约证交所代表团时，由国务委员兼中国人民银行行长陈慕华向该所董事长约翰·范尔霖赠送了中国第一股——飞乐音响的股票。

截至 2021 年年底，中国境内有 4 697 家上市公司，约 99 万亿元总市值。其中，沪市 2 037 家，总市值约 52 万亿元；深市 2 578 家，总市值约 40 万亿元；北交所 82 家，总市值约 2 700 亿元。上市公司数量从 2012 年的 2 494 家，上升至 2021 年年末的 4 697 家。

按上市交易所和买卖主体，中国股票市场可分为 A 股（上海和深圳）、B 股（上海和深圳，其中上海 B 股以美元结算，深圳 B 股以港元结算）、H 股（香港联交所上市交易的在内地运作的公司）、红筹股（在中国香港或境外登记注册，但实际经营活动在中国内地的公司）。

按持股主体，在 2005—2006 年的股权分置改革以前，中国股票市场可分为国家股、法人股和个人股。

按公司业绩，中国股票市场可分为绩优股和垃圾股。

按股东权利，中国股票市场可分为优先股和普通股。

走过 30 多载的中国股票市场发生过许许多多的事件，大致经历了初建阶段（1990—1999）、初步发展和改革阶段（2000—2012）和进一步发展阶段（2013— ）。

（一）初建阶段（1990—1999）

作为初建阶段的标志性事件有：两大证券交易所成立，全国证券交易自动报价系统（STAQ 系统）正式开始运行，以及证券法的起草和生效。

1984 年 11 月 18 日，新中国第一个公开发行的股票——飞乐音响向社会发行 1 万股（每股票面 50 元），在海外引起比国内更大的反响，被誉为中国改革开放的一个信号。

1986 年 9 月 26 日，中国第一个证券交易柜台——上海静安证券业务部开办股票上市买卖业务，标志着新中国从此有了股票交易。1990 年 11 月 26 日，上海证券交易所成立，同年 12 月 19 日正式营业。1990 年 12 月 1 日，深圳证券交易所成立，且当日开业，为保险起见，前面加一“试”字，又叫试营业；1991 年 7 月 3 日，举行正式开业典礼。1990 年 12 月 5 日，STAQ 系统在北京人民大会堂举行开通典礼。STAQ 系统的开通，加上上海和深圳两个证券交易所开业，标志着中国证券市场正式诞生。1997 年亚洲金融危机爆发，直接促使我国出台《中华人民共和国证券法》。1999 年 7 月 1 日，《中华人民共和国证券法》正式颁布生效。

（二）初步发展和改革阶段（2000—2012）

2001 年，我国加入了世界贸易组织，对外开放的程度进一步加深。资本市场继续扩容，不断引进借鉴成熟资本市场的制度。

2003 年，党的十六届三中全会首次提出“建立多层次资本市场体系，完善资本市场结构”。至 2012 年，由沪深主板、中小板、创业板等组成的中国资本市场体系初步具备了“多层次”的雏形。

在制度方面，股票上市发行制度、交易制度和退市制度以及监管制度等建章立制。

独立董事制度的引进、股权分置改革开闸、QFII 的放开、询价制度改革等，其目的都是确立股票市场的市场机制，引导股票市场长期平稳发展。

这一阶段，中国股市上演了过山车般的轨迹。中国股市经历了 2006 年和 2007 年的大牛市，28 个月上证指数上涨了 5 倍多；2007—2008 年一年的时间，上证指数跌破了 1 700 点，上市公司的市值缩水 70%以上。

（三）进一步发展阶段（2013— ）

本阶段我国资本市场的突出特点就是法制化和国际化。随着资本市场出现的新问题和新需求，《证券法》分别做了三次修正和两次修订。同时，沪港通、深港通和沪伦通相继启动，国际化程度显著加快（详见本节第四部分）。

股票发行注册制改革在上交所科创板实施。

2013 年 6 月 29 日，我国《证券法》第二次修正。其主要变化有：为混业经营预留政策空间，为国企买卖股票留出法律空间，允许开发新的证券交易品种，不再限制券商融资融券，取消禁止银行资金入市的规定，建立证券发行上市保荐制度，建立发行申请的预先披露制度，对监管机构及人员加以制约，建立证券投资者保护基金制度等。这些重大举措吸纳了美国等国家对投资者利益进行保护的因素，对我国股市长期健康发展有积极作用。

中国资本市场 2015 年下半年经历了两场“地震”，千股涨停、千股跌停、千股停牌的情形在短时间内轮番上演。《财经》杂志特约证券行业的经济学家、财政学家和法社会学家撰文对这场股灾进行反思，提出进一步优化资本市场的诸多建议。

自 2020 年 3 月 1 日起施行的新《证券法》更强调了保护中小投资者的权益，确立了中国版证券代表人诉讼制度，由中证中小投资者服务中心作为代表人，以公益性方式为投资者争取权益。

2021 年 4 月深交所主板与中小板合并。2021 年 9 月 3 日，经国务院批准设立的我国第一家公司制证券交易所——北京证券交易所（简称“北交所”）注册成立，它以服务创新型中小企业为主旨，并试点证券发行注册制。

二、中国股票市场的现存问题

有别于其他股市，两亿散户股民是中国股市的一大特色。此外，与发达国家尤其是 18 世纪末业已出现的美国股票市场相比，中国的股票市场发展的历史不过 40 来年，运营机制、监管机制等还存在诸多问题，主要表现在以下几个方面。

（一）资本市场的价格形成机制还不完善

资本市场价格形成机制有待完善，还不完全由市场来决定。投资者在二级市场，“炒新”“炒小”“炒差”仍然比较普遍，这样就造成资源的乱配和错配，从而造成了资源的浪费。

（二）“三高”现象仍然比较严重

所谓“三高”，就是高发行价、高市盈率、高超募资金。“三高”发行的危害极大，《董事会》杂志 2012 年第 4 期发表《“三高”发行五宗罪》，指出“三高”现象的危害：劫贫济富的新工具；毁灭中国企业的加速器；恶化资源配置的烧钱机；权力寻租的推进器；败坏政府威信、引爆社会矛盾的导火索。

（三）分红整体的回报水平不高

在成熟资本市场中，现金分红常被认为是上市公司回报投资者的重要手段之一。而我国的 A 股市场曾被投资者质疑"重筹资、轻回报"。随着资本市场的不断发展、监管部门的持续倡导，以及投资者分享经济增长成果的需求不断增强，上市公司通过现金分红等方式回报投资者的意识得到强化（见图 1-1）。

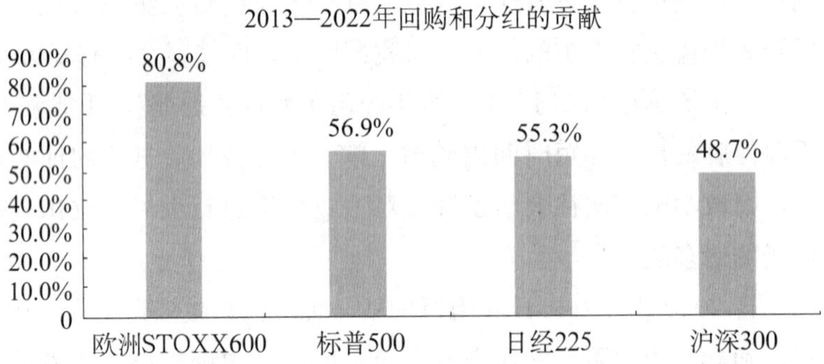

图 1-1　A 股回购和分红的贡献相对于欧美仍有较大的上涨空间

资料来源：卜淑情，曹泽熙．全球股市收益率来源比较：A 股分红回购贡献比例提升空间较大．（2023-07-26）[2024-01-01]. https://wallstreetcn.com/articles/3694053.

（四）股市监管制度不完善

股市监管制度有待完善。粉饰业绩包装上市、内幕交易以及"老鼠仓"案时有发生。

机构投资者的发展是中国资本市场近年的趋势。随着资本市场的发展，基金、保险、社保基金以及企业年金等机构投资者逐步进入资本市场，初步改善了资本市场的投资者结构及各类机构投资者发展不平衡的局面。

三、中国股票市场的制度

制度是维护资本市场秩序的基石。股票市场制度主要包括股票发行制度、交易制度和退市制度等。在美国成熟的股票市场，以信息披露为核心的监管制度贯穿股票发行、交易和退市的全过程。中国股票市场的制度变革是中国资本市场制度变革的缩影。随着中国股票市场的成长，中国股票市场的新股发行制度、交易制度和并购重组制度等也处于不断建设和调整之中。在《公司法》《证券法》以及证监会统一监管制度下，交易所制定具体的交易细则。目前我国股票发行制度、交易制度、退市制度、并购重组制度、信息披露制度等情况概略如下。

（1）发行制度方面。在 2001 年之前，股票上市采取的是审批制，配套额度控制，地方政府和部委都拥有推荐上市公司的权力，只是份额有限，监管部门负责按限额审批。2001 年以后实行核准制，到 2003 年，证监会为了加强券商与上市公司间的连带责任，推出保荐制。实行核准制以后，审核过会这一关尤为重要。

首次公开发行股票试行询价制度于 2005 年 1 月 1 日施行。询价制度的采用使市场化成为改革的核心，有效提高了发行定价的合理性，促进了资本流动的效率。2005 年 5 月起，股权分置改革全面推开。2005 年 9 月 4 日，中国证监会发布《上市公司股权分置改革管理办法》，上交所全面推进股改。为了解决 A 股市场相关股东之间的利益平衡问题而启动的股权分置改革，消除了非流通股和流通股的流通制度差异。2005 年 10 月全国人大常委会审议通过《公司法》和《证券法》修订案，为发行市场从审核制向登记制逐步创造条件。

2019 年 6 月 13 日，科创板正式开板。科创板建设的重中之重是要着力做好两项工作：一是落实好以信息披露为核心的注册制，注册制的核心是把选择权交给市场；二是完善法制，提高违法成本，加大监管执法力度。

2020 年 6 月 12 日，创业板注册制改革开始试行。创业板是深交所的一个重要成长板。2020 年 8 月 24 日，创业板注册制改革首批企业上市。截至 2022 年 7 月 1 日，创业板共有 1 150 家上市公司，市值 12.39 万亿元，其中通过注册制改革发行的上市公司 330 家。

（2）交易制度方面。一是涨跌幅的限制。我国涨跌幅限制为 10%，其中 ST 股票和 *ST 股票为 5%。目前，我国 10%的涨跌幅限制与其他股市相比属于偏小范围。全球主要股市涨跌幅限制范围在 15%～70%之内。从国际比较来看，随着我国股市的发展，法律法规在逐渐完善，投资者素质也逐步提高，完善涨跌幅限制的条件已经成熟。

二是股票市场“T+1”的交割制度。“T+0”制度是指在证券成交当天办理好证券和价款清算交割手续的交易制度。而“T+1”制度是指投资者当天买入的股票或基金不能在当天卖出，需待第二天进行交割过户后方可卖出；投资者当天卖出的股票或基金，其资金需等到第二天才能提出。其实，“T+0”对于我国的 A 股市场来说并不陌生，因为早在 20 世纪 90 年代初，A 股市场曾经使用过该交易制度。由于市场震荡、投机气氛浓厚，在短暂的实施之后，1995 年“T+1”重回 A 股市场并延续至今。

三是停牌与复牌制度。股票停牌指的是股票由于某种消息或进行某种活动引起股价的连续上涨或下跌，由证券交易所暂停其在股票市场上进行交易。待情况澄清或企业恢复正常后，再复牌在交易所挂牌交易。对上市公司的股票进行停牌，是证券交易所为了维护广大投资者的利益和市场信息披露公平、公正以及对上市公司行为进行监管约束而采取的必要措施。

（3）退市风险警示与退市制度方面。1998 年上海证券交易所和深圳证券交易所对上市公司状况异常期间的特别处理做出规定，因为财务状况异常或其他状况异常的公司被打上了特殊的标记：被特别处理（ST）或退市风险警示处理（＊ST）。2012 年 6 月，沪深两市发布主板和中小板退市制度。新的退市制度增加了营业收入等退市新指标，退市标准逐步完善。根据《上海证券交易所股票上市规则（2022 年 1 月修订）》第九章退市与风险警示，上市公司可能触及的强制退市主要有交易类强制退市、财务类强制退市、规范类强制退市与重大违法类强制退市。例如，某公司股票连续 20 个交易日的每日收盘价均低于 1 元，就触及交易类强制退市指标。2022 年，沪深两大证券交易所已有 43 家公司终止上市，总量创新高。2022 年一年的退市数量几乎相当于 2019 年至 2021 年这三年的总和。

（4）并购重组制度方面。从最早 1993 年《股票发行与交易管理暂行条例》中的一个收购兼并章节发展到今天囊括《上市公司重大资产重组管理办法》和《上市公司收购管理办法》两大管理办法以及一系列配套文件在内的完整法规体系。

（5）信息披露制度方面。根据《上市公司信息披露管理办法》规定：信息披露义务人应当及时依法履行信息披露义务。依法披露的信息应当在证券交易所的网站和符合中国证监会规定条件的媒体发布，同时将其置备于上市公司住所、证券交易所，供社会公众查阅。信息披露义务人应当将信息披露公告文稿和相关备查文件报送上市公司注册地证监局。

2020 年 9 月，证监会规定的证券市场信息披露媒体除了《中国证券报》《证券时报》《上海证券报》《金融时报》《经济参考报》《证券日报》《中国日报》等传统媒体以外，还有深圳证券交易所网站、上海证券交易所网站、中国金融新闻网、中证网、中国证券网、证券时报网、证券日报网、中国日报网、经济参考网等。

信息披露义务人不得以新闻发布或者答记者问等任何形式代替应当履行的报告、公告义务，不得以定期报告形式代替应当履行的临时报告义务。

四、中国资本市场对国际资本开放

2014 年沪港通开启实现的人民币跨境资金流动，助推人民币国际化。沪港通是中国深化经济体制改革、稳步推进资本市场双向开放的重要尝试，其推出更主要的考量是改变市场机制，引入新的市场活力与理念，形成一个长期的制度安排，逐步实现中国资本市场的双向开放。根据规定，试点初期，对人民币跨境投资额度实行总量管理，并设置每日额度，实行实时监控。其中，沪股通总额度为 3 000 亿元人民币，每日额度为 130 亿元人民币；港股通总额度为 2 500 亿元人民币，每日额度为 105 亿元人民币。双方可根据试点情况对投资额度进行调整。根据沪港通规则，沪股通的股票范围包括上证 180 指数、上证 380 指数的成分股以及 A＋H 股公司股票。长期以来处于普遍价格倒挂的不合理状态的 A＋H 股，将最直接地受益于沪港通业务，A 股和 H 股股价将渐趋一致，此举被认为是中国股票市场制度的重大变革。

2016 年 12 月 5 日，深圳证券交易所与香港证券交易所同时举行开通仪式，正式启动深港通。

2017 年 6 月 21 日，摩根士丹利资本国际公司（MSCI，又称明晟公司）通过官网宣布，决定将中国 A 股纳入 MSCI 新兴市场指数和 MSCI ACWI 全球指数。

2019 年 6 月 17 日，中国证监会和英国金融行为监管局发布了联合公告，原则上批准上海证券交易所与伦敦证券交易所开展沪伦通华泰证券发行的首只全球存托凭证（GDR）在伦交所挂牌交易，沪伦通西向业务正式落地。

伴随着沪港通这一制度创新以及随后的深港通、沪伦通等推出，未来中国资本市场的改革无疑将加速前行。

延伸阅读

1. 凌华薇，王烁．银广夏陷阱．财经，2001-08-05.
2. 胡舒立，李巧宁，李箐．庄家吕梁．财经，2001-02-05.

报道提示

报道题材的挖掘

股票市场无时无刻不在发生着变化。交易活跃的股票市场为财经记者提供了丰富的报道对象。

财经记者应关注和传达的信息有以下几个方面。

● 制度层面信息，包括证监会和交易所在股权制度、发行制度、交易制度和监管制度方面的新政策、新规则。

相比于美国等较为成熟的股票市场，历史仅仅 30 多年的中国股票市场还处于成长期，而成长期的中国股市，新现象、新问题不断出现。监管层除了颁布和及时修订《证券法》《公司法》和《基金法》外，也针对股票市场情况不断出台新政进行动态调整。每一次新政出台，都对股票市场产生直接巨大的影响。因此，中国股市被调侃为“政策市”，不无道理。早期如1992年5月21日，取消涨跌幅限制，全面放开股价，当天大盘上涨105.27%。1994年8月1日，政府出台三大救市政策：暂停新股上市，严格控制配股；设立投资基金，培育机构投资者，引进国外投资基金；向证券机构融资。三大政策造就了八月狂潮，大盘当日涨33%，之后一路上扬，一个半月大盘从325点涨至1 052点。

- 数据信息，包括股票市场综合指数、成分指数、涨跌幅、成交量等实时变动信息。

上市公司的定期和临时报告可以在各交易所官网找到并下载。也可以通过证监会规定的报刊以及其依法开办的互联网站找到自己需要的信息。

当股票市场的一些常规数据信息可以即时通过电子化交易产生并迅速通过证券交易所、证券经纪公司以及各财经媒体网站发布以后，仅仅及时动态地传递股票市场相关信息资讯远远不够，财经记者必须对这些数据信息进行有效的分析解读。

- 上市公司信息，包括上市公司大股东变化、高管重大人事变动，上市公司财报的大变脸，上市公司的重大并购事项等。

哪些上市公司应该是财经记者关注的对象？那些业绩大大高于行业平均水平的上市公司值得关注。1999年曝光的康赛案件中的康赛集团、2001年《财经》杂志曝光的银广夏公司，都曾是同行业的明星企业，都有着光鲜亮丽的财务报表，实际上经深入调查研究，都是问题企业。

- 股票市场的突发事件，如“乌龙指”事件。

“乌龙指”是股票交易员、操盘手、股民等在交易时，不小心敲错价格、数量、买卖方向等事件的统称，英文名叫“fat finger”，直译为“胖指头”。例如，2013年8月16日光大证券的“乌龙指”事件是我国资本市场建立以来首次发生的一起因交易软件缺陷引发的极端个别事件，曾先后引发多家媒体跟进展开追踪报道。

股市欺诈是不易被发现的但又是财经新闻的绝好题材。做这类报道，要仔细研究相关数据信息，咨询专家学者，报道要用数据说话，用事实说话。2000年10月《财经》杂志的《基金黑幕——关于基金行为的研究报告解析》正是通过大量数据分析，揭露了基金公司倒仓、操纵证券价格以牟取利益的行为。

报道注意事项

多方核实信息来源，警惕为人利用。正因为股票市场报道有立竿见影的效果，某些心怀叵测的冒险者处心积虑地利用媒体造势，以期操控股价，达到获利目的。而牵涉其中的媒体则深受其害，如“苏三山事件”中的海南《特区证券报》。

问题与思考

名词解释

集合竞价　市值　市盈率　开盘价　收盘价　持仓

第二章
基　金

数学不能控制金融市场，而心理因素才是控制市场的关键。更确切地说，只有掌握住群众的本能才能控制市场，即必须了解群众将在何时、以何种方式聚在某一种股票、货币或商品周围，投资者才有成功的可能。

——乔治·索罗斯

案　例

2000 年 10 月，《财经》杂志以《基金黑幕——关于基金行为的研究报告解析》为题揭露了当时国内基金业的一些问题，包括基金组织买卖自己持有的股票，以制造虚假成交量来吸引其他投资者的“对倒”行为，同一家基金管理公司的两只基金通过事先约定的价格、数量和时间，在市场上进行交易的“倒仓”行为，采取“对倒”“倒仓”等非法手段将股价拉高，提高基金净值，从而吸引投资者等。随后，中国证监会对基金行业进行了调查整顿，并做出了相应惩罚。

2001 年《巴伦周刊》指出，投资者应警惕对冲基金经理兼做市商伯纳德·麦道夫，并对麦道夫对冲基金缺乏透明度和传统收费结构提出质疑：“麦道夫的投资者们并不了解他的投资方式，却被他的业绩倾倒。”七年后，麦道夫的“庞氏骗局”东窗事发。

可以想象，《财经》与《巴伦周刊》的记者如果没有扎实的基金行业知识，很难做出经典的报道和精准的预判。事实上，我国基金业从 20 世纪 90 年代起步，发展很快。基金现已成为民众的主流理财产品之一。基金报道是资本市场报道的重要组成部分。不懂基金，很难称得上合格的财经记者。

通过本章学习，你可以：

- 理解基金、公募基金、私募基金、私募股权基金与对冲基金的含义及其基本功能和运作方式。
- 了解“老鼠仓”、对冲、空头卖出、回购协议等相关概念。
- 了解我国基金业发展的基本过程、现状以及趋势，知悉我国基金业监管的相关法律法规。

第一节 基金概述

基金（fund）有广义和狭义之分。从广义上说，基金是指为了某种目的而设立的具有一定数量的资金。例如，投资基金/共同基金、产业基金、公积金、保险基金、退休基金、慈善基金以及各种基金会的基金。狭义的基金专指投资基金或共同基金，即资本市场上的基金。投资基金可以投资证券，也可投资企业和项目。

自 20 世纪 20 年代美国基金业开始兴起，经过 100 多年的发展，美国基金在全球基金中占主导地位。主要表现在：一是在世界各国基金中，美国的基金在资产总值占比上超过一半，因而对全球基金的进一步发展有着举足轻重的影响；二是美国的基金运作相对规范，特别是开放式基金比较成熟，在 20 世纪 80 年代以后成为其他国家或地区学习的对象，因而有着导向作用；三是美国的金融创新层出不穷，既为基金的运作提供了不断增大的市场空间，也为基金的进一步完善提供了良好的市场环境。

基金在美国已成为一种良好的大众理财工具。截至 2016 年年底，全球投资于开放式基金的资产规模达到 40.4 万亿美元，而美国的资产规模几乎占据半壁江山。开放式基金已经是普通美国人投资理财不可缺少的一部分，一半以上家庭持有开放式基金；在美国家庭资产金融结构中，开放式基金占据 47%的主导地位。美国基金业的发展受益于国会围绕退休金的立法，而基金业的突飞猛进又帮助美国建立了股市和其他证券市场的优势地位。

卢森堡则是欧洲大陆最大的投资基金管理中心和全球第一的基金分销中心。

一、证券投资基金

证券投资基金有私募和公募之分。无论公募基金还是私募基金，基金投资标的是公开交易的证券（股票或者债券等），也称“证券投资基金”。

（一）证券投资基金的含义

证券投资基金是一种利益共存、风险共担的集合证券投资方式，即通过发行基金份额，集中投资者的资金，由基金托管人托管，由基金管理人管理和运用资金。人们平常所说的基金主要就是指证券投资基金。

证券投资基金有四个共同的要素：一是筹集资金。二是专业机构受托管理。三是受托人按合同以自身的名义进行投资。四是投资人（委托人）承担风险获取收益，管理人收取管理费，这是标准的资金信托关系。

证券投资基金是一种信托契约，可以设置为一种资金集合计划，即我们一般所讲的契约型基金，这种类型的基金由持有人大会监督管理人维护基金持有人的利益。在向少数合格投资人募集资金时对投资人利益的保护方面效用好些，但如果是向投资人公开募集资金则搭便车现象严重，需要监管权力的介入，比如公募的证券投资基金。

（二）证券投资基金的种类

根据不同标准，可以将证券投资基金划分为不同的种类。

根据基金单位可否增加或赎回，证券投资基金可分为开放式基金和封闭式基金。采用封闭式运作方式的基金（简称“封闭式基金”），是指基金份额总额在基金合同期限内固定不变，基金份额持有人不得申请赎回的基金；采用开放式运作方式的基金（简称“开放式基金”），是指基金份额总额不固定，基金份额可以在基金合同约定的时间和场所申购或者赎回的基金。

根据组织形态的不同，证券投资基金可分为公司型基金和契约型基金。

根据投资对象的不同，证券投资基金可分为股票基金、债券基金、货币基金、期货基金等。其中货币市场基金是厌恶风险、对资产流动性和安全性要求较高的投资者进行短期投资的理想工具。

根据资金来源的不同，证券投资基金可分为公开募集基金与非公开募集基金。公开募集基金（通常简称“公募基金”）是指向社会大众公开募集资金。公募基金公司的经营业务以及人员活动受证监会监管，其从业人员属于基金业从业人员。非公开募集基金（通常简称“私募基金”）是指私下或直接向特定群体募集资金。虽然证券投资基金的基金来源是私募的，但是投资于证券市场公开上市的证券。

（三）公募基金和私募基金的不同之处

公募基金和私募基金具体不同之处表现在以下几个方面。

（1）募集的对象不同。公募基金的募集对象是广大社会公众，即社会不特定的投资者。而私募基金募集的对象是少数特定的投资者，包括机构和个人。《中华人民共和国证券投资基金法》（简称《证券投资基金法》）明文规定：“非公开募集基金应当向合格投资者募集，合格投资者累计不得超过二百人。”

（2）募集的方式不同。公募基金募集资金是通过公开发售的方式进行的，而私募基金则是通过非公开发售的方式募集的，这是公募基金与私募基金最主要的区别。

（3）信息披露要求不同。公募基金对信息披露有非常严格的要求，其投资目标、投资组合等信息都要披露。而私募基金则对信息披露的要求很低，具有较强的保密性。

（4）投资限制不同。公募基金在投资品种、投资比例、投资与基金类型的匹配上有严格的限制，而私募基金的投资限制完全由协议约定。

（5）业绩报酬不同。公募基金不提取业绩报酬，只收取管理费。而私募基金则收取业绩报酬，一般不收管理费。对公募基金来说，业绩仅仅是排名时的荣誉；而对私募基金来说，业绩则是报酬的基础。

（6）组织形式不同。从组织形式上说，基金公司分为公司制基金公司和有限合伙制基金公司。从实践来看，公募基金公司全部为公司制基金公司，私募基金公司既有采用公司制的，也有采用有限合伙制的。

二、私募股权基金

当打算创业和打算重组公司的企业家们无法从传统融资渠道如银行和公开发行股票获取资金时，他们可以借助于私募股权（private equity，PE）基金的支持。

私募股权基金有狭义和广义两种概念。狭义的私募股权基金指对已经形成一定规模并产生稳定现金流的成熟企业的私募股权投资（创业投资后期的私募股权投资部分）。广义的私募股权基金指通过非公开形式募集资金，并对企业进行各种类型的股权投资。私募股权基金可以投资企业的不同发展阶段，包括种子期、初创期、发展期、扩展期、成熟期、上市前以及上市以后。

私募股权投资对于资金匮乏的新兴企业创立和成长非常重要。2002年至2004年间，借助私募股权投资，蒙牛乳业股份有限公司迅速成长为行业领袖。谷歌和阿里巴巴在种子期和初创期都获益于私募股权投资。2014年9月在纽交所上市的阿里巴巴在几年前遭遇资金瓶颈时，曾得到风险投资和私募股权基金管理公司软银中国的支持。如今，中国本土私募股权基金公司如鼎晖投资、弘毅投资等与凯雷、华平与KKR等国际著名的私募股权基金公司一并活跃在中国资本市场上，努力寻找高回报的投资机会。联合国贸易和发展会议发布的《2014年世界投资报告》指出，大多数私募股权收购仍集中在欧洲和美国，但亚洲的这类交易有所增加。发展中国家开始出现私募股权公司，在发展中国家和成熟市场交易。

一家企业可以在不同阶段获得多个PE基金的投资。阿里巴巴就是如此，如图2-1所示。

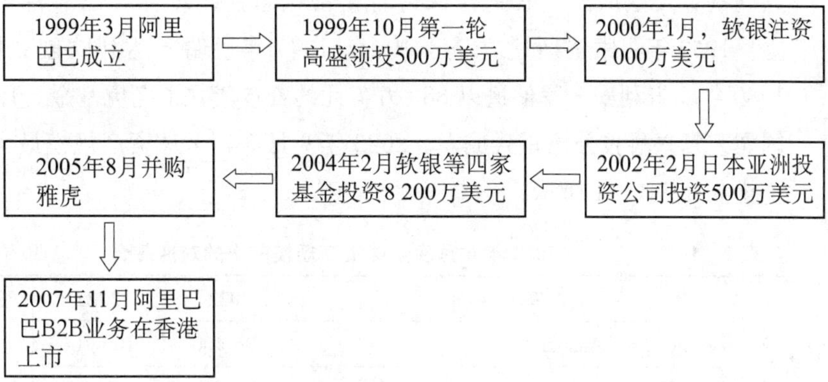

图 2-1 私募股权基金对阿里巴巴的投资

私募股权基金的资金来源可以是私募的，也可以是公募的。例如 2007 年上市的黑石公司就是以公募形式投资于私募股权的基金。私募股权基金通过私募形式对私有企业即非上市企业进行权益性投资，在交易实施过程中附带考虑了将来的退出机制，即通过上市、并购或管理层回购等方式，出售持股获利。

私募股权基金是全球投资者中一支日益壮大的力量。目前世界著名的私募股权投资机构有凯雷、鼎晖投资、KKR、红杉资本、华平、高盛以及软银等。国内私募股权投资机构设立和成长迅速，其中较知名的有弘毅投资、中科招商、深创投以及君联资本等。

三、对冲基金

（一）对冲基金概述

与私募股权基金相比，对冲基金可能知名度更高。亚洲金融危机使对冲基金之一量子基金的掌门人乔治·索罗斯声名鹊起。1998 年 9 月，此前取得辉煌战绩的另一只对冲基金——美国长期资本管理公司（LTCM）遭遇滑铁卢，在一系列投资失误后面临资金和信用危机，濒临倒闭。

对冲基金英文名称为“hedge fund”，意为“风险对冲基金”，起源于 20 世纪 50 年代初的美国，当时的操作宗旨是利用期货、期权等金融衍生产品以及通过对相关联的不同股票进行实买空卖、风险对冲的操作技巧在一定程度上达到规避和化解投资风险的目的。

1949 年，记者阿尔弗雷德·温斯洛·琼斯和其他三个合伙人创立的 A. W. 琼斯公司，被认为是世界上第一只对冲基金。这只基金把空头和杠杆结合在了一起，有相对较高的回报和较低的不稳定性。当时美国的法律禁止共同基金卖空股票，其运作保持着秘密状态。1956 年，巴菲特合伙公司成立。1969 年，索罗斯建立量子基金。1975 年，瑞·达利欧创立桥水基金。1980 年，朱利安·罗伯逊以 880 万美元的资本成立了老虎基金。1982 年，美国文艺复兴科技公司正式成立。2022 年 6 月底，全球资产规模最大的对冲基金排名如表 2-1 所示。

表 2-1　　2022 年 6 月底全球资产规模前十的对冲基金　　单位：百万美元

	对冲基金名称	2022	2021	变动百分率
1	Bridgewater Associates	126 400	105 700	19.6%
2	Man Group	73 500	63 400	15.9%
3	Renaissance Technologies	57 000	58 000	−1.7%
4	Millennium Management	54 968	52 314	5.1%
5	Citadel	52 970	37 630	40.8%
6	D. E. Shaw Group	47 861	39 738	20.4%
7	Two Sigma Investments / Advisers	40 969	39 550	3.6%
8	Davidson Kempner Capital Management	37 450	37 350	0.3%
9	Farallon Capital Management	37 400	38 100	−1.8%
10	TCI Fund Management	36 200	40 000	−9.5%

（二）对冲基金是如何运作的

对冲基金的利润来自资产价格的上涨或下跌。对冲基金通过向他人借贷资金的方法来扩大其资本规模。对冲交易的方法和工具很多，如卖空、互换交易、现货与期货的对冲、基础证券与衍生证券的对冲等。

以空头卖出或卖空（short selling）的获利方法为例，其具体通过“回购协议”（repurchase agreement）或“回购操作”来实现。比如，你认定一只股票的价格将会在三个月后从目前的 20 元跌至 10 元。在股票市场上，寻找持有这种股票同时急需现金的人。你以 2 000 元的价格从他手上买了 100 股，然后约定三个月后还给他 100 股。买完后以目前价格每股 20 元卖出，持有 2 000 元现金。当这只股票价格跌落到 10 元时，你在市场上回购 100 股这只股票，成本为 1 000 元，获利 1 000 元。这个约定就是回购协议。

卖空是一种技术，它使得投资者在资产价格下跌的时候获得利润，在资产价格上涨的时候受到损失。我们继续上述例子。当这只股票价格三个月后不降反升，达到 30 元时，按照协议，你在市场上回购这只股票 100 股时，需支付 3 000 元现金。这样你不仅没有获利，反而损失了 1 000 元现金。

你自己如果没有很多现金，却愿意借贷来放大这个交易量从而获利更多，那么可以通过杠杆融资来做到。杠杆融资是一个借贷资金进行集中投资的过程。同时，杠杆融资是风险极高的金融活动。

（三）对冲基金的特点

与一般基金相比，对冲基金有很多独特之处：

（1）对冲基金是有限责任的金融合伙企业，为资产富余者管理资金。

（2）对冲基金的利润来自资产价格的上涨或下跌。

（3）对冲基金通过向他人借贷资金的方法来扩大其资本规模，即杠杆融资。对冲基金常常在一次投资行动中进行多次融资。而事实上，大多数传统的基金管理是不允许进行融资的。

（4）对冲基金可进行空头卖出。对冲基金既可以把赌注押在资产价格的上涨上，也可以押在下跌上。而大多数传统的基金管理只允许实行低位买进战略，即押注在价格的上涨上。

（5）对冲基金是完全回报工具。传统的基金管理是用一个指数（比如，标准普尔指数）来衡量的。与之相反，对冲基金是"完全回报"的工具，其表现是由一个绝对数值来衡量的。传统的基金管理可能并不关心其基金的回报是否为负值，只要其损失比指数的损失小就可以了。相反，对冲基金要尽可能避免绝对损失。按照这样的思路，一个传统基金管理者的出发点是紧跟某个指数，其技术手段可能是模仿此种指数的各个成分。而对冲基金的管理者则完全相反，其动机是主动发起进攻性的投资行动。

（6）对冲基金具有独特的资金结构。对冲基金的管理者自己的资本往往也要投入基金里，甚至有的管理者在经营获利后，个人得到的利润也被要求追加到基金里。这是一种使基金的管理者与基金的投资者同舟共济、目标一致的激励机制。相反的，传统的基金管理者是雇员，而不是资本所有者的合作伙伴，他们自己的资本和获利并没有损失风险。

（7）对冲基金实行利润共享。对冲基金是根据其运作来获利的。对冲基金中运用"水平线"的概念，如果资金损失了，只有在弥补了损失之后（也就是说，获利的水平回到了水平线上），对冲基金管理者才能获得管理收入。相反的，传统的基金管理者，无论经营业绩如何，都可以获得固定的收入。

（8）对冲基金富有弹性和进攻性。对冲基金的管理者比传统的基金管理者权限更大，更具弹性。其部分原因在于对冲基金的不规范性，还有部分原因在于其投资者是些富有的人，他们乐于冒风险，对风险的变化有一定的承受能力，因此对冲基金的投资准则没有严格的规定。在实际操作中，这意味着对冲基金可以投资所有类型的资产，可以运用衍生工具和融资的方法，可以不受头寸大小的限制。相反，传统的基金管理者为比较保守的客户进行投资，他们对操作有严格的要求。对冲基金的弹性使其可以快速获利，并且在投资行动方面显得更有进攻性。

（9）对冲基金管理者酬劳更高。从管理的质量方面来看，由于采取利润共享模式，所以从总体上来看，对冲基金管理者比传统基金管理者的酬劳更高。其结果往往是，对冲基金可以吸引最出色的和最聪明的管理者。全球知名对冲基金在具体投资策略上都形成了独特的模式（见表 2－2）。

表 2－2　净资产过百亿美元的对冲基金大佬及其投资策略

姓名	净资产（亿美元）	所在基金公司	投资策略
乔治·索罗斯	249	量子基金	用衍生品与杠杆做空
詹姆斯·西蒙斯	165	文艺复兴科技公司	模型套利、算法交易
瑞·达利欧	159	桥水基金	全球宏观策略
卡尔·依坎	157	依坎基金	恶意收购、维权投资
史蒂夫·科恩	130	SAC 资本顾问公司	马赛克投资理论
大卫·泰珀	114	阿帕卢萨资产管理公司	向困境公司投资

（四）对冲基金的监管

与传统基金相比，对冲基金管理者的操作比较不规范，监管制度也比较不完善。对冲基金的一大特征是缺乏监管。这是因为对冲基金的投资者是私人合作伙伴关系，该基金只满足少数富有并且资深的金融投资者的需要，这些投资者并不需要过多的保护。面对这一现状，人们对对冲基金是否需要监管产生了分歧。

赞成监管的一方认为，基于对冲基金在几次金融危机的表现以及其运作失败有可能引发整个金融体系的危机，必须加强监管。至少有两个事例可以支持这种观点。1997 年 7 月，全球最大的对冲基金索罗斯基金管理公司的创立者乔治·索罗斯狙击泰国、马来西亚、印度尼西亚、中国香港等国家和地区的货币，引发亚洲金融风暴，其旗下量子基金的规模和投机活动也达到顶峰，震惊世界。9 月份，时任马来西亚总理马哈蒂尔·穆罕默德指责索罗斯是在亚洲金融危机中使马来西亚货币林吉特贬值的罪魁祸首。某些对冲基金规模是如此之大，与之有密切业务联系的金融机构又如此之多，一旦破产就会引起内在连通性与传染性，或曰多米诺骨牌效应。如 1998 年长期资本管理公司濒临破产引起的全球金融系统危机。长期资本管理公司曾被认为是最先进的私募基金，其名下管理的资产在最高峰时达到 1 250 亿美元。但该公司长期使用高度的杠杆运作，高增长、高回报背后隐藏着巨大的风险，最终因在俄罗斯市场的投资失败而被迫清盘，造成46亿美元的损失，更因此几乎引发了整个金融市场的系统性危机。

反对监管的一方认为，对冲基金不能对金融危机负全责。20世纪90年代，东南亚一些国家过快地放宽金融管制，推行金融自由化给国际游资以可乘之机。正如索罗斯所言，数学不能控制金融市场，心理因素才是控制市场的关键。当金融市场中出现了类似心理学理论中群体行动效果/羊群效应以及自我实现的预言等现象时，对冲基金便会趁机介入，推波助澜，以从中获利。此外，对冲基金也有稳定市场的作用。在对冲基金活跃的市场中，传统基金的管理者可以在需要的时候，很容易地随时卖出或者买入头寸。此外，当危机开始进入恶性循环、资产价格过热的时候，对冲基金有能力快速、有效地进入市场。例如，1998年6月，印度尼西亚货币卢比兑换美元的比价达到了一个几乎可以称之为荒谬的价位：1美元兑换16 000卢比。这时，对冲基金进入市场大量买入卢比，使其价格回复到比较合理的位置：1美元兑换8 000卢比。直到那时，市场才对卢比恢复了信心，遏制了（美元负债的）公司一浪接一浪的破产狂潮。

在美国，整个监管框架是建立在这样的理念之上的，那就是，政府应当监管金融机构与普通公众间的交易，以保护普通公众免受欺诈和蒙受损失。历史上，美国涉及私募基金监管的法规包括《1933年证券法》《1940年投资公司法》和《1940年投资顾问法》，但是大部分私募基金经理们都会利用法案中的豁免条款或者特殊处理的条款来规避监管的要求。

长期资本管理公司的危机被视为促使美国证监会加强监管的导火索。危机过后，美国各金融监管机构一致认为需要加强对对冲基金的监管。2008年金融危机的爆发加速了对对冲基金和私募基金的监管立法。危机中暴露出的美国私募基金经营风险过大的问题，迫使奥巴马政府于2009年6月正式提出全面的金融监管改革方案，并于2010年7月签署了《2010年多德-弗兰克华尔街改革和消费者保护法》（简称《多德-弗兰克法案》）。《多德-弗兰克法案》中与私募基金监管相关的主要有两项，一项是专门针对对冲基金和私募基金建立了若干监管规则，又称为《2010年私募基金投资顾问注册法》，另一项是沃尔克法则（Volcker Rule）。

欧盟另类投资基金经理指令（AIFMD）代表了迄今为止对包括对冲基金、私募股权基金在内的众多另类投资基金最严格的监管。该指令对欧盟各国另类投资基金（AIF）经理（AIFM）制定了统一的监管规定。除极少数情况外，该指令涵盖了欧盟可转让证券集合投资计划（UCITS）基金以外的所有基金。

第二节　我国基金业的发展

截至 2021 年年末，我国公募市场共有基金管理机构 149 家，公募基金产品数量达到 9 050 只，开放式公募基金总规模达到 3.53 万亿美元，位居亚洲第一、全球第四。自 2013 年纳入证监会监管以来，私募基金行业快速发展。到 2021 年年末，在中国证券投资基金业协会（简称“中基协”）备案的私募基金管理人达 2.46 万家，私募基金管理规模达 19.76 万亿元，跃居世界前列，仅次于美国。

一、发展概况

1991 年 7 月，经中国人民银行珠海市分行批准设立了全国第一家基金——珠信基金。同年 10 月，中国人民银行武汉市分行设立了第二家基金。此后各类基金在全国如雨后春笋般冒出来。1992 年各地批准设立的基金多达 37 只，不过规模都不大，加起来也只有 22 亿份基金单位。

1998 年，中国首批基金公司成立。国泰基金、南方基金和华夏基金获批成立，成为国内首批获得批准的基金公司，此后随着华安基金、博时基金、鹏华基金、长盛基金、嘉实基金、大成基金和富国基金等基金公司成立，截至 2000 年前，共成立了 10 家基金公司。

在中国资本市场发展初期，投资者以散户为主，没有真正意义上的机构投资者。1998 年，在清理整顿“老基金”的基础上，借鉴国际市场基金发展的经验和制度安排，证监会开始推动基金业的发展。但是，在基金业发展初期，由于起步晚，各方面运作不成熟，市场的投机气氛较浓，基金行业曾发生过一些违规行为，使行业发展遭受重大挫折。

从 2001 年起，中国证监会提出超常规、创造性地发展机构投资者，并将其作为改善资本市场投资者结构的重要举措。

2002 年起，中国证监会主导的基金审核制度渐进式市场化改革启动，监管部门简化审批程序，引入专家评审制度，使基金产品的审批过程渐趋制度化、透明化、专业化和规范化。同年 7 月，《外资参股基金管理公司设立规则》开始施行，我国基金行业开始出现合资公司和 QFII（qualified foreign institutional investor，合格境外机构投资者）。2003 年以后，有关审核制度进一步简化，逐步发展与国际通行的注册制接轨（见表 2 - 3 和表 2 - 4）。

表 2-3 我国基金审核制度的变化

时间	措施
2000 年	基金审批开始实行专家审批制度
2002 年	中国证监会提出“简化审批，放松管制”的改革思路，启动基金审核制度的市场化改革，同年 11 月，发布《关于证券投资基金设立审核有关问题的通知》
2003 年	中国证监会发布《证券投资基金专业咨询委员会管理暂行办法》
2005 年	中国证监会发布《关于进一步完善证券投资基金募集申请审核程序有关问题的通知》，对成熟的基金产品实行较为简化的内部评审会审核程序
2007 年	进一步缩短基金募集申请的审核时间

表 2-4 中国基金产品创新步伐

时间（年）	进程
2001	第一只开放式基金
2002	第一只债券基金，指数基金
2003	第一只伞形基金，保本基金，货币市场基金
2004	第一只可转债基金，LOF 基金，ETF 基金
2005	第一只中短债基金
2006	第一只 QDII 基金
2015	“个人系”公募基金公司正式开闸
2021	首批公募 REITs 开放认购

2009 年，没有一家新的基金公司获批；2010 年，也仅有 3 家基金公司成立。2011 年以后，基金公司成立速度明显加快，2011 年成立 6 家，2012 年成立 8 家，2013 年更是成立了 12 家。证监会网站 2014 年 1 月 20 日公布的基金管理公司名录显示，截至 2013 年 12 月，国内共有公募基金公司 89 家，主要分布在北京、上海、广州、深圳和杭州 5 个经济最发达、证券市场投资基础较为健全的城市。从资产规模排前十的基金来看，北京有 3 家，分别是华夏基金、嘉实基金和银华基金。广东有 5 家位于前十，分别是易方达基金、博时基金、南方基金、广发基金和大成基金。上海的富国基金和华安基金也跻身全国基金资产规模前十位。中国证券投资基金业协会数据显示，2023 年 1 月末，中国公募资金管理规模已经达到 27.25 万亿元，基金数量达 10 607 只。

自从 2013 年私募基金纳入证监会监管，私募基金发展很快，为数众多。这是因为私募基金注册资本较低，在投资工具、股票仓位等方面较为灵活。国内较大的私募基金如成立于 2002 年的鼎晖投资，管理基金规模超过 70 亿美元，业务涉及私募股权、创业投资、地产投资和证券投资基金，先后投资了近百家企业，其中包括蒙牛乳业、李宁体育、皇明太阳能、双汇、汉庭、奇虎 360 等多家知名企业。从退出的 27 家企业来看，鼎晖的账面回报近 22 亿美元，在多家企业中的账面回报率超过 10 倍。[①]

2023 年年初，中国私募基金行业达 20 万亿元规模，2.2 万家管理人。

目前，我国基金行业的特点如下：

(1) 与银行、券商、险企等传统金融机构进行比较，基金是最开放的和最早被市场化的。银行、券商可以拿基金牌照，险企也可以，但基金公司目前却拿不到证券、保险和银行的牌照，所以基金行业是完全彻底开放的。

(2) “券商系”公募基金仍是市场主流，公司数量在整个行业中的占比超过四成。券商与基金公司建立了十分密切的合作关系，券商既可以从基金发行中获得代销收入，又可以从基金交易行为中获得佣金收入，例如基金公司可以通过放大交易量向券商股东输送佣金。公募基金已成为部分上市券商的重要利润来源。

(3) 行业“马太效应”显著。据中国证券投资基金业协会的数据，截至 2024 年 8 月底，我国境内公募基金管理机构共 163 家，公募基金规模 30.90 万亿元。易方达基金、广发基金、华夏基金、博时基金、南方基金等前十家公司的基金管理规模接近 7 万亿元。5 000 万元以下规模的迷你基金常因规模不达合同要求而被清盘。

二、基金业的现存问题及监管法律法规

（一）我国基金业存在的问题

目前，我国公募基金的主要问题是“老鼠仓”与“风格漂移”，私募股权基金容易发生非法集资问题，养老基金、住房保障基金的主要问题是保值增值。

1. “老鼠仓”问题

对公募基金而言，虽然与私募基金相比，受到证监会等部门更加严格的监管，但“老鼠仓”事件还时有发生。“老鼠仓”指基金经理等人用自有资金买入股票后，用他人资金（如自己控制的机构资金、证券投资基金资金）拉高相应股票价格后，通过出售个人所购买的股票进行盈利的行为。这是一种以损害他人利益为手段自肥的非法行为。从 2007 年基金“老鼠仓”被查处第一人上投摩根基金经理唐建到 2013 年史上最大的“老鼠仓”案博时精选基金经理马乐，证监会共查处涉“老鼠仓”涉案基金经理 11 人次。

---

① 豆丁，张汉澍．鼎晖是与非．21 世纪经济报道，2014-05-12 (11/12).

2. “风格漂移”问题

“风格漂移”也是公募基金常遭人诟病的因素。基金因在投资风格上与招募说明书和契约相背离而被业界戏称为“风格漂移”。资产配置强调投资品种的差异性和多元化，投资者应该从不同投资风格的角度出发来配置基金产品。风格反映了股票的收益特征或者基本面特征，从股票市值的角度可分为大盘型、中盘型和小盘型，从股票增长特点的角度可分为价值型、成长型、平衡型等，也可以从波动率等交易特征的角度来划分。风格的形成由基本面因素与心理现象等多种因素共同作用，不同风格的资产在风险收益特征上存在较为显著的差异。例如，小盘股相对大盘股的长期成长性要好，但业绩的波动性也要大，因此小盘风格体现出高风险、高收益的特点。对基金投资风格的把握对于投资者的资产配置“事关重大”，特别是机构投资者。然而由于基金业绩排名压力、缺乏严格清晰的投资流程等原因，整个基金业在投资风格上普遍存在着“风格漂移”的现象，这将大大影响投资者的资产配置效率。

3. 私募股权基金急功近利和非法集资问题

中国的私募股权基金虽然崛起迅速，但已经凸显出短视的急功近利。中国私募股权资本的交易活动主要集中于上市前阶段的操作，从事晚期融资和上市前过桥融资，而不是长期投资。不论是哪种类型的基金包括创投基金和收购基金，多把投资拟上市企业作为主要投资方向，投资的企业阶段非常偏后；甚至在拟上市企业的项目市场上出现了“哄抢股权、哄抬股价”的现象，使拟上市企业的投资价格有的高达市盈率的20倍，形成了中国私募股权基金的长期资本短缺、在上市前阶段资本严重过剩的不平衡状况。

另外，某些私募股权基金运作不规范。一些地方出现了借着PE的名头搞集资，有的PE在运作过程中不够规范，在企业上市的过程当中出现了一些腐败的现象。事实上，私募在中国是受严格限制的，因为私募很容易成为非法集资，两者的区别就是：是否面向一般大众集资，资金所有权是否发生转移。如果募集人数超过50人，并且资金所有权转移至个人账户，则认定为非法集资。非法集资是极严重的经济犯罪，如浙江吴英、德隆唐万新、湖南曾成杰以及美国麦道夫等均因此被处以重刑。

4. 养老基金、住房保障基金保值、增值问题

随着中国住房的市场化改革和老龄化社会的来临，养老基金、住房保障基金的保值、增值问题日益突出。一方面，由于养老基金、住房保障基金事关多数人的重大利益，很多国家不主张这部分钱进入股市等风险领域进行投资。另一方面，重叠的管理机构使管理成本攀升，就投资运行来看，结余的基金存入银行只能保证其名义安全，不能保证实际安全，投资国债也无法保证基金能够从经济快速增长中充分获益，所以也应按审慎原则，在资本市场上寻求稳妥的投资渠道进行养老基金、住房保障基金的保值增值。例如，较长时间内中国基本养老保险基金的投资受到严格的限制。1997 年，国务院发布的《关于建立统一的企业职工基本养老保险制度的决定》明确规定："加强对养老保险基金的管理……基金结余额，除预留相当于两个月的支付费用外，应全部购买国家债券和存入专户，严格禁止投入其他金融和经营性事业。"2015 年 8 月，国务院印发的《基本养老保险基金投资管理办法》为基本养老保险基金入市提供了具体的操作指南，规定了投资的比例和范围，确保了基本养老保险基金投资的有序进行。

（二）基金业管理相关法律及行政法规

中国政府相关部门对基金业的管理主要体现于建章立制及随着基金行业内外环境的变化做与时俱进的调整。《证券投资基金法》和《证券法》《公司法》《信托法》《合伙企业法》等相关金融法律法规一起，构筑起规范我国基金业运营的法律体系框架。

2000 年 10 月 8 日，中国证监会正式颁布实施《开放式证券投资基金试点办法》。

2002 年 6 月，中国证监会在颁布《外资参股基金管理公司设立规则》（现已废止）时解释称，无论内资或外资参股基金管理公司，一家机构参股的基金管理公司不超过两家，其中控股（包括绝对控股和相对控股）的基金管理公司不超过一家。此为"一参一控"的由来。而其历史背景，则是新生的中国公募基金行业一度出现了乱象，"一参一控"的基金公司股权政策此后便成为证监会多年来一贯的坚持，主要目的是引导机构把主要精力放在一家基金管理公司上，避免分散财力和人力。在 2004 年 10 月 1 日开始实施的《证券投资基金管理公司管理办法》（证监会令第 22 号）中，"一参一控"的表述被正式写入，并延续至今。

2003 年 10 月 28 日，《证券投资基金法》获得通过，并于 2004 年 6 月 1 日起正式实施。但在不少证券人士看来，运行的《证券投资基金法》仅仅是一部公募基金法，而包括阳光私募基金、私募股权基金等，都没有被纳入这一监管体系中。

2006 年 6 月 15 日，中国证监会正式对外发布施行《证券投资基金管理公司治理准则（试行）》，对基金持有人利益、公司独立性、股东责任、独董制度、关联交易、激励约束机制等方面进行了原则性的规定。

自 2013 年 6 月 1 日起施行的《证券投资基金法》与以前的《证券投资基金法》相比，有了重大改变。其一是私募基金被纳入管理范围，而且有望发行公募产品；其二，公募基金在激励机制、投资范围和审批等方面得到进一步松绑。

2013 年 12 月，国务院发布《关于管理公开募集基金的基金管理公司有关问题的批复》，首次明确规定了符合条件的法人、其他组织或自然人，均可申请设立公募证券投资基金管理公司。

2020 年年底，证监会发布《关于加强私募投资基金监管的若干规定》，明确限制“自融”，使用私募基金管理人及其关联方名义，账户代私募基金收付基金财产，使用私募基金财产直接或间接投资于私募基金管理人、控股股东、实际控制人及其实际控制的企业或项目等行为均被禁止。

2022 年 5 月，《公开募集证券投资基金管理人监督管理办法》（简称《办法》）及配套规则发布，并于 2022 年 6 月 20 日起施行。《办法》一方面强化股权管理，适度放宽了“一参一控”的限制，另一方面完善治理机制，引导考核激励与投资长期化；同时还探索差异路径，鼓励公募设立专业子公司，对于经营失败的基金公司也明确了市场化退出机制和风险处置流程。

2023 年 5 月 1 日起，《私募投资基金登记备案办法》施行，私募基金进入了严进严管时期。

三、中国基金业的发展趋势

（一）基金产品创新将日益融入国际资本市场

遵循循序渐进的发展过程，我国资本市场的对外开放在过去 30 多年的时间里逐步扩大，合资基金管理公司、合资证券公司日渐增多，合格境外机构投资者（QFII）及合格境内机构投资者（qualified domestic institutional investor，QDII）成功试点，中国资本市场已日益融入全球资本市场当中，特别是 2001 年中国加入世界贸易组织之后，证券市场的对外开放速度不断加快。2002 年 7 月，《外资参股基金管理公司设立规则》开始施行，截至 2007 年年底，59 家基金管理公司中有 28 家合资基金管理公司，内资公司、合资公司和 QFII 形成了机构投资者有效竞争的格局。对基金行业来讲，国际化将为基金产品创新提供最为重要的机遇。

（二）养老金市场将为基金业提供最具潜力的发展及创新机会

目前，中国的养老金制度已经从传统的现收现付制转变为以社会基本养老保险为基础、以养老保险个人账户和企业年金为补充的部分资金积累型的现代养老金制度。根据世界银行的测算，到 2030 年，中国养老金的资产将会达到 1.8 万亿美元。证券投资基金多层次的风险收益选择、及时的信息披露、规范透明的运作、严谨的风险控制体系和专业化的投资管理，使其成为养老金的理想投资工具。养老金市场的繁荣将为我国基金业的成长带来最具潜力的发展及创新机会。

（三）衍生金融工具投资将为基金产品创新提供新思路

随着我国资本市场的进一步发展及对外开放程度的扩大，建立及扩大金融衍生工具市场将成为我国未来资本市场发展的必然选择，这将为基金产品创新提供一个新的领域。

（四）基金规模对产品创新的影响进一步加强

从未来发展看，基金行业分化的趋势还会进一步加剧，较大的资产规模将会为基金创新提供更为坚实的基础，如提供更为专业的客户服务，建立更为广泛的销售渠道，并在投资管理、风险控制及内部监察方面运用更为先进的技术，使基金行业的资产进一步向规模较大的基金管理人集中。

（五）基金与互联网联姻

2013 年中国互联网金融潮爆发，各基金公司纷纷触网。2013 年年初，华夏基金“活期通”正式上线，此后与百度合作推出百度理财 B、百赚。2013 年 8 月，微信与财富通合作推出微信支付，并于 2014 年 1 月在微信钱包上线腾讯理财通。2013 年 12 月 18 日，嘉实基金“活期宝”成立，专门针对网上直销系统。嘉实基金还与百度理财平台推出嘉实 1 个月理财债券 E。可以预见，在未来数年，基金业将进一步利用互联网进行产品推广营销。业内人士指出，基金要取得强大的竞争优势，需要借助互联网解决几个问题：首先是客户信息的获取，互联网的首要特点是去中介化，基金公司能直接获取客户资料。其次是降低交易成本、提高交易效率。一方面互联网使得信息更加透明，另一方面互联网金融打破了很多时间和空间上的限制，不仅为消费者大幅节约了时间成本，而且大大提高了基金公司的客户覆盖率。最后是互联网金融强大的数据搜集、数据分析和行为跟踪能力，能够更好地挖掘客户不同的理财需求，让基金公司能提供更适销对路的基金产品。

（六）量化私募基金发展迅速

截至 2021 年 8 月初，中国市场百亿级量化私募由 2020 年年底的 11 家上升到 18 家，量化私募在整个私募证券市场的比例也提升到 21%以上。相较于“主观”而言，“量化”是一种处理数据和信息的方式。简单地说，量化投资就是以数据为基础、以策略为核心、以追求绝对收益为目标、以程序化交易为手段的一种投资方法，它通常运用数学或统计模型来模拟金融市场的未来走向，从而产生交易信号，甚至有时不需要基金经理的干预。

目前，中国量化私募基金主流的策略类型有三种：一是股票中性策略，其持仓主要为一篮子股票和股指期货空头头寸；二是指数增强策略，多以沪深300或中证500为基准，通过择时（如日内“T+0”）和选股买入优于基准的个股获得超额收益；三是CTA策略（commodity trading advisors，商品交易顾问或管理期货），其持仓主要是期货（股指期货+商品期货）的多单和空单。

延伸阅读

1.《中华人民共和国证券投资基金法》

2. 岳跃，刘彩萍．创纪录成交背后．财经周刊，2021（37）.

3.《朱利安·罗伯逊的投资箴言》

朱利安·罗伯逊的投资箴言

《华尔街见闻》整理了朱利安·罗伯逊的12条投资箴言，我们一起来看看。

1. 灵感闪现，详尽研究，押大赌注

罗伯逊的一位同事曾说过，一旦罗伯逊确信他的判断正确，他就会重仓押注。

罗伯逊是一位典型的价值投资者，在他看来，对冲基金这个行业的真谛就是耐心寻找那些“尚未被开发的、具有价值实现潜力的”廉价公司，找到后仔细研究并大力投资，然后等待获得回报。

2. 规避竞争，才能提高成功率

罗伯逊表示，对冲基金每次出手的平均结果决定了最终收益，“在一个竞争相对较弱的市场中，反而有更大的机会盈利”。

以棒球比赛为例，相比于高级别联赛，在低级别联赛中提高击球率更为容易，因为竞争对手不强。罗伯逊曾说过：“在棒球比赛中，你可以在A级联赛的球队中打出40个本垒打却从来不获得任何报酬。但在一个对冲基金中，你靠你的成功平均值获取报酬。所以你该去你可以找到的‘最差’的联赛，在低对抗中脱颖而出。”

3. 多空策略

罗伯逊认为，从对冲风险考虑，对冲基金的最佳做法是做多和做空不同的股票。他曾说过：“我们的任务是找到并投资世界上最好的50家公司，发现并做空世界上最差的50家公司。如果你发现这50家最好的公司运营情况还不如那50家最差的公司，这就说明你并不太适合这份工作。”

4. 长期盈利的诀窍在于避免重大亏损

罗伯逊认为，对冲基金的长期盈利诀窍在于如何在市场表现糟糕的时候跑赢市场。

除了多空策略可以提供一定的对冲作用，还有另外一种避免重大亏损的方法：在市场行情不佳的时候趁机买入那些明显被低估的公司。

罗伯逊指出，当在价格方面找寻正确的切入点时，投资者可能会犯错误，这时候公司的财务状况显得更可靠，“有一点很重要，安全总比遗憾强”。

5. 选择合适的公司做空

许多对冲基金本身并不做任何对冲，然而罗伯逊却十分喜欢做空那些被严重高估的股票。他对空头头寸的看法是：“在我的做空行为中，我会寻找一些有着糟糕管理层的公司，或者是做空那些正处于下行周期或被市场误解的行业中被严重高估的公司。”

6. 成为唯一的决策者

罗伯逊将许多研究和分析工作分配给了其他人员，不过做决策的总是他一个人。

他认为，一个好的研究员未必会是一个好的决策者，而真正拍板的人需要极佳的情绪控制。很多时候，投资者的错误并非由分析导致，而是由心理波动引发的。他称：“没有多少人有能力扣动扳机，而我通常是那个扣动扳机的人。”

7. 规避黄金

在罗伯逊看来，黄金交易往往基于对人性的预测，这不是投资，而是投机。他表示：“我不喜欢投资黄金，因为黄金的投资逻辑，与其说是分析黄金本身有无价值，还不如说是在分析那些黄金投资者的心理。”

8. 全情投入

罗伯逊此前说过，当你在管理资金的时候，它可能会主宰你的全部生活，也许你要一天24小时投入其中。对冲基金绝非懒人能够生存的行业。

9. 积累和爆发

对冲基金是一个累积口碑的行业。罗伯逊称，对冲基金业务是关于成功孕育成功的。随着时间的推移，日积月累取得的成绩最终将帮助你获得成功，这就是我们的成长。

此外，强者愈强、弱者愈弱的马太效应意味着只有稳定盈利，基金规模才会越滚越大，形成良性循环。

10. 对自我有清晰的认知

罗伯逊认为，从高处摔到谷底可以让人认清自己，外界的褒奖和批评其实并不是那么重要，因为别人的看法而影响自己的判断是十分可笑的。他表示：“记得有一次，我登上了《商业周刊》的封面，成为‘世界上最伟大的分析师’。然而三年后，我却被严厉批评。”“如果让媒体的观点影响你对自己或你所做事情的看法，这无疑是相当愚蠢的。相信我，这些言论无关紧要，不要让混蛋把你打倒。”

11. 懂得进退

罗伯逊表示，市场总是在不断变化的，以前惯用的策略可能会在未来令人一败涂地。他认为，许多成功的投资者都懂得急流勇退的道理。举个例子：1969年，巴菲特也曾在其致投资者的信中表示，由于没法找到合适的机会，他决定清盘基金。

12. 从小培养兴趣

罗伯逊曾经说过："我仍记得，在我六岁的时候第一次听说股票这种东西时的情形。当时我的父母去旅行了，我的姑姑向我展示了报纸上的一家名为'United Corp.'（联合航空运输公司）的公司。该公司在纽交所上市，当时的股票售价约为1.25美元。那时候我就意识到，也许我可以通过存够钱来购买股票，这渐渐地激发了我的投资兴趣。"

如果你希望培养小孩的投资兴趣，那么最好从小就给他潜移默化地灌输一些关键想法。给他们一些真金白银，不需要太多，真实的经验才有意义，越早接触某个领域意味着未来成功的机会更大。

（《中国基金报》记者　吴君）

报道提示

做基金报道应思考的问题

- 不管私募基金还是公募基金，它的运营规范吗？靠什么盈利？政策、技术、管理对基金发展有哪些影响？
- 基金经理管理的具体产品是什么？他与同行比较、与前任比较，业绩如何？其经营理念是什么？
- 私募基金注销类型可分为主动注销、协会注销和依公告注销。在做私募行业报道时，记者要关注具体数量和类型。

基金信息的获取

- 中国证券投资基金业协会官网提供定期更新的公募基金市场数据、私募基金管理人登记及产品备案情况、私募基金存续情况以及异常经营机构、受处分机构和受处分人员的具体信息。

问题与思考

单项选择题

1. 以下哪种基金最适合厌恶风险、对资产流动性和安全性要求较高的投资者进行短期投资？（　　）

A. 股票基金　　B. 混合基金　　C. 货币市场基金　　D. 主动型基金

2. 根据《证券投资基金法》，当代表基金份额______以上的基金份额持有人就同一事项要求召开基金份额持有人大会，而基金份额持有人大会的日常机构、基金管理人、基金托管人都不召集的时候，代表基金份额______以上的基金份额持有人有权自行召集。（　　）

A. 5%，5%　　B. 10%，5%　　C. 5%，10%　　D. 10%，10%

第三章

期　货

期货市场就像非洲的原始森林，最重要的就是求生存。

——斯坦利·克罗

案　例

2017 年，郑州警方侦破特大电信诈骗团伙。2013 年年底，马某等人成立郑州先策企业管理有限公司，并先后在网上搭建“青岛九州”“湖南韦德大宗商品交易中心”“黑龙江中远农业商品交易中心”等虚拟期货炒作交易平台，打着农产品的幌子炒指数，且为逃避打击将国家明令禁止炒的天然气、石油、贵金属等换用别的代名词，并依据国际上大盘模拟出自己的大盘指数及走势图，然后让客户投资购买。骗局被揭穿后，郑州市柳林分局派出多路民警远赴黑龙江、山西等 10 多个省份，一方面对案件涉及的交易平台进行调查，另一方面联系走访大量受害者，对这一交易平台的行骗手法和危害进行进一步的揭露。其中有女商人受骗 150 万元，自认投资失败。而诈骗事件中的女主犯竟是一名 30 多岁的农家女。

对该事件，《郑州晚报》以《从农家女变千万巨骗 郑州警方侦破特大电信诈骗团伙》进行了详细报道。

事实上，不仅许多普通投资者不知期货为何物，一些财经记者对期货也是一知半解。财经记者经常报道股票市场，但倘若以报道股票市场的思维来报道期货，则往往会出现错误。

通过本章的学习，你可以：

- 了解商品期货的发展概况。
- 了解期货，尤其是商品期货的基本特点和功能。
- 了解炒期货的风险。
- 了解期货报道相关信息的获取渠道。

第一节　期货概述

期货是西方国家农场主和经营农产品贸易的商人们的发明。众所周知，农业生产的季节性强，农场主收获农产品卖到市场上去的时间是相当集中的。在自由竞争的价格环境中，集中而大量的出售会造成短期内的价格失衡，供大于求使买方大杀其价，迫使农场主不得不压价出售，获利甚微，以致亏本。为了避免这类损失，农场主开始和一些老主顾寻求一种稳定的交易方式。在距离农产品收获还有一段时间的时候，农场主便同商人签订买卖一定数量的农产品合同。合同中规定了买卖价格和交货时间，双方都有义务遵守这一合同中的每项规定。这种远期商品的买卖方式就是商品期货的前身。

例如，一个种植小麦的农场主，在收获小麦的前三个月便同收购小麦的商人即小麦商签订了购销合同。合同约定农场主以每蒲式耳小麦 5 美分的价格卖给小麦商 10 000 蒲式耳小麦，从签约起第 100 天时交货。根据这个合同，除了到期时双方必须一手交钱一手交货外，无论小麦的价格到时跌到什么水平，小麦商也必须以 50 000 美分的价款购买这批小麦；同时，无论小麦的价格到时涨到什么高度，农场主也必须以 50 000 美分的价款向小麦商出售这 10 000 蒲式耳小麦。由于影响农产品价格变动的因素甚多，人们对价格涨落的预期是不一样的，因此，买卖双方可能都愿意签订并信守这样的远期购销合同。

在这种交易方式的普遍应用中，人们发现，随着合同所代表的商品的供求关系乃至价格的变化，这种远期购销合同本身也发生了价值上的变化。例如，一份含 1 000 吨玉米，每吨玉米 500 美元，规定在六月份交割的玉米远期购销合同，代表着 50 万美元的价值。但在四月份时，玉米的市场价格飞速上涨，人们普遍预期玉米在六月份价格将涨到每吨 600 美元。这时，便有人愿意出价 58 万美元买进这份合同，因为如到期玉米价格真的涨到每吨 600 美元，那么凭这份合同则可提到 1 000 吨玉米，转手按市价售出，便可获得 60 万美元的价款，从而获利两万美元。

如果此人四月份以 58 万美元的价格买进这份合同后，玉米价格进一步上涨，五月份市场价格已超过每吨 600 美元，人们预计在六月份将达到每吨 700 美元的水平。这时，买进这份合同的人不必等六月份合同到期时再提货转售，只要以 68 万美元的价格卖出这份合同，便可稳赚 10 万美元。由于有获利两万美元的可能，这份合同就会有人买。

这样，一些根本不需要合同所代表的商品的人开始积极地买卖这种合同。

为了方便交易，这种合同逐渐趋于标准化，交易的参加者也开始制定统一的、规范的交易制度。最后，这类交易便从普通的商品交易中分离出来，形成一个相对独立的市场。

这种标准化了的商品远期购销合同，被称为“商品期货合同”，简称“期货”（futures），而交易商品期货合同的市场就被称为“商品期货市场”或“期货市场”。由于交易的并非现实的商品，而只是代表商品的一纸合同，商品期货市场也被称为“合同市场”或“纸货市场”。

由此可见，期货就是一种合约，一种将来必须履行的合约，而不是具体的货物。合约的内容是统一的、标准化的，唯有合约的价格会因各种市场因素的变化而发生大小不同的波动。这个合约对应的“货物”称为标的物，通俗地讲，期货最终要交割（指商品期货）或结算（如股指是现金结算，对应的是指数）的那个“货物”就是标的物，它是以合约符号来体现的。

随着时代的发展，现在的期货一般可分为商品期货和金融期货。商品期货又分工业品［可细分为金属商品（贵金属与非贵金属商品）、能源商品］、农产品、其他商品等。金融期货主要是传统的金融商品（工具）如股指、利率、汇率等，各类期货交易包括期权交易等。

与 1848 年现代意义上的第一个期货交易所芝加哥期货交易所（CBOT）成立并开始商品期货交易相比，金融期货的产生不过短短四五十年的历史。金融期货随着布雷顿森林体系的瓦解而产生。20 世纪 70 年代初期，第二次世界大战后形成的国际金融体系——布雷顿森林体系彻底崩溃，浮动汇率制取代了固定汇率制，西方各国通货膨胀恶化，金融市场利率剧烈波动，这一切都给这些国家的投资活动、财务管理和国内国际贸易带来巨大的利率风险和汇率风险，银行、企业以及其他重要金融市场参加者时刻面临着外汇汇率和市场利率变化无常的威胁。对他们来说，一旦对利率和汇率的变化趋势及幅度判断失误，企业就会发生巨额亏损甚至倒闭。这种危险使稳健的金融市场参与者感到，应该创造一种像棉花、咖啡及各种金属期货合同那样的保值性工具，以便把市场上的利率、汇率风险转嫁到为赚大钱而甘冒此险的投机者身上。于是，金融期货市场便应运而生。1972 年 5 月 16 日，美国的芝加哥商品交易所（CME）属下的国际货币市场率先开办外币期货交易，1975 年 10 月 20 日开始试办美国国民抵押协会抵押存单的期货业务。这两种业务大获成功，促进了以后的各种金融期货品种陆续推出。

金融期货具体交易品种有货币市场上的国库券、债券市场上的各种期限的政府债券、外汇市场上的外币，甚至股票市场上的股票价格变动指数等。它基本上可以分为三种类型：一类是利率期货，指代表一定量的、以本国货币计算的固定利率有价证券的期货合同；一类是外币期货，指代表一定量的外国货币的期货合同，均与本国货币对做；最后一类是指数期货，这种期货合同代表着用某种特定的办法将股票价格变动指数折算成的一定货币额。

第二节 商品期货的特点与功能

商品期货合同与普通商品市场上的远期交货合同的性质完全不同。远期交货合同是特定商品的买卖双方经协商后达成交易，并约定何时何地以何种价格何种方式交货付款的书面凭证。在远期交货合同中，明确规定了合同商品的特定品种、质量、数量、规格、包装、交货责任、运输保险条件以及付款方式。卖方交付的商品必须符合上述合同的要求，否则会遭到退货甚至索赔。这类合同中的条件是经买卖双方协商议定的，因而很少有两份合同的各项条款完全一样的情况出现。因此，即使是同商品、同质量、同数量、同价格的两份远期交货合同，也很难相互冲销。由于这个原因，远期交货合同很难进行二手买卖，正如银行贷款合同一样，由于每笔贷款都基于借贷双方的需求和关系而规定了不同的数额、期限、利率及其他条件，因而无法在债券市场和货币市场上自由转让。

一、商品期货合同的特点

商品期货合同是标准化的、非个性的合同，这一性质主要体现在以下几个方面。

（一）统一的品级

品级就是商品的品质级别，是判断商品期货合同所代表的商品的品质好坏的公认标准。只有对容易鉴别共同特征的商品，才能规定品质划一的品级。如棉花、橡胶、小麦、食糖、各种金属等，在国际上都有沿用已久的公认的品级。

国内主要期货品种品级，见各家交易所网站列出的交易规则之交割细则。

财经记者在报道期货价格时一定要弄清其对应的交割品级。

（二）规范的交易单位

每一份商品期货合同所代表的商品数量都是由商品交易所或交易协会预先统一规定的，称为交易单位。利用商品期货合同买卖商品，数量只限于交易单位的倍数，即买卖几份该商品的期货合同，不能自由议定和分割交易单位。上海期货交易所中的铜、铝、铅、锌等期货合同的交易单位都是 5 吨，这样，在商品期货市场上，买卖商品的数量便转化为买卖该商品期货合同的份数。

（三）指定的交割月份

商品期货合同在实际执行时，商品交割期是指定的月份，叫作“交割月份”（月份是可以选择的，而到期日是合约规定好的）。履行交割义务的一方可在指定月份的第一个交易日起到该月份最后一个交易日止选择任意一个交易日交割商品。同时，期货交易所对每一种商品都指定了若干个交割月份。对多数商品来说，只能买卖一年之中某些月份的期货合同。例如，国内商品期货合同月份多设置为 1、3、5、7、9、11 月，工业品多设置为 1～12 个月。也有些品种根据季节不同，设置了不同月份。合同月份的选择使得期货投资者在合同到期（交割月）时如果没有平仓，则必须交割（这与股票不同）。

财经记者在报道期货价格时一定要弄清其对应的交割月份。

（四）交割方式

交割方式包括两种：一种是实物交割，另一种是现金交割。国内目前仅金融期货是现金交割，商品期货全部为实物交割。

商品期货合同在到期履约时，卖方需要提前把货物拉到期货交易所指定的交割仓库并经过检验符合期货交割品规定后形成仓单，或卖方提前购买了别人的仓单，即可进行履约。卖方将仓单交付买方即完成履约。有的期货品种需要在规定时间内交付实物；还有的品种可以交付信用仓单（国内期货市场称厂库仓单），不必对应实物。

正是由于商品期货合同具有上述四个区别于远期交货合同的标准化特性，使得商品期货合同能够在交易过程中产生出一种可以相互冲销的性质。这个性质的产生是商品期货市场最终从普通商品市场中分离出来的关键因素。

相互冲销在金融市场上称为“对冲”，是指一个人在买进某种商品的期货合同后，再以卖出同数额同交割月份的该商品的期货合同来结束交易，或者反过来，在卖出某种商品的期货合同后，再以买进同数额同交割月份的该商品期货合同来结束交易。

二、商品期货交易的特点

（一）赚取差价

期货交易实际上就是对这种“合约符号”的买卖，是广大期货参与者看中期货合同价格将来可能会产生差价，依据各自的分析，进而博取利润的交易行为。从大部分交易目的来看，也就是投机赚取“差价”。而现货企业则往往规避这种价格变化的风险。

（二）以小博大

期货可以用较少的资金进行大宗交易。例如，以 50 万元的资金基本上可做 1 000 万元左右的交易。也就是说，交易者用 50 万元的资金作为保证（即保证金）担保价值 1 000 万元的商品价格变化，所产生的盈亏都由交易者的 50 万元资金承担，差不多把资金放大了 20 倍。这就是所谓的“杠杆效应”，也可称为“保证金交易”。这种机制使期货具有了“以小博大”的特点。国内期货交易所合约中规定的标准金多为 5%或 6%，而由于实行的是二级结算，因此期货公司往往还要加 2 至 3 个百分点，即资金实际放大倍数在 10 倍左右。杠杆效应吸引了投机，也产生了风险。做对了，赚得很快；做错了，也亏得很快。这是与股票不同的地方。股票市场拿的是 100%资金，期货只需要 10%左右的资金。也正因为如此，股票不会亏完，而期货会亏成负数。

（三）买空卖空

期货交易买卖的是“合约符号”，并不是实际的货物，所以交易者在买进或卖出期货时，就不用考虑是否需要或者拥有期货相应的货物，而只考虑怎样买卖才能赚取差价，其买与卖的结果只体现在自己的“账户”上，代价就是万分之几的手续费和占用 10%左右的保证金，这一点可简单地用通常所说的“买空卖空”来理解。“买空卖空”是一个中性词，就像“投机”是中性词一样，它的结果是发现了未来的价格，提供了市场流动性。

由于期货可以买空卖空，且采用 T+0 交易（即当日可买卖，当日可交割和结算，股票为 T+1）规则，且是保证金机制，使得期货市场每天的交易量很大，成交金额比股票市场大得多，而实际资金却没有那么多。比如期货某天成交金额为 1 000 亿元，按照 10%的保证金来看，只能有 100 亿元资金；而按照 T+0 交易来说，就小得很，因为一份资金一天可以做很多来回，都计算在成交量和成交金额里了。股票若一天成交 1 000 亿元，就有这么多资金。因此，财经记者不能简单地将期货每天的成交金额与股票相比，也可以说仅从成交金额方面没法与股票相比进行报道。

期货当日不平仓的称为“持仓”，而持仓量的占用资金金额也是财经记者需要慎重报道的。比如今天某品种的持仓价值为 1 000 亿元（或增加 1 000 亿元）（持仓量乘以当日结算价），能说实际上有这么多资金吗？肯定不能。从期货交易所收取的保证金 5%来看，占用（或增加）资金只有 50 亿元，而有的期货交易所又有反向持仓保证金减半的规定，这样实际上占用的资金又减少了一部分。而有多少持仓是减半的，记者恐怕无法了解清楚。另外，还要了解这个持仓是按单边计算还是双边计算的。

（四）买卖都可以

正是由于可理解为“买空卖空”，期货交易可进行双向交易。即根据自己对将来行情的涨跌分析，既可先买入开仓，也可先卖出开仓，等价差出来后，再进行反向的卖出平仓或买入平仓，以抵消掉自己开仓的合约。这样自己的“账单”上就只留下开仓和平仓之间的价差，同时，开仓占用的保证金自动退回，从而完成了一次完整的交易。

当然，期货这种合约也可实际交割。一个开仓的买入合约，如果持有到最后期限（交割月最后交易日）后，交易者就必须付足相应货物的货款，得到相应的货物。如果是卖出合约，就应交出相应货物，从而得到全额货款。作为投机者就应在合约到期前平掉合约。

知识窗

外汇、股票和期货的基本交易规则

外汇：全球化的市场，T+0，每周有5天交易，多空双向交易；杠杆100～500倍。

期货：T+0，上午盘，下午盘，夜盘中间有停盘；多空双向交易；杠杆10倍。

股票：T+1，上午盘，下午盘；多空双向交易；可融资融券交易。

1. 外汇全天24小时连续交易，而股票只能在白天的特定时段内交易，如沪深股市交易时间为每周一至周五上午9：30到11：30和下午1：00到3：00。

2. 外汇常做的货币对有限，多了解几次可基本熟悉，而中国股市中就有5 000多只股票，选股将是一件很难的事情。

3. 外汇成交量一般一天在2万亿美元左右，而A股成交量过一万亿元人民币的日子也屈指可数。就今日而言，沪深两市成交量约为6 000亿元。两者差距巨大，股市可出现内幕操控行为，而外汇市场交易量巨大，资金无法控盘。

资料来源：知乎。

三、商品期货的基本功能

商品期货有规避风险、发现价格、风险投资和实物交割四大功能。

（一）规避风险功能

规避风险功能是指生产经营者通过在期货市场上进行套期保值业务，有效地回避、转移或分散现货市场上价格波动的风险。套期保值是在期货市场买进或卖出与现货数量相等但交易方向相反的商品期货，以期在未来某一时间通过卖出或买进期货合同而补偿因现货市场价格不利变化带来的损失。

套期保值的基本经济原理就在于某一特定商品的期货价格与现货价格在同一时空内会受到相同经济因素的影响和制约，因而一般情况下两个市场的价格变动趋势相同。套期保值就是利用两个市场上的这种价格关系，取得在一个市场上出现亏损、在另一个市场上获得盈利的结果。此外，两个市场走势的“趋同性”也使套期保值交易行之有效，即当期货合同临近交割时，现货价格与期货价格趋于一致，二者的基差接近于零。

在现货市场，生产企业明知道价格要下跌，只能尽快销售，而越是下跌越是卖不出去。而期货市场由于有投机力量，使得买卖量很大，企业在期货市场很容易卖出。且期货市场无违约、不欠账，是企业规避经营风险的很好选择。

案　例

1983 年，桥水基金的创始人瑞·达利欧帮助麦当劳推出了广受欢迎的快餐食品麦乐鸡。而之前因为担心下游供应商鸡肉的价格会上涨，挤压利润空间，麦当劳迟迟不能推出新产品麦乐鸡。鸡肉供应商确实也在担心饲料供应商导致的成本变动，不能以固定的价格提供给麦当劳鸡肉原材料。于是，爱吃麦当劳的达利欧开始向饲料供应商展示一套模型系统，那就是通过将主要影响成本变动的谷物、豆子期货进行组合来锁定成本，这样就打消了供应链各方的疑虑。麦当劳终于得到固定报价来生产麦乐鸡了。

（二）发现价格功能

发现价格功能是指在期货市场通过公开、公正、高效、竞争的期货交易运行机制形成具有真实性、预期性、连续性和权威性价格的过程。期货市场形成的价格之所以为公众所承认，是因为期货市场是一个有组织的规范化的市场，期货价格是在专门的期货交易所内形成的。期货交易所聚集了众多的买方和卖方，把自己所掌握的对某种商品的供求关系及其变动趋势的信息集中到交易场内，从而使期货市场成为一个公开的自由竞争的市场。这样通过期货交易所就能把众多影响某种商品价格的供求因素集中反映到期货市场内，形成的期货价格就能够比较准确地反映真实的供求状况及其价格变动趋势。

期货发现的价格多为未来一年内的价格，且是公开透明的，不是一对一的私下交易，因此其价格具有预期性、权威性、透明性。对企业来说，可以通过期货提前发现的远期价格调整生产、经营。

（三）风险投资功能

对期货投机者来说，期货交易还有进行风险投资、获取风险收益的功能。一般来讲，期货风险投资包括两层含义。一是投资者拿出一定数额的货币资金用于期货交易，即买卖期货合同。二是投资者参加期货交易的目的主要是取得以货币表示的经济收益。所以，期货风险投资是一个含义广泛的概念。只要特定的投资主体为了获取经济收益，而用一定数额的货币资金买卖期货合同，都属期货风险投资行为，而无论投资主体是为了获取转移风险的经济收益，还是为了获得超额利润。

对期货投机者的套利来说，虽然在交易形式上与套期保值有些相似，但套期保值是在现货市场买入或卖出实货的同时在期货市场上卖出或买入期货合同，而套利却只在期货市场上买卖期货合同，并不涉及现货交易。商品期货套利主要有期现套利、跨期套利、跨市场套利和跨品种套利四种。

期货套利由于风险巨大，需要很高的专业信息搜集和分析技术水平，我国一般不允许国有企业进行境内外期货交易时做套利交易。事实上，国际炒家在期货市场多次围猎中国企业。早在 1997 年，伦敦金属交易所（LME）就曾出现过“多逼空”的一幕。当时的空头头寸大多在中国人手中，“株冶事件”最后造成近 15 亿元人民币巨亏。“中航油事件”和“国储铜事件”发生以后，这方面监管更加严格。2012 年 12 月 1 日起开始施行的《国务院关于修改〈期货交易管理条例〉的决定》所附《期货交易管理条例》第四十一条规定：“国有以及国有控股企业进行境内外期货交易，应当遵循套期保值的原则，严格遵守国务院国有资产监督管理机构以及其他有关部门关于企业以国有资产进入期货市场的有关规定。”

尽管如此，无论个人还是企业投资期货最忌讳的满仓操作，还时有发生。历史上美国曾发生的“亨特兄弟白银操纵事件”，就是其几乎垄断了白银现货市场和期货市场。近两年我国发生的“青山镍事件”则是一个典型的期货逼仓事件。

案　例

北京时间 2022 年 3 月 7 日 21 时，伦敦金属交易所的镍期货主力合约突然昂头向上拉涨，四个小时后收盘涨幅达 73%，盘中最高冲到 5.5 万美元/吨——在俄乌冲突爆发前，这个数字基本保持在 2.5 万美元/吨以下。

全球最大的不锈钢公司、总部位于浙江温州的青山控股集团作为大空头浮出水面，市场疯传其被严重逼仓，面临巨额亏损。到次日亚洲交易时段（即 LME 夜盘），上演了一出史无前例的“数字游戏”：北京时间午后一两点间，LME 的镍期货主力合约突然在短短一个多小时内，连续突破 6 万、7 万、8 万、9 万、10 万美元/吨整数关口，当日最高涨幅竟然翻番。不到两个交易日，伦镍最高涨幅达 250%。这一在俄乌冲突背景下发生的期货逼空事件被国内很多媒体所关注，一线财经传媒《财新周刊》更是以《“妖镍”事件始末》为题做了深度报道。

（四）实物交割功能

商品期货最终是可以交割的，现货企业可以把现货作为一个交割渠道，期货也会成为现货的蓄水池。

由于期货交割往往要在期货交易所指定的交割仓库进行，也由于到期日期货价格会与现货价格趋同，使得交割没有必要，因此期货交割量与现货量相比显得很小，但是，其功能不可忽视。正是有了实物交割功能，期货价格不能偏离现货价格，套期保值的有效性得以提高。实物交割是商品期货与现货的纽带和桥梁，不能因为交割量小而否定其作用和功能，也不能因为交割量大而夸大其功能。交割量大，可能是有些投资者期现套利、跨期套利的结果，也有可能是企业为了交割确保履约和资金回收的结果，还有可能是逼仓的结果。期货交割往往品级越贴近现货、交割越便利、投资者越成熟，交割量就越小。财经记者不能简单地看待这种现象。

第三节 国内外主要期货交易所

期货交易所是买卖期货合同的场所，是期货市场的核心。期货交易所是一个财务独立的营利组织，它在为交易者提供一个公开、公平、公正的交易场所和有效监督服务的基础上获取合理的经济利益，包括会员会费收入、交易手续费收入、信息服务收入及其他收入。它所制定的一套制度规则为整个期货市场提供了一种自我管理机制，使得期货交易的“公开、公平、公正”原则得以实现。

一、我国的期货市场

（一）主要的期货交易所

1998 年 8 月，国务院确定全国三家期货交易所隶属于中国证券监督管理委员会垂直管理。这三家期货交易所分别是郑州商品交易所、上海期货交易所和大连商品交易所。2006年，这三家期货交易所又与上交所、深交所共同发起设立了中国金融期货交易所。除上述四家期货交易所外，上海黄金交易所和上海国际能源交易中心也是国家级期货交易平台。

1. 郑州商品交易所

郑州商品交易所成立于1990年10月12日，是经国务院批准成立的国内首家期货市场试点单位，在现货交易成功运行两年多以后，于1993年5月28日正式推出期货交易。

目前上市交易的期货品种有小麦（包括优质强筋小麦和普通小麦）、稻谷（早籼稻、晚籼稻、粳稻）、棉花、菜系（油菜籽、菜籽油、菜籽粕）、白砂糖、动力煤、甲醇、精对苯二甲酸、平板玻璃、铁合金（硅铁、锰硅）等，基本形成综合性品种体系，覆盖农业、能源、化工、建材、冶金等国民经济重要领域。

2. 上海期货交易所

上海期货交易所正式运营于1999年12月。上海期货交易所以贵金属为主，目前上市交易的期货品种有黄金、白银、铜、铝、锌、铅、燃料油、天然橡胶、沥青、热轧卷板等。2018年3月26日，原油期货在上海期货交易所上海国际能源交易中心正式挂牌交易。原油期货上市，无论对于中国期货市场还是石油业来说都意义重大，影响深远，是里程碑式的事件。

3. 大连商品交易所

大连商品交易所成立于1993年2月28日，是经国务院批准并由中国证监会监督管理的四家期货交易所之一，也是中国东北地区唯一一家期货交易所。经中国证监会批准，现上市交易的期货品种有玉米、黄大豆1号、黄大豆2号、豆粕、豆油、棕榈油、鸡蛋、纤维板、胶合板、线型低密度聚乙烯、聚氯乙烯、聚丙烯、焦炭、焦煤和铁矿石等。

4. 中国金融期货交易所

中国金融期货交易所（简称“中金所”）是经国务院同意，中国证监会批准，由上海期货交易所、郑州商品交易所、大连商品交易所、上海证券交易所和深圳证券交易所共同发起设立的金融期货交易所。中国金融期货交易所于2006年9月8日在上海正式挂牌成立。中国金融期货交易所实行会员分级结算制度，会员分为结算会员和非结算会员，结算会员按照业务范围分为交易结算会员、全面结算会员和特别结算会员。实行会员分级结算制度，形成多层次风险控制体系，强化了中国金融期货交易所的整体抗风险能力。

2010年4月16日，我国股指期货在中金所正式上市交易；2013年9月

6 日，5 年期国债期货正式在中金所上市交易。来自中国期货业协会的数据表明，2013 年金融期货成交额达 150 万亿元。2013 年股指期货月平均成交量 1 610.17 万手，国债期货 8.29 万手。金融期货从 2010 年上市不到 4 年，成交额已经占据整个期货市场的半壁江山。

目前，中国金融期货交易所上市的金融期货分为股指期货和国债期货。股指期货如上证 50 股指期货、沪深 300 股指期货、中证 500 股指期货等；国债期货如 2 年期国债期货、5 年期国债期货、10 年期国债期货等。

5. 其他期货交易所

上海黄金交易所是经国务院批准、由中国人民银行组建、中国专门从事黄金交易的国家金融要素市场，于 2002 年 10 月正式运行。它的成立实现了中国黄金生产、消费、流通体制的市场化，是中国黄金市场开放的重要标志。

上海国际能源交易中心（简称“上期能源”）是经中国证监会批准、由上海期货交易所发起设立的、面向期货市场参与者的国际交易场所，根据《公司法》《期货交易管理条例》和中国证监会等有关法律法规履行期货市场自律管理职能。目前上期能源上市交易的期货品种有原油、低硫燃料油、20 号胶等。

（二）期货市场监管与期货市场的国际化

目前中国证监会是中国期货市场的最高行政监管机构，是中国期货市场履行监督管理的职能部门。此外，各交易所制定有交易所章程、交易规则和实施细则。

2022 年 8 月 1 日，《中华人民共和国期货和衍生品法》正式施行，为规范期货交易和衍生品交易行为、促进期货市场和衍生品市场健康发展、防范金融风险奠定了良好基础。其中第一百零二条规定：“期货业协会是期货行业的自律性组织，是社会团体法人。期货经营机构应当加入期货业协会。期货服务机构可以加入期货业协会。”2021 年 9 月 10 日，中国期货业协会发布了《期货公司居间人管理办法（试行）》，该办法自发布之日起施行。居间人，也称为中介人，是指受期货公司委托，为期货公司提供订立期货经纪合同的中介服务，独立承担基于中介服务所产生的民事责任，期货公司按照约定向其支付报酬的机构及自然人。

2018 年是中国期货市场国际化元年，原油期货上市、铁矿石期货和 PTA 期货引入境外投资者，标志着中国期货市场品种国际化迈出第一步。上海期货交易所在 2018 年 3 月 26 日正式推出原油期货，向全球开放，原油期货以人民币计价，可以美元作为保证金，兼顾了境外投资者和境内投资者的需求，具有非常重要的战略意义。2018年5月4日，大连商品交易所铁矿石期货引入境外交易者，正式开启了国际化进程。同年11月30日，郑州商品交易所具有中国特色的期货品种PTA期货正式引入境外投资者。中国期货市场的国际化实际上就是双向开放，即让中国价格“走出去”，同时将境外投资者和国际竞争机制“引进来”，实现了中国期货市场与国际市场的新融合。

经中国证监会同意，从2022年9月2日起，合格境外机构投资者（QFII）和人民币合格境外机构投资者（RQFII）可参与我国四家期货交易所（中国金融期货交易所、郑州商品交易所、上海期货交易所、大连商品交易所）部分期货和期权合约。这意味着我国期货市场对外开放进程更上了一个台阶，有利于扩大我国期货市场和衍生品市场的国际影响力，加强中国在大宗商品定价方面的话语权，也有利于加快推进人民币的国际化进程。

根据中国期货业协会的数据，截至2021年4月末，全国149家期货公司客户权益突破1万亿元，为10 243.52亿元。

二、国外主要期货交易所

国外主要期货交易所有美国芝加哥商品交易所（CME）、美国纽约商品交易所（NYMEX）、英国伦敦金属交易所（LME）、欧洲期货交易所（EUREX）、日本东京工业品交易所（TOCOM）、新加坡国际金融交易所（SIMEX）等。这些交易所的期货交易价格影响着国际大宗商品的价格走势，如芝加哥商品交易所的小麦、玉米、大豆以及纽约商品交易所的原油和黄金的期货价格，其影响力远非国内和区域性期货交易所可比。

（一）美国芝加哥商品交易所

美国芝加哥期货交易所（CBOT），成立于1848年，是世界上最古老的期货和期权交易所，旗下有50种以上期货和期权产品总计3 600个项目和商品。芝加哥期货交易所和其他三个交易所（芝加哥商品交易所、纽约商业交易所、纽约商品交易所）现在都是芝加哥商品交易所（CME）集团旗下子公司。

2006年8月1日，芝加哥期货交易所推出农产品期货电子平台，常规公开喊价交易转为电子交易，增加了商品流动性。

2006年10月17日，CME集团宣布和已竞争百年的同城对手芝加哥期货交易所进行合并。芝加哥期货交易所将技术平台转移到CME的Globex的交易系统。这大量节省了撮合交易的时间。此次合并加强了CME集团在全球衍生性金融商品市场的地位。

2007 年 7 月 9 日，CBOT 股东批准合并。芝加哥商品交易所成为史上最大的衍生性金融商品市场。

2009 年，CME 集团购入马来西亚衍生产品交易所 25%股权。

（二）纽约商品交易所

纽约商品交易所成立于 1933 年。纽约商品交易所地处纽约曼哈顿金融中心，与纽约证券交易所相邻。其交易主要涉及能源和稀有金属两大类产品，但能源产品交易大大超过其他产品的交易。1982 年，纽约商品交易所推出世界上第一个原油期货合约——轻质原油期货合约，其价格已成为全球原油现货贸易的重要定价依据。2001 年开始，原油成为全球交易规模最大的商品期货品种。纽约商品交易所另一个主要品种是黄金。该交易所的交易方式主要是期货和期权交易，到目前为止，期货交易量远远超过期权交易量。

2008 年 3 月 17 日纽约商品交易所与芝加哥商品交易所集团达成协议，芝加哥商品交易所集团以股票加现金的方式实现对后者的收购，涉及金额约 94 亿美元。

美国的期货市场管理体制为政府监管机构、期货行业自律组织和交易所自我监管的“三级管理体制”。

（三）英国伦敦金属交易所

伦敦金属交易所建立于 1876 年，1877 年正式营业，是全球最大的基本金属及其他金属的期货、期权市场。

伦敦金属交易所提供了从交易日开始到 3 个月到期的合约，还有长至 123 个月的合约，也允许现货交易。它同时提供了商品对冲、世界范围内的参考价格，以及现货交割方式来了结合约的期权。

伦敦金属交易所为铝、铝合金、北美特殊铝合金、钴、铜、铅、钼、镍、钢坯、锡和锌等提供了期货和期权合约。要交易在伦敦金属交易所上市的铜、锡或其他金属，就必须通过伦敦金属交易所的会员来进行。合约的购买者，如果要将合约留到到期日，则会得到伦敦金属交易所批准的指定仓库的仓单。

伦敦金属交易所每天的事件，具体来说是提供上市交易的每种金属在仓库的库存数据，帮助生产商和消费商做出正确的商业决策。

公开喊价是伦敦金属交易所最古老而又最流行的交易方式。伦敦金属交易所是欧洲最后一个使用公开喊价方式进行交易的交易所。

2012 年 6 月 15 日，香港交易所以 13.88 亿英镑成功收购伦敦金属交易所。

（四）欧洲期货交易所

欧洲期货交易所是全球数一数二的衍生品交易所。欧洲期货交易所前身为德国期货交易所（DTB）与瑞士期货期权交易所（SOFFEX），两者于1998 年合并后成立欧洲期货交易所，目前由德意志交易所集团拥有。欧洲期货交易所旗下拥有欧洲期货交易所清算公司、欧洲期货交易所债券交易平台、欧洲期货交易所回购交易平台与国际证券交易所（ISE），并与欧洲能源交易所（EEX）同属于欧洲期货交易所集团。

欧洲期货交易所尽管发源于欧洲，但凭借电子交易系统，如今该交易所的业务范围涵盖全世界各个主要市场，并提供超过 1 900 种的产品，包括各种以欧元计价的股票股指以及固定收益证券的衍生性金融工具。其庞大的产品类别除了指标性的股指以及债券型衍生金融商品以外，亦有以个股、商品、交易所交易基金（ETF）、股息为标的资产的衍生品，甚至提供近年逐渐兴起的天气、能源衍生品。欧洲期货交易所同时具有电子交易系统以及场外交易市场，交易所成员可通过后者达成大宗交易。该市场拥有超过 400 名登记会员、8 000 名交易员并遍布全球 30 多个国家和地区，利用场外交易市场，成员可避免大宗交易带来的执行风险。

期货交易所的期货合同报价和股票交易所的报价形式一样，也有开盘价、收盘价、最高价和最低价等挂牌价格。以前交易信息如主要期货交易所的期货牌价会定期登载于纸媒上，如《华尔街日报》。互联网诞生后，各大期货交易所一般都拥有功能完善的交易、交割、结算、风险监控、信息发布和会员服务等电子化系统，期货交易更加方便快捷。

延伸阅读

株冶事件

“株冶事件”发生时正值中国刚刚介入国际期货市场的起步阶段，国际基金打出一场“多逼空”的仗，给了中国一个下马威。

株洲冶炼厂（简称“株冶”），是当时中国最大的铅锌生产和出口基地之一。

1997 年，在国际期货市场上已从事两年交易的株冶工作人员，越权进行透支交易，在伦敦金属交易所（LME）大量卖空锌期货合约，其头寸远超既定期货交易方案，被国外金融机构盯住并发生逼仓。

事情暴露时，其在 LME 市场已卖出 45 万吨锌，而当时株冶全年的总产量仅为

30 万吨。

事发后，1997 年 7 月，当时的国务院总理专门召开办公会议处理“株冶事件”。相关主管部门负责人亲自到工厂蹲点近一个月，一边采取头寸止损、追加保证金、合理调期等措施紧急处理头寸，一边通过各种渠道调集其他锌厂的货源、组织交割，力争将损失降至最低。

但终因抛售头寸过大，最后只好以高价买入部分合约平仓履约。由于从 1997 年年初开始的六七个月中，多头推高伦敦锌价，涨幅超过 50%，这导致株冶最后集中性平仓的三天内亏损额达 1.758 亿多美元，折合人民币 14.591 亿多元。

报道提示

期货市场信息获取

● 财经记者获取期货市场的交易信息主要通过期货交易所、期货经纪公司和期货行业协会。各期货交易所网站提供各期货交易所的交易品种、交易数据和行情。期货经纪公司是指依法设立的、接受客户委托、按照客户的指令、以自己的名义为客户进行期货交易并收取交易手续费的中介组织。期货经纪公司网站也会提供各期货经纪公司的动态信息和分类期货信息。

● 美国期货业协会（FIA）不仅提供美国期货市场的信息，还提供全球有影响力的区域性期货交易所的信息。

● 2000 年 12 月，中国期货业协会成立于北京。该协会有搜集、整理期货信息，编辑出版期货业务书籍报刊的职能。在其官网上可查到中国现有期货公司的基本情况、历史情况、高管人员信息、分支机构、财务信息以及股东信息等方面的较完备资料。

● 期货监管机构是政策信息的来源。美国期货市场的监管机构包括商品期货交易委员会（CFTC）、全国期货业协会（NFA）、证券交易委员会（SEC）、银行管理机构如美联储及货币监管局（OCC）等。

● 财经记者在进行国内期货的报道时，要注意中国期货市场的新现象、新制度、新举措和新品种的推出，尤其应关注期货行业高层的表态。在没有重大事件发生时，高层采访也是不错的选题。

问题与思考

问答题

1. 期货市场与股票市场有何异同？财经记者为什么不能用报道股票市场的思维去做期货报道？

2. 某记者在期货报道中写道：“近期期货市场每交易日成交额约为数万亿元，远超同期沪深股市成交量，因而期货市场风险很大。”这样的表述有问题吗？请具体说明。

3. 2018年3月26日，原油期货在上海期货交易所上海国际能源交易中心正式挂牌交易。当时有媒体称“原油期货上市，无论对于中国期货市场还是石油业来说都意义重大，影响深远，是里程碑式的事件”。为什么这么说？

第二编

财务报表与财务分析

财务报表（会计报表）是体现企业等组织机构财务信息的特定表格。其目的是为财务信息使用者提供企业等组织具体的财务状况、经营成果、现金流量、生产经营情况和市场状况等方面的信息。

财务信息使用者，是指根据财务信息进行决策或经营管理，并与财务主体有利害关系的集团和个人，包括外部使用者与内部使用者两大类。

外部使用者包括：

(1) 投资人，包括所有者、潜在投资者。

(2) 债权人，例如银行等，关心财务主体能否还本付息、债务风险大小等。

(3) 国家经济监管部门，具体包括工商行政管理部门、税务部门、财政部门、政府审计机构、政府派出的监事会、证券交易所等。这些国家经济监管部门，为了加强宏观经济管理、履行国家管理职能以及行使国家作为投资人的权利等，需要了解财务主体的经济效益、收益分配、资源配置等方面的信息。

(4) 会计师事务所。会计师事务所根据会计主体及有关单位和个人的委托，对主体的会计报表及有关资料进行独立审计并发表审计意见。

(5) 会计主体的供应商和客户。供应商需要根据相关信息判断会计主体的货物需求数量、需求时间和货款的支付能力等；客户需要根据会计信息判断会计主体的生产供货能力、产品定价趋势和产品开发情况等。

内部使用者包括：

(1) 管理者，如董事会成员、经理人员以及身处计划、财务、供应、生产、营销、人事等职能部门的人员。他们需要根据财务信息履行各自的职责。

(2) 内部职工。他们需要根据财务信息了解主体的经营前景、就业保障能力、劳动报酬和职工福利支付能力与水平等。

上市公司必须定期公布企业财务报表。其中年度财务报告必须经由具备资质的会计师事务所审计，并出具审计意见。

财务信息使用者还可以通过对财务报表进行进一步的财务分析，如同型分析、比较分析，来研判企业可能存在的问题。

第四章

财务报表

在没有数据之前就开始推理是一种致命的错误。人们会不知不觉地通过扭曲事实去匹配理论，而不是要求理论切合实际。

——福尔摩斯

案　例

1937 年，麦当劳兄弟制作了一份简单的财务损益表。表上显示，在销售的 25 种产品中，汉堡包带来的收入占比达到了 80%。于是他们决定砍掉 16 种产品，而且汉堡包由 30 美分降价到 15 美分！

这就是财务损益表（利润表）的诞生。利润表清楚地显示了一家企业的利润来自何处。今天，对于以资产负债表、利润表和现金流量表为主的财务报表，财经记者必须了解。这是因为，财务报表对投资者意义重大。投资者也许会困惑：一家期末商誉占净资产比例超过 50%的公司值得投资吗？另外一家控股股东及其一致行动人股票质押比例超过 80%的公司值得投资吗？财经记者要做的不仅仅是把公司财报数据简单地推给读者，他还必须解释这些数据意味着什么。

通过本章学习，你可以：

- 了解三大财务报表的基本结构和主要指标及其含义。
- 了解三大财务报表的作用和编制原则。

第一节　资产负债表

简单地说，资产负债表的作用是反映一个企业在某一特定日期的财务状况（资产负债表也称作“财务状况表”，因为它力图为其使用者提供财务状况的全貌）。资产负债表可以揭示出企业的财富以何种形式被拥有，以及每种形式拥有财富的数量。资产负债表的资产和负债分别反映了企业的资产和企业的债权。

一、资产负债表的基本结构和主要指标

资产负债表反映了企业经营、投资和融资的情况。

（一）资产负债表的基本结构

资产负债表的基本结构如表 4 - 1 所示。

表 4 - 1 资产负债表 单位：百万元

资产		负债	
流动资产		**流动负债**	
货币资金	782	短期借款	1 250
应收账款	1 180	应付账款	704
其他应收款	22	应交税费	18
预付账款	225	预收账款	0
存货	516	其他应付款	1 052
待摊费用	13		
其他流动资产	320		
非流动资产		**非流动负债**	
长期投资	670	长期借款	1 370
固定资产	5 500	应付债券	0
无形资产及其他非流动资产	172	长期应付款	12
资产总计	9 400	其他非流动负债	810
		所有者权益	
		实收资本	763
		资本公积	2 167
		盈余公积	432
		未分配利润	822
		负债及所有者权益总计	9 400

（二）资产负债表的主要指标

1. 资产

在日常用语中，“资产”用来指某种具有价值的东西。然而在会计术语中，其含义要狭窄得多，资产用来描述为企业所持有的具有某种特征的资源。会计意义上资产的主要内涵包括以下几个方面。

第一，存在可能的未来经济利益。简单地说，这意味着该资源会为企业带来某种未来的货币价值。这种价值能够通过其在企业内的使用、租赁或是销售而实现。如此看来，一个报废的设备如果能够当作废品被卖掉，它仍然被看作一项资产；然而，如果一个报废的设备不能被当作废品卖掉，它就不能再被认定为资产。

第二，企业有绝对的权力来控制这种资源。除非企业有绝对的权力来控制这种资源，否则，它就不能被认定为一项资产。因此，对于一个提供假日游艇的企业来说，航运系统可能是一种非常有价值的资源。然而，当企业无法控制其他人使用这种航运系统时，该资源就不能被认定为企业的一项资产（然而，企业所拥有的游艇则可被视为资产）。

第三，该利益必须是由过去的交易或事项产生的。这就意味着赋予企业享有该利益的权利的交易（或事项）必须是已经发生了的，而不是在将来某个时日才发生的。因此，企业在未来某个时日购买一批机器的合同并不意味着这批机器现在已是企业的资产。

第四，资产必须能以货币进行计量。除非该资源能够用货币形式在一定程度上可靠地计量，否则它就不能作为资产列入资产负债表中。在云南绿大地公司财务造假案中，记者探访发现绿大地公司的一块土地“马鸣基地”资产被放大很多倍，同样打着生物科技旗号的上市公司蓝田股份公司，也在利用土地及上面的种植物等大做文章，虚增资产。

在企业的资产负债表上经常表示为资产的项目有流动资产和非流动资产。

流动资产是指预计在一个正常营业周期内或一个会计年度内变现、出售或耗用的资产和现金及现金等价物，如货币资金、应收账款、其他应收款、预付账款、存货、待摊费用及其他流动资产。

流动资产按照流动性高低依次包括以下项目：

（1）货币资金。货币资金包括库存现金、银行存款和其他货币资金三个项目的期末余额，具有专门用途的货币资金不包括在内。

（2）应收账款。应收账款指企业在正常的经营过程中因销售商品、产品、提供劳务等业务，应向购买单位收取的款项，包括应由购买单位或接受劳务单位负担的税金、代购买方垫付的各种运杂费等。

（3）其他应收款。企业除买入返售金融资产、应收票据、应收账款、预付账款、应收股利、应收利息、应收代位追偿款、应收分保账款、应收分保合同准备金、长期应收款等以外的其他各种应收及暂付款项。

（4）预付账款。预付账款指企业按照合同规定预付的款项。

（5）存货。存货指企业在日常活动中持有以备出售的产成品或商品、处在生产过程中的在产品、在生产过程或提供劳务过程中耗用的材料和物料等。在产品指正在加工，尚未完成的产品。其有广狭二义：广义的包括正在加工的产品和准备进一步加工的半成品，狭义的仅指正在加工的产品。产成品指企业已经完成全部征税过程并已验收入库合乎标准规格和技术条件，可以按照合同规定的条件送交订货单位，或者可以作为商品对外销售的产品。

（6）待摊费用。待摊费用是指已经支出但应由本期和以后各期分别负担的各项费用，如低值易耗品摊销、一次支出数额较大的财产保险费、排污费、技术转让费、广告费、固定资产经常修理费、预付租入固定资产的租金等。企业单位在筹建期间发生的开办费，以及在生产经营期间发生的摊销期限在一年以上的各项费用，应作为“长期待摊费用”。

非流动资产是指流动资产以外的资产，包括长期投资、固定资产、无形资产及其他非流动资产。

（1）长期投资。长期投资指不满足短期投资条件的投资，即不准备在一年或长于一年的经营周期之内转变为现金的投资。长期投资按其性质分为长期股权投资、长期债券投资和其他长期投资。

（2）固定资产。固定资产在会计学中指企业用于生产商品或提供劳务、出租给他人，或为行政管理目的而持有的，预计使用年限超过一年的具有实物形态的资产。固定资产一般使用年限较长、单位价值较高，并且在使用过程中保持原有实物形态，包括建筑物、机械仪器、运输工具以及其他与生产经营有关的工具、器具和设备等。

需要注意的是，一项资产不一定要具有实物形态，它可能是对某种经济利益的无形的权利。具有实物形态并且能够被触摸到的资产称作“有形资产”。不具有实物形态，然而能够提供未来经济利益的资产称作“无形资产”。

（3）无形资产。无形资产具有广义和狭义之分，广义的无形资产包括货币资金、金融资产、长期股权投资、专利权、商标权等，因为它们没有物质实体，而是表现为某种法定权利或技术。但是，会计上通常对无形资产做狭义的理解，无形资产是指没有实物形态的可辨认非货币性资产，即将专利权、商标权、版权等视为无形资产。

2. 负债

资产负债表右边有两个项目，一项是负债，一项是所有者权益。

负债代表了除所有者以外的个人或组织对企业的债权，它是由过去的诸如向企业提供商品或是贷款等交易或事项产生的。一旦企业负债，那么它将一直作为企业的一种义务而存在直到被清偿。

负债项目下主要指标如下：

（1）应付账款。企业因购买材料、物资和接受劳务供应等而应该付给供货单位的账款。

（2）应交税费。应交税费反映了企业尚未交纳的税费，具体包括增值税、消费税、城市维护建设税、资源税、企业所得税、土地增值税等。

（3）预收账款。买卖双方协议商定，由购货方先支付一部分货款给供应方而发生的负债。

（4）其他应付款。企业在商品交易业务以外发生的应付和暂收款项，指企业除应付票据、应付账款、应付工资、应付利润等以外的应付、暂收其他单位或个人的款项。

银行贷款是一种负债。银行贷款分为长期借款和短期借款两种，一年内要偿还的是短期借款，一年以后要偿还的才是长期借款。

（5）短期借款。企业用来维持正常的生产经营所需的资金或为抵偿某项债务而向银行或其他金融机构等外单位借入的、还款期限在一年以下或者一年的一个经营周期内的各种借款。

（6）长期借款。企业从银行或其他金融机构借入的期限在一年以上（不含一年）的借款。

（7）应付债券。企业为筹集资金而对外发行的期限在一年以上的长期借款性质的书面证明，约定在一定期限内还本付息的一种书面承诺。

（8）长期应付款。企业除长期借款和应付债券以外的长期负债，包括应付引进设备款、应付融资租入固定资产的租赁费等。

3. 所有者权益

所有者权益代表了企业所有者对企业的债权，企业不论以何种形式存在，均被看作完全独立于其所有者。这就意味着做财务报表时，应该从企业的角度而不是所有者的角度来编制。因此，从这个角度来说，所有者为企业提供的实收资本或股本都应该被看作所有者对企业的一项权益。

所有者权益项目下的主要指标如下：

（1）实收资本。实收资本指企业在创建与发展过程中实际接收的资本。

（2）资本公积。资本公积指企业收到的投资者的超出其在企业注册资本中所占份额的投资，以及直接记入所有者权益的利得和损失等。资本公积包括资本溢价（股本溢价）和直接记入所有者权益的利得和损失等。

（3）盈余公积。盈余公积指企业按照规定从净利润中提取的各种积累资金，是有特定用途的累积盈余。

（4）未分配利润。未分配利润指没有特定用途的累积盈余。

二、资产负债表的作用

资产负债表可以清晰地反映资金筹措的来源。

资产和债权之间的关系非常简单明了，如果一个企业希望获得资产，就必须从某处筹集必要的资金。企业可以从所有者那里获得资金，或者从其他地方获得资金，或者二者兼而有之。

例如，益民百货公司于 4 月 1 日在银行账户里存入 100 000 元，开展业务。其中所有者提供资金 50 000 元，其他方提供资金 50 000 元。以这种方式筹集资金将会同时产生所有者对企业的债权（资本）和其他方对企业的债权（负债）。根据上述交易，当编制益民公司的资产负债表时，企业的资产和债权如下：

4 月 1 日的资产负债表

资产		权益	
银行存款	100 000	资本	50 000
		负债-贷款	50 000
	¥100 000		¥100 000

上述所列资产负债表中，资产的总额和负债的总额是相等的：

资产＝资本＋负债

这个等式通常被称为“资产负债表恒等式”。不论企业的资产还是企业的债权如何发生变化，总会在其他地方发生“补偿性”的变化以确保资产负债表永远“平衡”。例如，益民公司 4 月 2 日用支票购买价值 20 000 元货车一辆，4 月 2 日的资产负债表如下所示：

4 月 2 日的资产负债表

资产		债权	
银行存款	80 000	资本	50 000
货车	20 000	负债-贷款	50 000
	¥100 000		¥100 000

可见，购买一辆货车的结果是企业银行存款减少了 20 000 元，同时资产负债表上增加了一项新的资产：货车。资产总额保持不变，仅仅是资产组合发生了变化。企业没有发生资金筹措上的变化。

4 月 20 日，益民公司赊购价值 4 万元的空调存货，期限 1 个月。此笔交易发生后，该公司的资产负债表如下所示：

4 月 20 日的资产负债表

资产		债权	
银行存款	80 000	资本	50 000
货车	20 000	负债-贷款	50 000
存货	40 000	应付账款	40 000
	¥140 000		¥140 000

购买存货的结果是在资产负债表上增加了一项新的资产：存货。另外由

于该项存货尚未付款，这意味着对企业的债权增加了 40 000 元，债权人为存货（空调）的供应商，即在资产负债表上称为贸易赊销债权人所有。

在实践中，企业无须在每一个交易日后都草拟资产负债表，而是有特定的间隔期。报告间隔期的长短取决于生成这些信息的成本与这些信息为制定决策所带来的收益相比较的结果。它可以是月报、季度报、半年报，或是年报。上市企业需按规定的时间间隔披露包括资产负债表在内的财务报告。对内报告，许多企业一般按月编制财务报表。

资产负债表还可以反映企业的财务风险状况。

在资产负债表的各项指标中，财经记者应特别注意应收款项。应收账款、其他应收款、预付账款统称“应收款”。应收账款是企业经营中产生的，如货已交付货款未收回；其他应收款是企业垫支、借支给他人的款项，与经营无关，借贷人通常多为关联方，如果没有什么关系，谁也不会轻易把钱借给人家；预付账款是指企业预订的货物（资产）未到，提前交付出去的款项。这三项应收款即为企业的三项债权。应收账款走高，表明赊欠现象严重，企业在市场竞争中处于劣势。按规定，应收款应计提坏账准备，计提会计政策变更、巨额坏账准备计提及计提后转回等，是企业调节利润和应对关联方赖账不还的重要手段。

财经记者还应注意企业的短期借款指标。如果与同行业同规模的企业相比，某企业的短期借款数额过大，则表明企业近期面临着较大的偿债压力。负债中的有息负债（银行贷款、企业债券等）更值得关注。如果企业经营活动取得的现金净流入还不足以支付利息，而负债率又在 70%以上，那么该企业很可能面临资金链断裂的灭顶之灾。

第二节　利润表

利润表（损益表、损益平衡表）是总括地反映企业在一定时期（年度、季度或月份）内经营成果的会计报表。利润表可提供的信息主要有以下几种：(1) 企业一定时期内取得的全部收入，包括营业收入、投资收益和营业外收入等。(2) 企业在一定时期内发生的全部费用和支出，包括营业成本、税金及附加、营业费用、管理费用、财务费用和营业外支出等。(3) 企业在一定时期内全部收入与全部费用和支出相抵后实现的利润（或亏损）总额。

由于利润表最能体现企业未来的盈利水平，所以投资者最关心企业的利润表。利润表将可持续的利润（经营利润）和不可持续的利润（营业外收支、补贴收入、汇兑损益等）分别列示，这样不仅能展示企业现在的盈利状况，还能使读报表的人形成对企业未来盈利的预期。所以，如果一个人想知道某家企业未来的盈利状况如何，就应该求助于利润表。

一、利润表的基本结构和主要指标

利润表展现了一家企业一段时期的经营成果，从中也可以看出其未来的盈利预期。表 4－2 展示出利润表的基本结构和主要指标。

（一）利润表的基本结构

表 4－2　　　　利润表　　　　单位：百万元

项目	本期金额
一、营业收入	4 454
减：营业成本	3 191
税金及附加	15
营业费用	250
管理费用	302
财务费用	130
资产减值损失	—
加：公允价值变动收益（损失以“－”号填列）	—
投资收益（损失以“－”号填列）	50
其中：对联营企业和合营企业的投资收益	
二、营业利润（亏损以“－”号填列）	616
加：营业外收入 减：营业外支出	—7
三、利润总额（亏损总额以“－”号填列）	609
减：所得税费用	229
四、净利润（净亏损以“－”号填列）	380

（二）利润表的主要指标

同资产负债表一样，利润表也有一个恒等式：收入－支出＝利润，或者收入－成本费用＝利润。

1. 收入

所谓收入，即对利润的增加有贡献的项目都是收入（营业收入、投资收益、公允价值变动收益、营业外收入等），对利润的减少有贡献的项目就是支出（营业成本、税金及附加、营业费用、管理费用、财务费用、资产减值损失等）。

营业收入，就是我们通常说到的收入，比如我们通过销售产生了收入（营业收入），它是利润表里最重要的项目，这是企业赚钱的源头。

营业收入通常也会分为主营业务收入和其他业务收入。

主营业务收入，就是指企业主要经营业务的收入，主营业务收入一般占企业总收入比重较大。

其他业务收入，除上述各种主营业务收入之外的其他业务收入，属于企业日常活动中次要交易实现的收入，一般占企业总收入的比重较小，比如企业把多余的场地或者仓库出租给第三方公司获得的租金收入等。

2. 支出

在利润表中和收入相对应的就是支出，支出还可以定义成两部分内容：成本和费用。成本和费用也是两个比较容易混淆的概念，因为同样都是支出，都是花了钱，为什么一个叫成本一个叫费用，这都是由它们与企业产品生产过程的关联关系来决定的。

（1）成本（营业成本）。成本往往与收入有直接的关联和联系，是生产产品最直接相关的投入。营业收入减去营业成本就是公司的毛利。

（2）费用。费用与成本不同，它往往与收入没有直接的对应关系。比如要把生产的可乐销售出去，就需要雇用销售人员，需要做广告促销，需要找经销商合作，需要管理投入等。这些投入和开支与生产可乐没有直接关系，不构成产品的成本，因此在企业的经营活动中，与生产制造无关的支出都可以统称为“费用”。

按照费用的大致用途和性质，我们还可以把费用分为销售费用（营业费用）、管理费用和财务费用这三大类。

销售费用，就是和销售直接相关的支出，与产品生产无关，它包括广告、促销、销售场地的租金、销售人员的工资奖金福利、销售业务招待费用、销售人员的差旅费用等等。

管理费用，包括公司管理人员比如人事、财务的工资奖金福利，办公楼的租金，日常办公开支，会议费，培训费，管理部门的业务招待费，差旅费用等。即使一家企业不生产产品，还是需要这部分的费用投入来支撑企业的正常运营，即使产品生产出来没有销售，也需要这部分的投入来维系公司的日常运作，不会因产品销售变化而变化。

财务费用，主要是指企业在银行有贷款时的利息支出和企业在银行有存款时的利息收入。财务费用主要就是利息支出减去利息收入之后的余额。当然，也包括比如通过银行汇款的手续费、月度管理费等基本费用。

3. 营业利润

营业利润就是营业（总）收入减去营业（总）成本，再扣除税金及附加、三项费用、资产减值损失，再加上公允价值变动收益、投资收益和汇兑损益等。

4. 营业外收入

营业外收入不同于营业收入（主营业务收入＋其他业务收入）中的其他业务收入，通常是资产出售、政府补助等。举例说明营业外收入与其他业务收入的区别。如果企业把多余的场地或者仓库出租给第三方公司获得租金收入等，则这些收入属于营业收入中的其他业务收入；如果企业把多余的场地或者仓库卖掉获得了一些收入，则这些收入算是营业外收入。

出租意味着企业仍然拥有场地或者仓库的所有权，可以一直将场地或者仓库向外出租。但是出售就意味着企业将所有权转让了，且只能卖一次，这不是企业的正常业务。

此外，出售无形资产、非流动资产的收入，获得政府的奖励和政策性补贴等都是营业外收入。

5. 税金及附加

税金及附加用于核算企业经营活动发生的消费税、城市维护建设税、资源税、教育费附加及房产税、土地使用税、车船使用税、印花税等相关税费。

6. 营业外支出

营业外支出正好与营业外收入相反，也是不属于企业正常主营业务之外的支出，比如出售固定资产、无形资产的损失，债务重组中债权人承受的损失，盘点东西的亏损，政府的罚款，对外的捐赠，等等。

7. 利润总额和净利润

营业利润加上营业外收入，减去营业外支出就是企业的利润总额。利润总额再扣除掉企业所得税，就是净利润。

净利润与资产负债表中所有者权益里面的盈余公积和未分配利润相关，盈余公积与未分配利润表明企业净利润除了分配给股东以外的去向。

《公司法》规定，企业的盈利（利润）不能全部分掉，至少保留 10% 记入盈余公积（法定盈余公积累计额已达到注册资本的 50%时可以不再提取，在计算法定盈余公积的基数时，不应包括企业年初未分配利润）。除此之外的 90%，公司股东有权决定如何分配，分配掉的部分股东拿走了，未分配掉的部分继续留在公司记入未分配利润。即盈余公积是法律不许公司分配的利润，未分配利润是公司股东自己决定不分配的利润。当然，未分配利润如果今年没有分掉的话，只要企业有足够的现金流，也可以放在来年进行分配。

二、利润表的作用

在我国，利润表的编制采用多步式。多步式利润表主要分四步计算企业的利润（或亏损）：第一步，以主营业务收入为基础，减去主营业务成本和主营业务税金及附加，计算主营业务利润；第二步，以主营业务利润为基础，加上其他业务利润，减去销售费用、管理费用、财务费用，计算出营业利润；第三步，以营业利润为基础，加上投资净收益、营业外收入，减去营业外支出，计算出利润总额；第四步，以利润总额为基础，减去所得税，计算出净利润（或净亏损）。

在利润表的所有指标中，财经记者最需要关注的是利润表的两项核心指标：营业收入和净利润。大多数企业都是通过销售产品或者提供服务变成销售收入、变成利润的，因此我们评判一家企业的产品或者服务好坏与否，主要是看两个点：第一是产品（服务）好不好卖，好卖说明销量好，客户愿意为之付费买单。第二是赚不赚钱，赚钱则说明产品或服务的利润空间大。这两部分恰好都可以通过对利润表的解读看出来。利润表除表头外的第一行通常就是企业的营业收入（销售收入），产品（服务）好不好卖就看这个数字，这个数字越大越好、增长越快越好。与之相对应的是利润表最后“净利润”这一行，企业赚不赚钱就看这个数字。这个数字越大，表明公司越赚钱；如果是负数，负数绝对值越大则说明企业亏损越大。当然这只是一种简单的初级判断，有很多操纵利润表的手段，只看利润表的营业收入和净利润并不一定能判断企业经营运转的好坏。判断企业的经营情况还要结合下一节的现金流量表来看。

财经记者也可以通过营业收入与营业外收入两项指标的对比分析判断出企业的利润来源及是否可持续。例如，甲、乙两家企业利润数额接近，但是乙企业的利润主要来自营业外收入，那么甲企业的经营状况就好于乙企业。

第三节 现金流量表

企业的经济活动总是伴随着现金的流入和流出。现金流量表是反映企业在一定会计期间现金和现金等价物流入和流出的报表。现金，是指企业库存现金以及可以随时用于支付的存款。现金等价物，是指企业持有的期限短、流动性强、易于转换为已知金额现金、价值变动风险很小的投资。

一、现金流量表的基本结构与主要指标

企业的经济活动包括经营活动、投资活动和融资（筹资）活动。相应的，企业现金的流入和流出分为经营活动现金流、投资活动现金流、筹资活动现金流三类。表 4 - 3 展示了现金流量表的基本结构与主要指标。

（一）现金流量表的基本结构

表 4 - 3 现金流量表的基本结构

	经营活动	投资活动		筹资活动	
		对内投资	对外投资	债务融资	股权融资
流入	销售、税收	处置	处置收益	融入资金	融入资金
流出	采购、人工、税收	购建	投入	还本付息	分红

（二）现金流量表的主要指标

1. 经营活动现金流

流入部分包括：（1）销售商品、提供劳务收到的现金：本期销售商品、提供劳务收到的现金，收回的应收款，新增的预收款，减去期内退货支付的现金。（2）收到税费返还：国家按规定对纳税人已纳税款的退还，优惠退税是税收支出的一种形式，即国家为鼓励纳税人从事或扩大某种经济活动而给予的税款退还，通常包括出口退税、再投资退税、复出口退税等多种形式。（3）收到其他与经营活动有关的现金，如经营租赁收到的租金、自有资金的利息等。

流出部分包括：（1）购买商品、接受劳务支付的现金。（2）支付给职工以及为职工支付的现金：期内支付给职工的工资、奖金、津贴和补贴等职工薪酬。（3）支付的各项税费。（4）支付其他与经营活动有关的现金，如经营租赁的租金、差旅费、业务招待费、保险费、罚款等。

2. 投资活动现金流

流入部分包括：（1）收回投资收到的现金。（2）取得投资收益收到的现金：股票分红、债券利息等。（3）处置固定资产、无形资产和其他长期资产收回的现金净额：卖出资产的现金与之前买入费用的净额。（4）处理子公司及其他单位收到的现金：卖出子公司或业务部门收到的现金，减去子公司或业务部门账上现金。（5）收到其他与投资活动有关的现金。

流出部分包括：（1）购建固定资产、无形资产和其他长期资产支付的现金。（2）投资支付的现金。（3）取得子公司及其他营业单位支付的现金净额。（4）支付其他与投资活动有关的现金。

3. 筹资活动现金流

流入部分包括：（1）吸收投资收到的现金：出售股票的现金收入减去发行费用。（2）取得借款收到的现金：各类长短期借款。（3）发行债券收到的现金：发行债券的现金收入减去发行费用。（4）收到其他与筹资活动有关的现金，如接受现金捐赠。

流出部分包括：(1) 偿还债务支付的现金。(2) 分配股利、利润或偿付利息支付的现金。(3) 支付其他与筹资活动有关的现金，如捐赠、融资租赁费、借款利息、分期付款购建资产的后期现金等。

三大活动形成的现金流净额，加上公司期初拥有的现金和现金等价物，就是公司期末的现金及现金等价物总额。

二、现金流量表的作用

财经记者如何利用现金流量表的信息对一家企业的经营和投融资状况进行解读呢？

企业当然最希望现金大多从经营活动流入，因为源自经营活动的流入一般是可以长久持续下去的。而在各种不同类型的流出中，企业最喜欢的是投资活动，因为投资的现金流出很可能在某一日创造出收益。这就是为什么在了解现金的增减变化情况之外，还必须了解增减变化的原因，这也就是为什么企业需要一张现金流量表。

现金流量表展示了资产负债表上货币资金增减变化的原因。资产负债表和利润表上有那么多的项目，那些“老谋深算”的会计为什么单单挑出货币资金这一项呢？原因很简单，对于一个企业来说，钱一定是最重要的，也是企业最关心的，因为钱关系到企业的生死存亡。因此，关心现金的来龙去脉、监控企业运作风险的现金流量表正中企业下怀，这也是它的重大意义所在。

正常的公司，经营活动现金流净额得为正。至于投资活动和筹资活动的正负，得具体情况具体分析。一般来说，投资活动现金流为正，如果是收回投资现金、取得投资收益还正常，如果是变卖家产所得，那就得盯紧了；投资活动现金流为负，意味着公司在扩大再生产。筹资活动现金流为正，表示公司在借钱，要看它借钱用来做什么；为负，要看公司是在还债还是回报股东。

如果一家企业要去银行贷款，那么在这家企业的资产负债表、利润表与现金流量表中，现金流量表一定是最被银行看重的财务报表。因为银行希望企业手头永远有大量的现金能够还债。

在现行财务报表体系中，资产负债表和利润表都是以权责发生制为基础的，反映了企业的财务状况和经营成果。现金流量表是以收付实现制为基础的，它向投资人和债权人提供了一套比较完整的现金流量资料。

知识窗

如何获取上市公司财务报告？

我国的上市公司每季度都会公布财务报告。从时间上说，第一季度、第三季度的季报要求在季度结束后一个月内披露。半年报要求在6月30日后两个月内披露；而年报要求在12月31日后四个月内披露（提醒：有些国家和地区，上市公司是可以自己确定自己的财政年度的，财年并不都统一为1月1日—12月31日）。从审计要求上说，只有年报被强制要求经过会计师事务所审计，对于其他则不要求审计。因此，年报的可信度最高，信息披露最详细。半年报次之。而一三季报则比较简单，仅供投资者了解基本数据，参考价值有限。

所有上市公司的年报、半年报、季报，以及一切公开信息，都可以在对应的交易所下载。交易所目前仅提供企业2000年以后的财报下载。这些信息也可在巨潮资讯网获取。对于一般企业信息，如法人代表、诉讼事项等，可通过天眼查、企查查和启信宝等企业查询软件获取。

（1）上海证券交易所上市的企业应到上交所网站（http：//www.sse.com.cn）下载。在网站首页右上角输入股票代码或企业简称，然后在进入的页面里选择要找的公告，点击你想要获取的财报链接，就能浏览并下载相关的财报文件。

（2）深圳证券交易所上市的企业应到深交所网站（http：//www.szse.cn）下载。在网站右上角"信息查询"中的"公告查询"栏里输入股票代码或股票简称，点击搜索即可，然后在进入的页面里选择要找的公告，点击你想要获取的财报链接，就能浏览并下载相关的财报文件。

上市公司的年报，需要在次年的4月30日之前披露。所以，如要获取上年度的公司年报，可以在页面中输入本年度1月1日至4月30日进行限制时间的搜索。如果你要找的企业年报不在这个时段，则可能属于因故不能在4月30日前披露年报的情况，该企业的股票会被交易所从4月30日起停牌。无法按时披露年报，通常是警示信号，需要注意。

资料来源：唐朝．手把手教你读财报：财报是用来排除企业的．北京：中国经济出版社，2015.引用时有变动。

延伸阅读

1. 肖星．一本书读懂财报．杭州：浙江大学出版社，2014.
2. 王娟娟，王石玉．四大会计师事务所的危与机．财新周刊，2022（39）.

报道提示

财经记者必须掌握的十大财务指标

三大报表财务指标很多，有近百项。对表内数据，财经记者必须掌握十大财务指标：（1）主营收入；（2）毛利和毛利率；（3）三项费用和营业利润；（4）应收账款和坏账准备；(5) 存货和跌价准备；(6) 长期投资的比例；(7) 在建工程和利息资本化；(8) 未分配利润和留存收益；(9) 负债和有息负债；(10) 现金流保障倍数。

财经记者应该了解上述财务指标的具体数据意味着什么以及数据之间的内在关系。首先要读懂数据。例如对制造业企业来说，产成品越高，说明库存积压越多，当然不是好现象。但是，对房地产企业来说，有时候存货特别是其中的土地储备，则是企业有后劲的标志。一些特殊行业的上市公司，如银行，最需要关注的财务指标不是利润，而是坏账比率。对于银行类上市公司，利润这个指标是既没有什么意义，也很容易被操纵的，因为银行的资本金低于10%，银行的总资产是银行资本金的十几倍。贷款是银行最重要的资产，银行必须把大部分存款贷出去。如果银行的贷款中坏账比率稍微提高一点，银行的利润就会受到很大侵害。

其次要读懂财务数据之间的联系。如果一家企业负债率在70%以上，且负债中含有有息负债（银行贷款、企业负债等），而企业经营活动取得的现金净流入还不足以支付利息，这家企业很可能面临资金链断裂的巨大危险。

此外，还要理解表间勾稽关系。各报表间不能分开独立地看，而要一起综合对比分析，相互印证。最重要的两种表间勾稽关系是利润表、现金流量表分别同资产负债表的关系。现金流量表和利润表分别按收付实现制、权责发生制计量，在分析企业盈利能力的时候应该更侧重于权责发生制，收付实现制可起到一个很好的补充作用。这两种不同的会计计量方法在一段期间内记录企业经营状况，这些状况会反映到资产负债表中。

(1) 资产负债表和利润表的表间关系主要系资产负债表的未分配利润项的期末数减去期初数等同于利润表当期的未分配利润项。

(2) 资产负债表和现金流量表的表间关系主要系资产负债表的现金、银行存款及其他货币资金等项目的期末数减去期初数，应该等于现金流量表本期现金及现金等价物净额。

看财务报表的时候不能静态地看一年的数据，这样得出的结论很容易以偏概全；要综合以前年度的情况进行分析，看企业的各个数据具体变化的趋势。对一家公司财报的纵深分析的时间段以3～5年为宜，这个时间长度已经足够说明问题，8年、10年没有必要，太过久远以前的数据对今日而言已经失去应有的意义，特别是对于处在高速成长中的企业，况且很多股票上市时间都没达到这样的时间长度。

问题与思考

单项选择题

1. 下列属于企业无形资产的是（　　）。

A. 报废设备　　　　B. 专利技术

C. 土地　　D. 生产设备

2. 下列属于企业管理费用的是（　　）。

A. 销售部门人员的差旅费　　B. 会议费

C. 利息支出　　D. 广告

3. 一家企业营业收入同比增长了 20%，则这家企业的营业利润（　　）。

A. 同比增长 20%　　B. 同比增长 10%

C. 同比减少 10%　　D. 无法判断

4. 下列属于企业筹资活动产生的现金流入的是（　　）。

A. 出售报废设备　　B. 出租仓库租金

C. 长期借款　　D. 出口退税

阅读题

阅读下列格力电器股份有限公司（简称“格力电器”）2022 年半年报的部分财务指标，然后回答问题：

1. 2022 年半年报显示格力电器营业收入同比增加了还是减少了，具体数额是多少？

2. 举例说明什么是非经常性损益，根据 2022 年半年报数据，格力电器扣除非经常性损益的净利润是多少？

格力电器股份有限公司 2022 年半年度报告财务指标（部分）

项目	本报告期	上年同期	本报告期比上年同期增减
营业收入（万元）	9 522 232.6	9 105 207.2	4.58%
归属于上市公司股东的净利润（万元）	1 146 648	945 681.9	21.25%
归属于上市公司股东的扣除非经常性损益的净利润（万元）	1 160 742.2	879 175.5	32.03%
经营活动产生的现金流净额（万元）	1 314 426	−607 121.9	316.50%
基本每股收益（元/每股）	1.94	1.62	19.75%
稀释每股收益（元/每股）	1.94	1.62	19.75%
加权平均净资产收益率	11.09%	8.11%	2.98%
项目	**本报告期**	**上年度末**	**本报告期末比上年度末增减**
总资产（万元）	35 672 306.2	31 959 818.4	11.62%
归属于上市公司股东的净资产（万元）	9 532 850	10 365 165.5	−8.03%

第五章

财务分析

数据本身不会说谎，但说谎者需要数据。

——政治家格罗夫纳（C. H. Grosvenor）

案　例

2001 年 8 月，被誉为“中国财经报道史上的珠峰式经典”的文章——《银广夏陷阱》发表，记者揭露了上市绩优公司银广夏财务造假的丑闻。几乎同时，中国证监会对银广夏正式立案调查。2003 年 1 月，《财经》杂志再次以《谁挖掘了银广夏“陷阱”?》为题发文，指出银广夏特大利润造假案的庭审呈现出的“仍然是一个相当简化的版本”。2012 年年底，媒体《证券市场周刊》联合中能兴业研究团队耗时一个多月完成了调查报道《康美谎言》，文章指出：“康美药业高成长的背后，涉嫌财务造假。其这些年的增长，很可能是由造假、融资、再造假、再融资支撑的谎言。”2018 年 7 月底，财联社记者薛彦文发布了题为《康美药业财报疑云：利息支出超 12 亿，账上 360 亿现金只是摆设?》的文章。2021 年 11 月 12 日，广州中院做出一审判决，康美案的相关被告总共需赔偿证券投资者损失 24.59 亿元。

上述案例说明，财经媒体不仅担负着传播财经资讯的功能，而且通过专业的信息调查和发布，持续揭示上市公司财务造假，还具有净化资本市场、引发监管层关注、保护投资者权益的作用。而发挥上述作用的前提之一就是要读懂上市公司的财务报表，并能做一些简单的分析。

通过本章学习，你可以：

- 了解同型分析和比率分析的含义。
- 了解对利润表和资产负债表进行同型分析的基本方法。
- 了解企业的盈利水平、盈利是否具有可持续性、短期和长期的偿债能力、企业能否为股东创造价值等因素。
- 了解企业财务报表造假的动机和手段。

第一节　同型分析

财务分析有同型分析、比率分析、趋势分析、比较分析等多种分析方法。其中同型分析与比率分析是财务分析的基本分析工具。借助财务分析，并且以可视化手段形成直观的图表，是财经报道作品生产的常规操作。

同型分析是一种结构分析。在利润表中各个项目对营业收入分别占比多少即利润表结构中从收入到利润的每一个步骤都损耗了多少，这就是对利润表进行同型分析的成果。对资产负债表，同样可以做这样一个分析。资产负债表详细列明了每个项目在企业总资产中所占的比重，这就是资产负债表的结构。使利润表中的所有项目都除以营业收入，再乘以 100%，就能获得这些项目在营业收入中的占比，也就得到了对利润表进行同型分析的结果。表 5－1 是对一家企业利润表做的同型分析。

表 5－1　　利润表及其同型分析　　单位：万元

营业收入	6 200	100%
一营业成本	4 460	72%
一税金及附加	0	0%
一营业费用	370	6%
一管理费用	310	5%
一财务费用	190	3%
一资产减值损失	0	0%
＋公允价值变动收益	0	0%
＋投资收益	0	0%
营业利润	870	14%
＋营业外收支净额	0	0%
利润总额	870	14%
一所得税	120	2%
净利润	750	12%

这是一张进行了同型分析的报表，它让我们更直观地了解利润表的结构。因为营业成本占营业收入的 72%，营业费用、管理费用和财务费用又共同占据收入 14%的比例，再加上 2%的所得税，这就是为什么这家公司的营业收入就只有 12%能够转化为利润。通过对利润表进行同型分析，企业可以得知自己是怎样一步步从收入到实现利润的。

通过对资产负债表进行同型分析，企业可以获悉自己资产的构成和资金的各项来源。计算每一项资产在总资产中的占比，也就获得了对资产负债表进行同型分析的结果。

从表 5－2 可以直接看到的是，货币资金在公司总资产中占比为 18%，应收账款占比 14%，预付账款 2%，该企业的流动资产合计约 39%。此外，该公司固定资产占比 60%，占比很大，由此可以看出这家企业应该是一家制造业的企业。另外，应收账款占比 14%，比重很大，说明该企业的产品可能不是很好卖，需要给客户账期，说明同行竞争可能很激烈。

表 5－2　资产负债表及其同型分析　　单位：万元

资产			负债		
流动资产			**流动负债**		
货币资金	1 720	18%	短期借款	5 100	54%
应收账款	1 300	14%	应付账款	800	8%
预付账款	150	2%	应付工资	0	0%
存货	500	5%	**流动负债合计**	5 900	62%
流动资产合计	3 670	39%	**非流动负债**		
非流动资产			长期借款	0	0%
长期投资	0	0%	应付债券	0	0%
固定资产	5 700	60%	**非流动负债合计**	0	0%
无形资产及其他非流动资产	150	2%	**所有者权益**		
非流动资产合计	5 850	61%	实收资本	3 200	34%
			资本公积	0	0%
			盈余公积	0	0%
			未分配利润	420	4%
			所有者权益合计	3 620	38%

另外，如果对同型分析的结果进行比较，就可能获得更多的信息。可以和自己的过去相比，这就是所谓的趋势分析；当然，也可以跟别的企业相比，无论是竞争对手还是行业的标杆企业，抑或者行业内的平均水平，这就是所谓的比较分析。同型分析在进行充分比较的前提下，能发挥最大的功效。

现以冲击创业板失败的八马茶叶股份有限公司（简称“八马茶叶”）为例进行同型分析。报告期内，公司期间费用变动情况如表 5－3 所示。

表 5-3　　八马茶叶 2019—2021 年三大费用及研发费用　　单位：万元

项目	2021 年度		2020 年度		2019 年度	
	金额	占营业收入比例	金额	占营业收入比例	金额	占营业收入比例
销售费用	57 631.66	33.04%	42 859.53	33.85%	35 808.90	35.02%
管理费用	1 197.94	6.42%	7 816.50	6.17%	5 711.97	5.59%
研发费用	664.12	0.38%	328.01	0.26%	570.22	0.56%
财务费用	1 184.24	0.68%	135.56	0.11%	100.63	0.10%
合计	60 677.96	40.52%	51 139.60	40.39%	42 191.72	41.26%

从研发费用来看，在 2019 年至 2021 年报告期内，八马茶业分别只有 570.22 万元、328.01 万元和 664.12 万元，研发费用占营业收入比例分别仅为 0.56%、0.26%和 0.38%，金额和占比都呈下降趋势，要知道这三年公司的营业收入从 10.23 亿元增长到 17.44 亿元，增长了 71%。反观销售费用，报告内分别达到 3.58 亿元、4.29 亿元和 5.76 亿元，营收占比分别为 35.02%、33.85%和 33.04%。2021 年八马茶叶的销售费用是研发费用的 87 倍，两者完全不在一个数量级。八马茶叶三年具体人员构成见表 5-4。

表 5-4　　八马茶叶 2019—2021 年人员构成

人员结构	2021 年 12 月 31 日		2020 年 12 月 31 日		2019 年 12 月 31 日	
	人数（个）	比例	人数（个）	比例	人数（个）	比例
管理人员	264	11.44%	200	10.24%	166	9.71%
研发人员	11	0.48%	11	0.56%	10	0.58%
生产人员	288	12.48%	234	11.98%	202	11.81%
销售人员	1 744	75.60%	1 508	77.21%	1 332	77.89%
合计	2 307	100.00%	1 953	100.00%	1 710	100.00%

再看研发人员，报告期内分别有 10 人、11 人、11 人，勉强过 10 人，三年基本没增长，这还是把创始人兼实控人王文礼、王文超兄弟也算作研发人员的情况下。而公司总人数从 1 710 人增长到 2 307 人，增长了 35%。这其中增加的大部分是销售人员，从 1 332 人增加到 1 744 人。八马茶叶冲击创业板失败的很大一部分原因就是公司的研发费用占比过低。

基于上述同型分析，可以断定八马茶叶科技含量较低，不符合创业板对上市企业创新性的要求。

因此，同型分析让企业更加了解财务报表的结构，同型分析表远比一般的财务报表更直观。

第二节 比率分析

比率分析是通过财务报表中有关指标的比率计算，分析企业财务状况和经营成果，了解企业发展前景的分析方法。在原始的财务数据不能充分描述企业状况的时候，企业需要对这些原始的财务数据做加减乘除的运算，计算所得的新数据即所谓的“比率”。怎样才能知道一家企业到底值不值得投资呢？在同行业的多家企业中，哪家企业能为股东最大化地创造价值？通过比率分析，不仅可以判断出企业的盈利能力、营运能力和偿债能力等，还能判断企业能否为投资者赚钱。

一、企业盈利能力指标

企业管理层、员工和投资人都关心企业的盈利情况。其中毛利率和净利润率反映企业的运营效益。投资回报率、净资产收益率和总资产报酬率反映企业的运营效率。企业盈利能力就是企业运营效益和运营效率的综合体现。

毛利率：毛利与销售收入（或营业收入）的百分比，其中毛利是营业收入和与营业收入相对应的营业成本之间的差额。毛利率＝毛利/销售收入（或营业收入）。

净利润率：又称销售净利率，是反映公司盈利能力的一项重要指标，是扣除所有成本、费用和企业所得税后的利润率。净利润率＝净利润/营业收入。

企业无论从事怎样的经济活动，都可以被抽象为在周而复始进行着从现金到现金的循环：企业股东投入的资金，随着企业正常的运营，被转化为各种各样的资产形式；随着企业售出产品或服务，企业最终又通过这些资产赚到了钱。在上述的循环中，每转一圈，企业就会卖出产品或服务，获得一笔收入。那么在一年之内，企业的资产一共转了多少圈呢？由此，我们获得了一个新的比率，即周转率，确切地说是总资产的周转率。在同一行业里，总资产的周转率越高，完成上述循环的次数越多，赚的钱也就越多。总资产报酬率是衡量投资所获得的回报：在总资产一定的前提下，总资产报酬率高，利润高；总资产报酬率低，利润低。

总资产报酬率：又称总资产利润率、总资产回报率、资产总额利润率，用以评价企业运用全部资产的总体获利能力。总资产报酬率＝净利润/总资产。总资产报酬率高的企业就是一家好企业。

企业除了营业收入，还可以通过投资获利，例如投资证券和不动产获利。投资回报率就是考察企业投资获利的指标。不过，企业主营业务的不断成长创造的利润比企业投资获利更加可靠持久。

投资回报率：通过投资而应返回的价值，即企业从事投资性商业活动得到的回报。

股东要想知道所投资的企业是不是一家赚钱的企业，即短期有正的经济利润，长期能为股东创造价值，还得考察企业的投资资本回报率等财务指标。

投资资本回报率：是指投出和/或使用资金与相关回报（回报通常表现为获取的利息和/或分得的利润）之比例，用于衡量投出资金的使用效果。投资资本回报率＝息前税后经营利润/投资资本。投资资本＝有息负债＋股东权益。

投资资本回报率虽然和总资产报酬率都是指股东和债权人的综合投资回报，但在计算方法上更为精确。投资资本回报率是用来评估一家企业历史绩效的指标。

经济利润：资本经济利润是把股东和债权人这两部分资本都扣除之后的余额，即扣除行业平均盈利水平后公司额外赚的那部分钱。由于行业平均盈利水平意味着股东在哪儿都可以赚到的钱，而经济利润是比行业平均盈利水平多出来的部分，这部分才是这家公司真正为股东赚到的钱。经济利润＝（投资资本回报率－加权平均资本成本）×投资。

加权平均资本成本：加权平均资本成本＝（有息负债/投资资本）×债务资本成本×（1－企业所得税税率）＋（股东权益/投资资本）×权益资本成本（注：通常，债务资本成本为贷款利率，权益资本成本可以用行业平均盈利水平衡量）。

净资产收益率：又称净资产利润率，指利润额与平均股东权益的比值。该指标越高，说明给股东（所有者）带来的收益越高；该指标越低，说明企业股东（所有者）的获利能力越弱。该指标体现了自有资本获得净收益的能力。

二、企业营运能力指标

总资产周转率：企业在一定时期内营业收入同平均资产总额的比率。总资产周转率是综合评价企业全部资产的经营质量和利用效率的重要指标。周转率越大，说明总资产周转越快，反映出销售能力越强。总资产周转率＝营业收入/平均资产总额。平均资产总额＝（期初资产总额＋期末资产总额）÷2。

应收账款周转率：企业在一定时期内（通常为一年）应收账款转化为现金的平均次数。应收账款周转率是营业收入除以平均应收账款的比值，也就是年度内应收账款转为现金的平均次数，它说明应收账款流动的速度。应收账款周转率＝营业收入/平均应收账款。平均应收账款＝（期初应收账款＋期末应收账款）÷2。

应收账款周转天数：用时间表示的应收账款周转速度是应收账款周转天数，也叫平均应收账款回收期或平均收现期，表示企业从取得应收账款的权利到收回款项、转换为现金所需要的时间，等于365除以应收账款周转率。应收账款周转天数＝365/应收账款周转率。

一般来说，应收账款周转率越高越好，表明公司收账速度快、平均收账期短、坏账损失少、资产流动快、偿债能力强。不同行业应收账款周转率不同。合理数值一般为建筑业平均4.2，房地产业平均3.8，批发零售业平均8.9，住宿餐饮业平均8.3，轻工业平均6.0。

流动资产周转率：企业在一定时期内营业收入与流动资产平均余额的比率，它反映的是全部流动资产的利用效率。流动资产周转率是分析流动资产周转情况的一个综合指标，流动资产周转得快，可以节约资金，提高资金的利用效率。流动资产周转率＝营业收入/流动资产平均余额。流动资产平均余额＝（期初流动资产余额＋期末流动资产余额）÷2。

固定资产周转率：企业在一定时期内的营业收入与固定资产平均净值的比率。它是反映企业固定资产周转情况，从而衡量固定资产利用效率的一项指标。该比率越高，表明固定资产利用效率越高，利用固定资产效果越好。固定资产周转率＝营业收入/固定资产平均净值。固定资产平均净值＝（期初固定资产净值＋期末固定资产净值）÷2。

存货周转率：企业在一定时期营业成本与存货平均余额的比率。用于反映存货的周转速度，即存货的流动性及存货资金占用量是否合理，促使企业在保证生产经营连续性的同时，提高资金的使用效率，增强企业的短期偿债能力。存货周转率＝营业成本/存货平均余额。存货平均余额＝（期初存货余额＋期末存货余额）÷2。

一般来说关于周转率指标都是越高越好，但是存货周转率并不是这样。第一，指标越高表明分母的值越小，推测出企业目前可能存在缺货状态。第二，资金链可能有问题。

应付账款周转率：企业的销售成本与应付账款平均余额的比率。应付账款周转率与其他周转率不同，它是越低越好，因为它是流动负债。负债是什么？是企业占用他人的资金，那当然占用时间越长越好了。这个指标是个大鱼吃小鱼的指标，大型企业的此指标一般比小型企业会好看许多。因为一般大型企业的行业地位与话语权都比较高，所以拿了货的付款账期会比较长。

三、企业偿债能力指标

偿债能力指企业偿还到期债务的承受能力或保证程度，包括偿还短期债务和长期债务的能力。资产负债表把负债分为流动负债和非流动负债两种，前者是企业必须在一年之内偿还的负债，后者是偿还期限长于一年的负债。企业的偿债能力也被分为两种，一种是短期偿债能力，一种是长期偿债能力。

（一）企业短期偿债能力指标

短期偿债能力，就是指企业偿还流动负债的能力。衡量一家企业短期偿债能力的指标有流动比率、速动比率和现金比率。

流动比率：企业流动资产与流动负债的比率，反映企业短期偿债能力。流动比率=流动资产/流动负债。

速动比率：速动资产与流动负债的比率。它是衡量企业流动资产中可以立即变现用于偿还流动负债的能力。速动比率=速动资产/流动负债。速动资产是指现金及各种易于变现的短期债券，即现金、银行存款、有价证券、应收账款等，一般不包括存货，因为存货的变现能力较弱，所以速动资产=流动资产－存货。

现金比率：现金和有价证券与流动负债的比率。这一指标最能反映企业直接偿付流动负债的能力。现金比率越高，说明企业的变现能力越强，可以立即用于偿付债务的现金类资产就越多。但同样的，现金比率也不宜过高，因为现金是营利性最差的资产，过高可能意味着企业的流动资产未能得到合理运用，现金类资产获利能力低；当然，也不宜过低，太低则意味着对企业偿还债务缺乏实质性保障。通常这一指标应在 20%左右。现金比率=（货币资金+有价证券）/流动负债。

由于流动资产中的存货不一定立即卖掉，应收账款可能一时收不回来，所以用现金比率来衡量企业的短期偿债能力比流动比率更为准确。一般认为速动比率应大于 1，表示容易变现的资金足以偿还短期负债。

恒大地产集团有限公司（简称“恒大地产”）曾与格力电器一样都是所属行业的龙头企业，资产规模庞大。然而，通过现金比率表的比较分析，会发现二者短期偿债能力差距很大（见表 5 - 5 和表 5 - 6）。

表 5-5　2015—2019 年恒大地产现金比率表

	2015 年	2016 年	2017 年	2018 年	2019 年
现金比率	0.22	0.27	0.14	0.11	0.11

表 5-6　2016—2020 年格力电器现金比率表

	2020 年	2019 年	2018 年	2017 年	2016 年
现金比率	0.86	0.74	0.72	0.68	0.75

通过表 5-5 和表 5-6 可以发现，格力电器现金比率的数值远高于 20%的经验标准值。这说明格力电器的短期偿债能力较强，同样也表示公司有相当多的现金沉淀，结合近年来始终为负数的财务费用来看，格力电器是典型的“不差钱”企业。而恒大地产现金比率的数值则呈现下降趋势，甚至降至经验标准值的一半，从而为两年后的“暴雷”埋下了伏笔。

（二）企业长期偿债能力指标

企业长期偿债能力的衡量指标有资产负债率、息税前收益、利息收入倍数和产权比率。

资产负债率：又称财务杠杆，是企业负债总额占企业资产总额的比率。资产负债率=负债总额/资产总额。

这个指标反映了在企业的全部资产中由债权人提供的资产所占比重的大小，反映了债权人向企业提供信贷资金的风险程度，也反映了企业举债经营的能力。从长期偿债能力的角度看，资产负债率越低，企业偿债越有保障；资产负债率也代表了企业的举债能力，资产负债率越低，举债越容易。企业资产负债率的高低受行业和性质的影响比较大，不同的行业有不同的标准，一般认为在 40%～60%比较合适。

息税前收益：扣除利息、所得税之前的利润。在净利润的基础上，加上所得税和利息，就得到了息税前收益。

利息收入倍数：也称利息保障倍数，又称已获利息倍数，是指企业息税前利润与利息费用的比率，用以衡量偿付借款利息的能力，是衡量企业支付负债利息能力的指标。

产权比率：企业负债总额与股东权益总额之比。产权比率=负债总额/股东权益总额。这一指标反映企业所有者对债权人权益的保障程度，也反映了一家企业的财务结构。产权比率越低，说明企业长期偿债能力越强。产权比率一般在 1∶1 比较合适。

对于资产负债率这一指标的考量，通常需要与同行业平均水平或竞争对手进行比较。从趋势上看，表 5-7 中 2016—2020 年格力电器的资产负债率呈现逐年下降的趋势，但 2021 年前三季度却大幅上涨近 10%，也远高于 2020 年 59%的家电行业平均资产负债率。

从产权比率来看，格力电器于 2016—2020 年保持着逐年下降的趋势，且越来越趋近于 1。这说明公司财务风险逐年降低，财务结构逐渐优化，即逐渐从高风险、高报酬转为低风险、低报酬的财务结构。但 2021 年前三季度，除了负债总额的大幅提高以外，受格力电器大量回购股票用于员工持股计划以及注销以减少注册资本的原因影响，格力电器的库存股也大幅增加。这些原因共同导致了产权比率的上涨，也意味着格力电器的长期偿债能力较上年有所下降。

表 5-7　格力电器 2016—2021 年前三季度长期偿债能力指标（部分）

	2021 年前三季度	2020 年	2019 年	2018 年	2017 年	2016 年
资产负债率	67.13%	58.14%	60.40%	63.10%	68.91%	69.88%
产权比率	2.08	1.41	1.55	1.74	2.26	2.37

对投资者而言，如果一家企业的盈利能力、成长性、营运能力等指标不错，同时企业的偿债能力也不错，这家企业就值得投资；反之，如果一家公司期末商誉占净资产比例超过 50%，控股股东及其一致行动人股票质押比例超过 80%，就需要投资者警惕了。

第三节　财务报表造假

21 世纪初美国的安然、世通，2006 年日本的活力门，21 世纪第一个 10 年我国的绿大地、万福生科、康美药业等上市公司财务报表造假，都给投资者带来了巨大损失。中国证监会 2021 年办理虚假陈述案件 163 起，其中财务造假 75 起，同比增长 8%，涉及会计师事务所 28 起，甚至有的一年内 6 次被证监会立案调查。

公司财务报表造假是严重的经济事件，参与财务造假者不仅信誉受损，而且会受到监管机构严厉的惩处。2001 年美国的安然财务造假东窗事发，其审计公司安达信遭受重创。安达信在 2002 年倒闭前，是和普华永道、毕马威、安永、德勤比肩的全球五大会计师事务所之一。平安证券在万福生科上市保荐工作中，未能勤勉尽责，并存在虚假记载，中国证监会对其给予警告，没收其保荐业务收入 2 555 万元，并处以 2 倍的罚款，暂停其保荐机构资格 3 个月。至于康美药业，广州市中级人民法院一审判决其审计机构正中珠江会计师事务所对康美药业赔偿金额 24.59 亿元承担 100%的连带责任。

除了了解财务报表造假的常用手段外，财经记者应尽可能多地了解一些会计方面的法律法规、会计制度、会计准则和审计制度。

一、财务报表造假的动机

（一）为了给业绩考核贴金

考核企业的经营业绩，一般总是要求以财务指标为基础，例如利润（或扭亏）计划的完成情况、投资回报率、产值、销售收入、国有资产保值增值率、资产周转率、销售利润率等，这些都是经营业绩的重要考核指标。而这些财务指标的计算都要涉及会计数据。除了内部考核以外，外部考核，例如行业排行榜，主要也是根据销售收入、资产总额、利润总额来加以确定的。而且，更为重要的是，经营业绩的考核不仅涉及企业总体经营情况的评价，还影响到企业管理层的升迁、奖金福利等方面。为了在经营业绩上多得分，企业就有可能对其会计报表进行包装、粉饰。

（二）为了获取信贷资金和商业信用

企业为了获得外界的资助，需要通过会计报表来欺骗舆论和外界。对于这些企业来说，对会计报表进行造假，实在是“不得已而为之”，因为这些企业“不说假话办不成大事”“不做假表贷不到巨款”。事实上，在市场经济条件下，银行等金融机构出于规避风险考虑和自我保护的原因，一般也不会贷款给亏损企业和缺乏资信的企业。这样两者结合的结果就只能导致企业为了获得金融机构的信贷资金或者其他供应商的商业信用，即便是经营业绩欠佳、财务状况堪忧，也要对其报表进行修饰打扮，力图使其“花枝招展”。

（三）为了发行股票早日上市

股票发行分为首次发行（IPO）和后续发行（配股）两种情况。根据我国《公司法》等法律法规，如果企业要发行股票争取上市，就必须连续三年盈利，而且要经营业绩比较突出，这样才有可能通过证监会的审批。

除此以外，股票发行的价格高低也与盈利能力有关。这样，准备上市的企业为了能够多募集资金，就必须“塑造”优良业绩的形象，其主要手段就是在设计股份制改变方案的时候，对会计报表进行造假，这是一种情况。另外一种情况是，上市企业希望能够后续发行，这首先需要符合配股条件，那就是企业最近三年的净资产收益率每年必须在6%以上。这样，6%的配股就成了上市企业的“生命线”。特别是在有些企业里，三年时间中只有一两年达到要求，为了避免“功亏一篑”，这些企业迫切需要伪造报表，以求顺利过关。云南绿大地公司为达到上市发行股票的目的，虚增收入、隐瞒负债就是典型例子。

（四）为了偷逃税款或者操纵股价

所得税的上交，是在会计利润的基础上，通过纳税调整来进行计划的。其具体方法是，将会计利润调整为应纳税所得额，再乘以企业所适用的所得税率。企业为了达到偷税、漏税、减少或者推迟纳税的目的，就往往会对会计报表进行造假。当然，也有的企业愿意虚增利润“多交税”。这些企业这样做是为了造成一种假象，表明自己的“盈利能力”不错，同时也为了操纵股价。这真是一种“吹牛皮纳税”行为。

（五）为了个人职位升迁

有些企业的会计报表，主要是对主管部门和政府部门负责的。换句话说，是给上级部门看的。对于这种企业而言，粉饰会计报表就是为了个人职务升迁。例如，工商行政管理部门为考核国有企业是否走出困境、是否完成扭亏目标等，常需要分析该企业的会计报表。会计报表上“好看”，厂长经理就会“前途光明”，甚至连升三级，否则很可能连职位也难保。现实经济生活中经常有这样的情况，即某些企业的经济效益出现大起大落的现象。企业搞好了，厂长经理就提拔为政府部门的领导；继任厂长经理来了，才发现原来这家企业是虚盈实亏，而此时老厂长经理可能已是现任局长、市长，碍于他们的面子，谁也不提“虚盈实亏”这件事。一般需要花两三年时间，企业才能消化这个历史包袱。两三年时间过去了，企业的效益又有可能上去，企业又重复着前面的故事，这时候的厂长经理又会得到提拔重用。这就是在会计报表上“绣花”的原因之一。

（六）为推卸企业和个人的责任

这种情形主要表现在以下几个方面：（1）企业在调动高级管理人员的时候，一般要进行离任审计。在离任审计的时候，会计报表会根据“需要”进行调节，暴露或者不暴露业已存在的许多问题。等到新任高级管理人员就位以后，为了明确责任或者推卸责任，往往要大刀阔斧地对陈年老账进行清理，这时候同样也会在会计报表上造假。（2）每当会计制度发生重大变化的时候，企业就会根据新制度的要求，重新编制和调整会计报表。这时候也是会计报表造假的好机会。因为可以通过这种方式，提前消化潜亏，并将责任归咎于新的会计准则和会计制度。（3）当企业发生天灾人祸的时候，具体地说是发生了自然灾害，或者是高级管理人员卷入经济案件的时候，企业很可能利用这种机会对会计报表进行造假，以便推卸责任。

二、财务报表造假的步骤

财务报表造假分为三步：第一步会计凭证造假，第二步会计账簿造假，第三步是财务报表造假。第一步会计凭证造假和第二步会计账簿造假往往是为第三步财务报表造假铺路。

一般来讲，现金流量表的编制较资产负债表和利润表而言，难度较大，它反映了企业一定会计期间现金和现金等价物流入和流出情况。现金流量表需按照收付实现制原则编制。现金及各种存款按照实际收入和支出数记账，且编制的过程必须严格遵守我国会计准则的相关规定，同时要做到数字真实、计算准确、内容完整、报送及时。因而与资产负债表和利润表相比，现金流量表的数据造假难度较大。

三、财务报表造假的手段和识别

财务报表造假的手段主要有利用资产类账户隐瞒亏损虚增利润、利用资产重组调节利润、利用股权投资调节利润、利用关联交易调节利润、利用特殊时点的时间差调节利润、虚报盈亏、根据行业平均比率指标直接在财务报表中进行调整等。

（一）财务报表造假的手段

上市公司的财务造假通常是通过虚增利润。由于资产负债表与利润表是高度关联的，比如某上市公司如果在利润表中记录了虚增的利润，那么它必然要在资产负债表中通过虚增资产来消化这部分利润。资产端的货币资金、应收账款、存货、在建工程、固定资产等项目是财务造假的常规选项。以下通过康美药业这一具体案例谈谈上市公司是如何进行财务报表造假的。

首先，虚增货币资金。康美药业曾经是医药行业中的白马股，市场上追捧者不少，而它在资本市场上臭名昭著的原因是在货币资金造假上的简单粗暴。康美药业主要是通过伪造银行存单的方式虚增货币资金的，无中生有，它的“钱”出现在康美药业的报表上。

2019 年，康美药业发布的财报显示，对 2017 年报中 20 余项会计科目变更。其中在康美药业 2017 年的资产负债表上，仅“货币资金”一项就虚增超 299 亿元（见表 5－8）。

表 5-8　康美药业 2017 年财务报表中货币资金等科目更正前后数据　单位：万元

科目	2017 年更正前	2017 年更正后	操作	目的
货币资金	3 415 143.42	420 712.44	虚构现金	配合炒高股价和融资
其他应收款	18 032.30	589 414.40	向关联方提供资金	买卖本公司股票
存货	1 570 018.84	3 524 653.84	少计存货	优化运营指标
小计	5 003 194.56	4 534 780.68		
流动资产合计	5 647 907.77	5 238 882.17		
营业收入	2 647 697.10	1 757 861.86	虚增收入	配合炒高股价
营业成本	1 845 014.69	1 078 801.74	虚增成本	匹配财务勾稽关系
销售商品提供劳务收到现金	2 876 613.18	1 846 627.17	虚增现金收入	匹配财务勾稽关系
购买商品接受劳务支付现金	2 432 439.48	1 702 305.41	虚增现金支出	匹配财务勾稽关系

资料来源：上海国家会计学院远程教育网。

同时，通过康美药业 2014 年和 2015 年货币资金和应收利息的比率分析，会发现应收利息和货币资金的结构不合理（见表 5-9）。货币资金余额从 2014 年的 100 亿元增长到 2015 年的 158 亿元，货币资金增长了 58%，应收利息从 492 万元增长到 3 000 万元，翻了 6 倍。康美药业手中众多现金不用，却不断用高额成本的负债来扩张的事实，令其财务数据的真实性存疑。

其次，少计其他应收款和存货。除了虚增货币资金这一主要造假手段外，康美药业还通过少计其他应收款和少计存货的手段粉饰财务报表。(1) 少计其他应收款。其他应收款是企业垫支、借支给他人的款项，与经营无关，借贷人通常多为关联方，如果没有什么关系，谁也不会轻易把钱借给别人。从表 5-8 的“其他应收款”科目可以看出，康美药业向关联方输送资金 57 亿元，用以买卖公司股票，以获利和融资。(2) 少计存货。在表 5-8 中，康美药业 2017 年更正后的存货比更正前多 195 亿元。少计存货的目的是降低存货周转天数，优化运营指标，营造康美药业业绩良好的形象。事实上，康美药业从 2010 年至 2018 年间，存货周转天数逐年增加，2018 年更是超过了 900 天（见表 5-10）。存货周转过慢，必然使营运资金承压。

以上主要分析了康美药业造假的几种手段。此外，资产负债表的“应收账款”“在建工程”“固定资产”等项目也常被选择来消化虚增的利润。前者有欣泰电气、海联讯、康得新等上市公司，天齐锂业、万福生科、抚顺特钢等上市公司则要么延迟在建工程转固，要么直接虚构在建工程或者故意虚增投资额度。

表 5-9 **康美药业资产端科目数据** 单位：万元

资产	2018 年	2017 年更正后	2016 年	2015 年	2014 年	2013 年	2012 年	2011 年	2010 年	2009 年
货币资金	183 920.12	420 712.44	2 732 514.04	1 581 834.16	998 526.92	849 705.27	610 581.09	632 303.99	275 969.32	199 022.36
交易性金融资产	—	—	—	—	—	—	—	—	—	—
应收票据	18 064.33	26 696.87	22 392.26	34 859.07	22 025.94	16 602.36	5 312.86	10 206.01	875.09	800.27
应收账款	631 831.49	499 208.45	309 518.37	255 040.06	223 004.82	170 534.87	133 074.72	67 573.34	46 326.20	27 843.39
预付款项	126 412.78	113 034.06	72 053.58	55 965.00	59 723.24	32 294.71	34 610.92	40 288.79	19 925.29	17 144.90
应收股利	—	—	—	—	—	—	—	—	—	—
应收利息	**应收利息** —	—	4 173.96	3 015.27	491.77	106.75	225.87	—	—	—
其他应收款	922 837.36	589 414.40	14 013.11	7 825.33	5 321.37	8 618.54	4 807.16	4 470.81	3 281.01	848.94
存货	3 420 962.11	3 524 653.84	1 261 937.50	979 469.97	736 865.57	378 591.37	355 976.46	190 603.18	114 446.47	102 753.96
一年内到期的非流动资产	—	—	—	—	—	—	—	—	—	—
其他流动资产	120 069.28	65 162.11	29 551.62	26 762.61	19 400.28	7 821.75	6 810.94	—	—	—
流动资产合计	5 424 097.46	5 238 882.17	4 446 154.43	2 944 771.48	2 065 359.91	1 464 275.63	1 151 400.01	945 466.12	460 823.39	348 413.82

资料来源：上海国家会计学院远程教育网。

表 5-10　　康美药业 2010—2018 年营运资金

	2018 年	2017 年更正后	2016 年	2015 年	2014 年	2013 年	2012 年	2011 年	2010 年
应收账款周转天数	110.86	89.06	52.43	54.04	49.45	44.47	35.33	37.51	41.83
存货周转天数	936.00	809.74	269.62	241.93	172.98	135.79	119.38	131.13	188.67
预付周转天数	32.27	31.31	15.40	16.31	14.27	12.37	16.36	25.88	32.20
应付账款周转天数	70.94	65.31	40.93	48.44	42.91	32.16	26.58	31.05	38.57
预收账款周转天数	31.12	30.59	18.27	19.88	16.97	11.39	8.45	4.81	0.87
营动资金周转天数	977.08	834.22	278.26	243.95	176.83	149.08	136.04	158.67	223.26
营运资金需求（万元）	4 816 818.67	3 382 386.64	1 345 913.70	990 722.33	641 510.96	455 190.96	353 048.48	213 016.91	151 426.58
货币资金（万元）	183 920.12	420 712.44	2 732 514.04	1 581 834.16	998 526.92	849 705.27	610 581.09	632 303.99	275 969.32

资料来源：上海国家会计学院远程教育网。

（二）财务报表造假识别的主要方法

如果上市公司造假主要选择“货币资金”项目来消化虚增的利润，那么识别方法主要有：(1) 货币资金占到总资产的比例与同行相比，高得不正常，因为资金有成本的，一般企业账上很少会留这么高比例的货币资金。(2) 账上拥有巨额的货币资金却还在大举借款，支付高额的利息费用，这违背正常的商业逻辑。事出反常必有妖，那些子虚乌有的“货币资金”其实就是用来消化虚增利润的。

如果上市公司造假主要选择“存货”项目来消化虚增的利润，识别方法主要有：(1) 看存货这些年有没有超乎常规的增长。(2) 看存货周转天数这些年有没有明显增加，在相同行业、相同的生意模式下，如果存在明显增加，则有可能是企业经营恶化的前兆，比如产品滞销，但也有可能是存货中有很大一部分是虚增过来的，财务报表上存货周转天数就会比同行业多很多。(3) 看存货这些年计提减值损失的情况，如果业绩“暴雷”是由于计提存货减值损失导致的，而单个存货本身并没有出现明显减值的迹象，那些存货中就可能隐藏了虚增的利润，现在是通过“暴雷”的方法“洗一次大澡”来清洗掉以前年度由于虚增利润而虚增的存货。

如果上市公司造假主要选择“应收账款”项目来消化这部分虚增的利润，识别方法主要有：(1) 看应收账款项目这些年的增长相对于销售收入的增长有没有超乎常规。比如一家企业今年比去年的销售收入增长了20%，结果应收账款增长了240%，很有可能存在虚增问题。(2) 看应收账款周转天数这些年有没有明显增加。在相同行业、相同的生意模式下，如果存在明显增加，则有可能是企业经营恶化的前兆，但也有可能是应收账款中有很大一部分是虚增过来的，财务报表上应收账款周转天数就会比同行业多很多。(3) 看应收账款这些年计提坏账准备的情况。如果业绩“暴雷”是由于计提应收账款减值损失导致，则多半是应收账款造假所致。(4) 看应付账款情况。如果一家企业应收账款和销售收入呈现大幅的增长，但应付账款却不增长或增长很低，那么从逻辑上来讲，很有可能这个企业的销售收入增长并不真实，而是虚构出来的，应付账款就暴露了公司的真实经营情况。

如果上市公司造假主要选择“在建工程”“固定资产”等项目来消化虚增的利润，其识别方法主要有：(1) 看在建工程这些年有没有超乎常规的增长。(2) 看固定资产周转天数有没有明显增加，如果存在明显增加，则可能固定资产中有一部分是虚增过来的。(3) 看与同行进行对比，它的固定资产金额与营收总额是否有明显的差异，如果固定资产与收入比（平均固定资产净值/销售收入）远远大于同行的水平，那么那些固定资产中就可能隐藏了虚增的利润。虚增的利润可以藏匿在资产的任何项目中，也就是说虚增的利润可以表现在资产负债表中的任何资产形态中。

财务报表使用者在利用企业财报数据信息对企业经营状况进行分析时，应该意识到财报及财报分析的局限性。对企业的非财务信息，例如，董事长的健康状况或者高管层的内部矛盾等，企业财报无法提供。

延伸阅读

康美药业财务造假事件概述

康美药业2001年上市，以2018年营业收入计算，在A股制药类位列前五名。2018年年底，康美药业因涉嫌信披违规被证监会立案调查。调查结果显示，曾经的千亿元市值“白马”造假累计近900亿元。2019年5月，证监会对负责康美药业2016年至2018年年度财务报表审计的广东正中珠江会计师事务所下发立案调查通知书。2020年7月，康美药业实际控制人马兴田被公安机关采取强制措施，作为康美药业IPO保荐机构的广发证券受到了证监会重罚，包括暂停保荐机构资格6个月，证监会暂不受理广发证券债券承销业务有关文件12个月等。2021年2月18日，证监会对广东正中珠江会计师事务所下达行政处罚决定书，总计罚没5 700万元。2021年4月23日，康美药业（“ST康美”，600518.SH）发布了《关于公司股票可能被实施退市风险警示的第三次风险提示公告》。与退市风险公告一起发出的还有康美药业《关于债权人向法院申请公司破产重整的公告》。该公告指出，如果法院正式受理对公司的重整申请，公司将存在因重整失败而被宣告破产的风险。如果公司被宣告破产，公司将被实施破产清算，公司股票将面临被终止上市的风险。4月27日，ST康美发布2020年年报，显示2020年净利润亏损277亿元，立信会计师事务所对其出具了无法表示意见的审计报告。

证监会认定，康美药业的造假是一场有预谋、有组织、长期系统实施的财务造假行为，且涉案金额创下A股历史之最，对持有康美药业的中小投资者伤害极大。2021年4月8日，中证中小投资者服务中心称接受了黄梅香等56名权利人的特别授权，向广州中院申请作为代表人参加诉讼。这是中国资本市场首例证券纠纷特别代表人诉讼案。同年11月12日，广州市中级人民法院对全国首例证券集体诉讼案做出一审判决，责令康美药业因年报等虚假陈述侵权赔偿证券投资者损失24.59亿元，原董事长、总经理马兴田及5名直接责任人员、正中珠江会计师事务所及直接责任人员承担全部连带赔偿责任，13名相关责任人员按过错程度承担部分连带赔偿责任。

报道提示

上市公司报道题材的获取

上市公司财报（季报、半年报和年报）是公开的。财经记者可以通过财报分析了解上市公司的盈利能力、营运能力以及偿债能力。财经记者要思考某些上市公司漂亮业绩的取得是什么原因？如果是政策利好，那么整个产业的企业业绩都应该向好。如果是某行业中一家企业盈利水平一骑绝尘，远超同行业平均水平，财经记者就有必要进一步挖掘其原因。例如，企业是通过市场垄断地位获得的还是凭借自身很强的核心竞争力实现的？如果是后者，财经记者在分析企业核心竞争力基础上的报道对同行业企业有启示意义。此外，如果某上市公司的财务数据短期内有大幅变化，财经记者还应结合非财务指标来判断公司财报是否有造假的可能。财经记者也应对期末商誉占净资产比例超过50%的公司、控股股东及其一致行动人股票质押比例超过80%的公司予以特别关注，因为这类企业投资风险较高。通过对三大财务报表的表内、表间数据认真比较，再对往期的数据做同样的比较，一般的财务造假很难不露出马脚。向相关行业证券分析师咨询也有助于财经记者判断该企业业绩的真实性。财经记者对涉嫌财务数据造假的上市公司的持续跟踪调查往往会形成优秀的财经调查报道。

财务数据内容的呈现

财经记者不应该照搬企业的财务数据。过多的财务数据会给予读者较差的阅读体验。在企业和行业报道中，记者应该在最短的篇幅中尽量展示给读者关键的信息，达到以简驭繁的效果。同型分析和比率分析可以简化烦琐的财务数据，帮助读者在很短的时间内形成某企业或某行业较精准的画像。把数据做成直观的可视化图表是一种比枯燥的数字呈现更受欢迎的呈现方法。

问题与思考

单项选择题

1. 从企业债权人角度看，财务报表分析的最直接目的是看（　　）。

A. 企业的盈利能力　　B. 企业的营运能力

C. 企业的偿债能力　　D. 企业的增长能力

2. 企业投资者进行财报分析的根本目的是关心企业的（　　）。

A. 企业的盈利能力　　B. 企业的营运能力

C. 企业的偿债能力　　D. 企业的增长能力

3. 投资人最关心的财务信息是（　　）。

A. 销售利润率　　B. 总资产收益率

C. 净资产收益率　　D. 流动比率

4. 下列哪项不会影响速动比率？（　　）

A. 应收账款　　B. 应收票据

C. 短期借款　　D. 固定资产

5. 在企业面临财务危机时，衡量企业短期偿债能力的最稳健的指标是（　　）。

A. 营运资金　　B. 现金比率

C. 速动比率　　D. 流动比率

6. 某企业全部资本为500万元，企业获利40万元，其中借入资本300万元，利率10%。此时，举债经营对投资者（　　）。

A. 有利　　B. 不利

C. 无变化　　D. 无法确定

7. 最能体现企业经营目标的财务指标是（　　）。

A. 净资产收益率　　B. 总资产收益率

C. 销售利润率　　D. 成本利润率

8. 短期债权人在进行企业财务分析时最为关心的是（　　）。

A. 企业的营运能力　　B. 企业的盈利能力

C. 企业的支付能力　　D. 企业的社会贡献能力

9. 企业资产经营的效率主要反映企业的（　　）。

A. 盈利能力　　B. 增长能力

C. 营运能力　　D. 偿债能力

10.（　　）是根据企业连续若干会计期间（至少三期）的分析资料，运用指数或动态比率的计算，比较与研究不同会计期间相关项目的变动情况和发展趋势的一种财务分析方法。

A. 趋势分析法　　B. 比较分析法

C. 同型分析法　　D. 结构分析法

计算题

1. 乙公司2016年12月31日的资产负债表显示：资产总额的年初数和年末数分别为9 600万元和1亿元，负债总额的年初数和年末数分别为4 800万元和5 000万元，乙公司2016年度利润表显示的营业收入为1.47亿元，净利润为588万元。要求：

（1）计算乙公司2016年的权益乘数。

（2）计算该公司的总资产周转率。

（3）计算该公司2016年的销售净利率。

（4）根据（1）（2）（3）的计算结果，计算总资产净利率和净资产收益率。

2. 蓝田股份公司在申请上市的申报材料中就开始造假，虚增了1 100万元的无形资产，1995年伪造了公司及下属企业三个银行账户的对账单，又虚增了银行存款2 770万元，占银行财务会计报告中银行存款额的62%。请问采用什么方法可以判断出蓝田股份公司上述财务造假行为?

第三编

公　司

公司是工商业组织之一，从事生产、贸易或提供服务等。作为迄今最有效的经济组织形式，公司的出现被称作“人类的成就”。诚如纪录片《公司的力量》中所言，在数百家乃至数千家跨国公司左右着世界经济运行的今天，公司已成为最重要的一种经济组织。公司创造财富，提供就业，带动经济增长；公司推动创造发明，产生新的社会文化；公司改变社会秩序，影响制度建设。

公司报道是财经新闻报道常规而重要的题材之一，是衡量财经记者新闻报道水平的试金石。调查性公司报道往往使财经记者“一战成名”。要展开公司报道，财经记者必须具备公司相关的基础知识，包括公司性质、公司战略、公司并购以及公司治理等方面的理论，并且熟悉相关的法律政策。

公司总体战略、经营战略与职能战略必须协调。竞争战略作为企业经营战略的重要组成部分共有三种：成本领先战略、差异化战略和集中化战略。通过波特五力分析模型、SWOT 分析模型等分析工具可以进行公司战略分析，以制定公司总体战略、预测公司发展等。

公司并购属于成长型战略。公司并购就是买卖企业。通过买卖企业，并购者可以实现超常规发展、消灭竞争对手等诸多好处。然而，并非所有并购都能顺利完成，即便公司并购顺利完成，完成以后能否给并购者带来收益也存在不确定性。并购者在确定并购目标以后要全盘考虑并购过程和并购以后的风险，包括法律风险和财务风险。此外跨境并购即使完成以后还往往面临着文化整合的巨大困难。

第六章
公司概述

公司是一种组织、一种制度、一种文化；公司是一种生存方式，也是一种生活方式。

——纪录片《公司的力量》解说词

案　例

2007年，中国企业娃哈哈与法国达能公司矛盾爆发，一时成为万众瞩目的事件。《中国经营报》《每日经济新闻》《新理财》以及新浪财经经济时评等主流财经媒体或刊发深度调查报道，或发表相关评论。其中《中国经营报》刊发的达能-娃哈哈股权争夺系列报道由于内容翔实、报道客观受到社会广泛关注，并获得了2007年《南方周末》年度盛典"传媒致敬之年度经济报道奖"。

公司报道，是财经新闻报道常规而重要的题材之一。大型公司启动新项目、经营风险、破产重整以及公司控制权的争夺等都是财经媒体争相报道的对象。华为造车、华源危机、恒大经营困境、海航的破产重整都是《财经》《财新周刊》等财经媒体重量级报道素材。通过本章的学习，你会发现自己不仅增加了公司报道方面的基础知识，而且增加了创设公司的必备知识。

本章力图回答如下问题：

- 为什么会出现公司？公司欠债需要公司所有者偿还吗？
- 不同类型的公司创立需要哪些条件？
- 子公司和分公司在法律责任方面有何不同？

第一节　公司的起源与公司类型

公司起源于5个世纪之前的远洋贸易。公司这种组织形式便于高效筹措资金、分担风险及共享利润，因而逐步遍及世界各国。伴随着各种类型公司的出现，旨在厘清所有者、投资者、经营者责权利边界的各国相关法律制度也在不断调整，以期公司经营发展稳健。

一、公司的起源

（一）萌芽时期

14、15 世纪，文艺复兴运动下的欧洲，资本主义的生产关系在商品经济比较发达的地中海沿岸城市萌芽。地中海沿岸海上贸易盛行，而海上贸易是风险非常大的生意，经常船毁人亡。拥有大量财富的资本家，既不想去海上冒险，又想获得利益，于是一种叫“康曼达”的商事契约便应运而生。这种契约由资本家和航海者建立，资本家出钱，航海者出力。盈利时，赚取的利润按约定的比例分配；亏损时，航海者用个人身家和生命来承担无限责任，资本家在出资范围内承担有限责任。这种组织形式非常类似于今天的有限合伙企业，资本家与航海者的关系也类似于现在的风险投资人与创业者的“对赌”关系。对于资本家而言，仅仅承担有限责任是不够的，还需确保资本不被航海者侵蚀和滥用。于是，16 世纪末 17 世纪初的英国和荷兰就推出了股份有限责任公司，这种组织方面的创新是现代公司的萌芽。大大降低了投资风险的股份有限责任公司使陌生人之间的合作成为可能；并且，这种制度设计使得企业或公司的所有权与经营权分开成为可能。

当时在威尼斯银行界广泛采用的新型记账法——借贷记账法（复式记账法）被应用在航海贸易中。借贷记账法最大的价值不仅在于能够清晰地追踪资金来源与去向、反映资本回报率，更在于其资产等于负债加所有者权益的平衡式。“康曼达”商事契约中产生的“有限责任”概念和“有借必有贷、借贷必相等”的借贷记账法为公司制的诞生提供了底层逻辑。

（二）制度成型

1602 年，世界第一家具有现代意义的公司——荷兰东印度公司出现。随着工业革命的开展和完善，自由竞争、自由贸易成为资产阶级的强烈要求，特权公司已不适应资本主义的进一步发展，18 世纪中叶，特权公司先后被各国政府解散。从此，公司这一组织形式走下神坛，不再是特权的象征，逐渐成为商业社会的基本组织形态。随着资产阶级革命的胜利，公司作为一种制度先后在法国、英国、德国、美国等西方国家确立。

1673 年，法国颁布《商事法令》，第一次以法律的形式规定了普通公司和两合公司；1807 年，以 1673 年商法为蓝本制定了《法国商法典》，该法典规定了商人的法律地位，对合伙公司（普通公司和两合公司）与股份公司等经营方式的原则、法律地位等做了规定。

1892年，德国颁布了世界上第一部《有限责任公司法》，有限责任公司作为一种公司类型登上历史舞台。

二、公司的概念及类型

（一）公司的概念及优点

公司是指以营利为目的、从事商业经营活动的组织。

在我国，公司是指依照《公司法》在中国境内设立的有限责任公司和股份有限公司。公司是企业法人，有独立的法人财产，享有法人财产权。公司以其全部财产对公司的债务承担责任。有限责任公司的股东以其认缴的出资额为限对公司承担责任；股份有限公司的股东以其认购的股份为限对公司承担责任。公司股东对公司依法享有资产收益、参与重大决策和选择管理者等权利。

在市场经济中，与其他市场主体相比，公司有以下优点。

（1）公司股东的有限责任决定了对公司投资的股东既可满足投资者谋求利益的需求，又可使其承担的风险限定在一个合理的范围内，增加其投资的积极性。

（2）公司特别是股份有限公司可以公开发行股票、债券，在社会上广泛集资，便于兴办大型企业。

（3）公司实行彻底的所有权与经营权分离的原则，提高了公司的管理水平。

（4）公司特有的组织结构形式使公司的资本、经营运作趋于利益最大化，能更好地实现投资者的目的。

（5）公司形态完全脱离个人色彩，是资本的长久性联合，股东的个人生存安危不影响公司的正常运营。因此，公司存续时间长、稳定性高。

（二）公司与企业

我国《公司法》明确规定，公司是企业法人。所以，在我国公司只是企业的一种组织形态。从这个意义上讲，企业的概念涵盖了公司的概念，公司是企业的下属概念。但在一些英、美、法系的国家中，公司不一定就是企业，多个主体为了实现共同目的或从事共同事业，就可以采取公司的形式，乃至医院、学校、慈善组织等也可采取非营利公司的组织形式。

就我国的立法而言，公司的概念通常强调其资本与成员联合性的组织形态，突出其法人地位，人们可以从公司的概念中了解其法律地位、股东责任如何。而企业的概念，则侧重于表明其为一个具有经营性的经济组织，但对其民事法律地位如何并无确切反映，不能使人了解其有无法人资格、能否独立对外承担法律责任等。所以，有的学者认为，公司是法学上的概念，而企业概念则更侧重于经济学上的意义。

（三）公司与法人

根据我国《中华人民共和国民法典》（简称《民法典》）第57条的规定，法人是具有民事权利能力和民事行为能力，依法独立享有民事权利和承担民事义务的组织。法人的概念强调的是某一组织依法取得一种独立于其成员的社会资格。

在我国的立法中，取得法人资格即意味着对外独立承担法律责任。《民法典》将法人分为营利法人（包括有限责任公司、股份有限公司和其他企业法人等）、非营利法人（包括事业单位、社会团体、基金会、社会服务机构等）、特别法人（包括机关法人、农村集体经济组织法人、城镇农村的合作经济组织法人、基层群众性自治组织法人等）等多种类型，企业法人仅是法人中的一种形态。而企业本身又有法人企业与非法人企业之别，公司仅是法人企业的一种，除公司外，国有企业、城镇集体企业等也都属于法人企业。显然公司的概念、企业的概念不能等同于法人的概念。

在此要注意，不要将企业的独立核算、自负盈亏与其是否具有法人资格相混淆。企业一般均是独立核算、自负盈亏的，但并非所有独立核算、自负盈亏的经济组织都是企业，更不一定具有法人资格。

把企业等同于法人，是对企业概念的误解。除法人企业外，还存在许多无法人资格的个人独资企业、合伙企业以及分公司等。

（四）公司与其他企业组织形式的区别

1. 公司与合伙企业的区别

合伙企业是指自然人、法人和其他组织依照合伙企业法在中国境内设立的非法人企业组织，包括普通合伙企业和有限合伙企业。根据《中华人民共和国合伙企业法》第2条的规定，普通合伙企业由普通合伙人组成，合伙人对合伙企业债务承担无限连带责任。本法对普通合伙人承担责任的形式有特别规定的，从其规定。有限合伙企业由普通合伙人和有限合伙人组成，普通合伙人对合伙企业债务承担无限连带责任，有限合伙人以其认缴的出资额为限对合伙企业债务承担责任。

目前我国《公司法》允许设立的有限责任公司和股份有限公司与合伙企

业的区别很大，主要有以下几点。

第一，公司是法人企业，合伙企业不具有完全独立的法律人格，属于非法人组织，即企业与投资人在对外的法律人格、法律责任等方面不完全独立。

第二，合伙企业是较为典型的人合企业。普通合伙企业是基于合伙人之间的信任关系设立并维系的，其对外信用也主要是依赖于合伙人个人的信用，即使是有限合伙企业，其基础也主要是合伙人之间的信任关系。而我国的公司是资本型企业，即使是有限责任公司中属于家族性质的公司也具有资合性质，在法律上仍是公司以其全部财产对公司债务承担责任，股东仅以其认缴的出资或认购的股份为限对公司债务承担责任。

第三，合伙企业是建立在合伙协议基础上的，即建立在合同关系之上。合伙协议是当事人之间不对社会公开的内部文件。合伙协议作为合同，应当由全体合伙人协商一致，遵循自愿、平等、公平、诚实信用的原则，以书面形式订立或修改。新合伙人的加入必须经全体合伙人同意，并修改合伙协议。公司是建立在章程基础之上的，公司章程是对社会公开的文件，是股东成员间共同订立的行为标准。新股东加入公司属于参加行为，即在承认原公司章程的前提下进行的，无须经过全体股东的一致同意。公司章程的修改并不以全体股东一致同意为前提，只需经法定大多数通过即可修改生效，反对者也须服从公司章程。

第四，合伙人的出资方式可以与公司股东的出资方式有所不同。公司股东的出资限于财产和财产权利，而普通合伙人还可以以劳务等作为出资。

第五，除法律有特别规定外，普通合伙人对合伙企业的债务承担无限连带责任。公司的股东对公司的债务不直接承担责任，对公司则以出资额为限承担有限责任。

第六，由于普通合伙人对合伙企业的债务承担无限连带责任，所以合伙企业与公司不同，没有资本或注册资本的概念。也就是说，合伙企业的财产与普通合伙人个人的财产在需要承担合伙企业债务的属性方面没有严格的区分。合伙企业的财产在法律上属于各合伙人按份共有，设立公司则需对资本注册，以确定股东承担有限责任的财产范围。公司对股东的出资所形成的公司财产享有法人财产权，公司财产属于公司所有，股东对公司享有股权。

第七，合伙企业的组织机构不同于公司的组织机构。公司应依法设立股东（大）会、董事会（或执行董事）、监事会（或监事）及经理等高级管理人员，并设有法定代表人。而合伙企业则无这些机构的设置，没有专门的议事机关，没有法定的代表人。各普通合伙人对执行合伙企业事务享有同等的权利，可以由全体合伙人共同执行合伙企业事务，也可以由合伙企业协议约定或者全体合伙人决定，委托一名或者数名普通合伙人执行合伙企业事务。此外，合伙企业的普通合伙人向合伙人以外的人转让出资份额受到一定的法律限制，合伙企业的合伙人至少在两人以上，而《公司法》现已经允许设立一人有限责任公司。合伙企业与公司适应人们投资时对企业形式的不同需求。

2. 公司与个人独资企业的区别

在《公司法》已经允许设立一人有限责任公司的情况下，一人有限责任公司与个人独资企业的区别也是人们所关注的问题。根据《中华人民共和国个人独资企业法》第 2 条的规定，个人独资企业是指依照本法在中国境内设立，由一个自然人投资，财产为投资人个人所有，投资人以其个人财产对企业债务承担无限责任的经营实体。

一人有限责任公司与个人独资企业的区别主要有以下几点。

第一，一人有限责任公司虽然股东只有一人，在出资人的人数上与个人独资企业相同，但属于法人企业。个人独资企业不是法人企业，而是自然人企业，即企业与投资人在法律人格、法律责任等方面不完全独立。

第二，个人独资企业的财产属于投资人个人所有，出资人对个人独资企业的财产有直接支配的权利。一人有限责任公司的财产属于公司所有，公司对股东的出资所形成的公司财产享有法人财产权，股东对公司享有股权。

第三，个人独资企业的出资人以个人财产对个人独资企业债务承担无限责任。一人有限责任公司的股东对公司的债务不直接承担责任，对公司则以应缴纳的出资额为限承担有限责任。

第四，由于出资人对企业债务的法律责任不同，个人独资企业出资人的出资方式也与公司股东的出资方式不同，法律对其出资形式不予限制，设立企业时只需要申报出资即可，无须资本注册。而一人有限责任公司股东的出资限于货币以及实物、财产权利等可以用货币估价并可以依法转让的非货币财产，必须对资本进行注册。

第五，个人独资企业的组织机构与公司的组织机构不同。一人有限责任公司虽然依法不设立股东会，但仍需设置董事会（或执行董事）、监事会（或监事）及经理等高级管理人员，并设有法定代表人。而个人独资企业则没有这些机构的设置，没有专门的议事机关，没有法定的代表人。个人独资企业的投资人可以自行管理企业事务，也可以委托或者聘用其他具有完全民事行为能力的人负责企业的事务管理。

（五）公司的分类

公司按不同角度可做不同的分类。

1. 以公司的信用基础为标准，可分为资合公司、人合公司以及资合兼人合公司

（1）资合公司。资合公司指以资本的结合作为信用基础的公司。此类公司仅以资本的实力取信于人，股东个人是否有财产、能力或信誉一般与公司无关。股东对公司债务彼此承担独立、有限的责任，共同设立公司、加入公司，可以不以股东彼此都相互认识、信任为前提（对公司控股股东或实际控制人除外）。因此，资合公司通常具有健全的制度与法人治理机制，借此保障相关利害关系人的利益。资合公司以股份有限公司为典型，有限责任公司本质上也属于资合公司。

（2）人合公司。人合公司指以股东个人的财力、能力和信誉作为信用基础的公司，其典型形式为无限公司。人合公司的财产及责任与股东的财产及责任没有完全分离，其不以自身资本为信用基础，法律上也不规定设立公司的最低资本额。股东可以用劳务、信用和其他权利出资，企业的所有权和经营权一般也不分离。所以，人合公司的信用依赖于股东个人，股东对公司债务承担无限连带责任，共同设立公司、加入公司以相互信任为前提。由于人合公司实际上并不完全独立于股东个人，所以一些国家的立法对其采取的税收政策也有不同，通常不对公司征收所得税，而仅是对股东征收所得税。

（3）资合兼人合公司。资合兼人合公司指同时以公司资本和股东个人信用作为公司信用基础的公司，其典型形式为两合公司和股份两合公司。一般认为，有限公司中具有家族性及股东很少、规模较小者，从公司内部关系上讲也具有一定的人合性质，但在对公司外部债务承担的法律界定上，仍是由股东负有限责任。

2. 按公司之间的组织关系，可分为母公司与子公司、本公司和分公司

公司的组织关系有外部和内部之分，外部组织关系指不同公司之间在组织上的相互联系，内部组织关系指某一公司内部的隶属关系。

（1）母公司和子公司。这是以公司外部组织关系为标准所做的分类。不同公司之间因股权持有而存在控制与依附关系时，处于控制地位的是母公司，也称控股公司，处于依附地位的则是子公司。母子公司之间依然存在控制与被控制的组织关系，但它们都具有法人资格，在法律上是彼此独立的企业。我国《公司法》第13条第1款规定："公司可以设立子公司。子公司具有法人资格，依法独立承担民事责任。"控股公司分为仅以控股资本运作为其经营方式的纯粹控股公司和在控股之外同时还经营其他实体业务的混合控股公司。

郎咸平曾提出一种金字塔控股结构，家族企业利用这种金字塔控股结构使所有权和控股权分离。例如，家族企业控制A公司的51%，A公司控制B

公司的 51%，B 公司控制 C 公司的 51%，C 公司控制 D 公司的 50%（51%×51%×51%×50%），家族企业对 D 公司的所有权只有 7%，而控制权却有 50%（见图 6－1）。这样一来，公司大股东就很容易利用少量资金来控制很大的公司，从而对中小股东进行剥削。

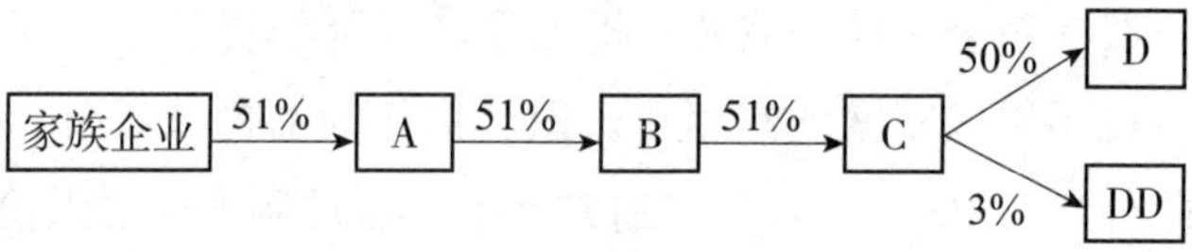

图 6－1　最简单的金字塔控股结构

资料来源：郎咸平．郎咸平说：公司的秘密．北京：东方出版社，2008：99.

这个结构中的公司分为三种，最上面的是集团实际控制人，中间的公司是持股公司，最下面的公司是经营公司。金字塔控股结构本是一种以小博大、四两拨千斤式的高效融资方式，但是在法律对中小股东保护不力的新兴市场上却成为控制性股东剥夺其他股东的利器。

控制性股东从金字塔控股结构的塔尖开始，通过控制中间持股公司向下发散出一个客观的网络，控制处于链条末端的经营公司。持股公司主要用于控制权的放大，经营公司往往是上市公司，用于从资本市场圈钱。金字塔股权结构的层级越多，控制链条就越长，实际控制人的现金流权与控制权分离程度就越高，侵占其他股东利益的动机就越强。

（2）本公司和分公司。分公司是公司依法设立的以本公司名义进行经营活动，其法律后果由本公司承受的分支机构。相对分公司而言，公司称为本公司或总公司。本公司和分公司是从公司内部组织关系上进行的分类，不能把它们的关系视为公司间的关系，因为分公司虽然也冠之以“公司”，但其实只是公司的分支机构，并非真正意义上的公司。分公司没有独立的公司名称、章程，没有独立的财产，不具有法人资格，不是独立的企业，但可领取营业执照，进行经营活动，不过其民事责任由公司承担。我国《公司法》第 13 条第 2 款规定：“公司可以设立分公司。分公司不具有法人资格，其民事责任由公司承担。”

此外，以公司国籍为标准，可以将公司分为本国公司和外国公司。

表 6－1 是我国现有公司的具体类型。

表 6－1　公司的类型

类型	释义
无限公司	由承担无限责任的股东组成的公司，股东对公司承担无限责任
两合公司	由承担无限责任的股东和承担有限责任的股东组成的公司，无限责任股东对公司承担无限责任，有限责任股东对公司以出资额为限承担责任

续表

类型	释义
有限公司	由承担有限责任的股东组成的公司，股东以出资额为限对公司承担责任
股份公司	以公司资本为股份所组成的公司，股东以其认购的股份为限对公司承担责任

第二节 公司治理

伴随着现代公司所有权与控制权的分离，公司治理从思想、理念发展成为理论和实施细则。公司治理的目标也从单一的股东利益最大化演变成利益相关者利益最大化。时至今日，ESG也已成为上市公司治理的重要考核标准。

一、公司治理的含义

公司治理（corporate governance），又译为法人治理结构，是现代企业制度中最重要的组织架构。

英国牛津大学管理学院院长柯林·梅耶将公司治理定义为："公司赖以代表和服务于它的投资者的一种组织安排。它包括从公司董事会到执行经理人员激励计划的一切东西。……公司治理的需求随市场经济中现代股份有限公司所有权和控制权相分离而产生。"①

我国经济学家吴敬琏认为："所谓公司治理结构，是指由所有者、董事会和高级执行人员即高级经理三者组成的一种组织结构。在这种结构中，上述三者之间形成一定的制衡关系。通过这一结构，所有者将自己的资产交由公司董事会托管；公司董事会是公司的决策机构，拥有对高级经理人员的聘用、奖惩和解雇权；高级经理人员受雇于董事会，组成在董事会领导下的执行机构，在董事会的授权范围内经营企业。"②

清华大学经济管理学院钱颖一教授认为："在经济学家看来，公司治理结构是一套制度安排，用以支配若干在企业中有重大利害关系的团体——投资者（股东和贷款人）、经理人员、职工之间的关系，并从这种联盟中实现经济利益。公司治理结构包括：(1) 如何配置和行使控制权；(2) 如何监督和评价董事会、经理人员和职工；(3) 如何设计和实施激励机制。"③

---

① 丁琪琳．公司金融学．2版．北京：中国经济出版社，2020：186.

② 张小南．上市公司运作理论与实务．成都：四川科学技术出版社，2009：54.

③ 何自力．比较制度经济学．北京：高等教育出版社，2007：79.

概括起来说，公司治理结构是建立在出资者所有权与法人财产权分离的基础上，企业内外部的股东会、董事会、监事会和经理层及其他利益相关者之间的权利制衡机制、激励约束机制及市场机制的一种制度安排。因而，公司治理结构既是一种经济关系、契约关系，又是一种制衡关系。

二、公司治理理论及其在我国的实践

公司治理是以现代公司为主要对象，以监督与激励为核心内容的公司内部责权利的安排。目前，公司治理理论不仅仅研究公司治理结构中对经营者的监督与制衡作用，也强调如何通过公司治理结构和机制来保证公司决策的有效性和科学性，从而维护公司多方面利益相关者的利益。

（一）公司治理理论的发展

公司治理理论的思想渊源可以追溯到 200 多年前亚当·斯密在《国富论》中对代理问题的论述，他认为在股份制公司中由于所有权和经营权的分离而产生了一系列的问题，因此应当建立一套行之有效的制度来解决所有者和经营者之间的利益冲突。1932 年美国学者贝利和米恩斯发表的《现代公司和私有财产》成为公司治理理论的开山之作，该论著首次提出了“公司治理”的概念。他们在对大量的实证材料进行分析的基础上，发现现代公司的所有权和控制权发生了分离，控制权从所有者手中转移到管理者手中，而公司的管理者常常追求个人利益的最大化，而非股东利益的最大化，所以应该强调股东的利益，实现股东对经营者的监督制衡。

1984 年，美国的弗里曼在《管理策略》上发表了一篇题为《利益相关者探讨》的文章，挑战了传统的公司原则，认为股东的利益不应该居于最高地位，而应是利益相关者网中的一员。公司实际上影响着比股东范围更大的一批群体，反过来也受到他们的影响。公司是一个利益关系网，每个关系网中的各个要素都是建立在相互作用的基础上的，将公司仅看作股东所有的公司是一种狭隘的观点。因此在公司治理中公司的管理者不但要为实现股东利益服务，也应该考虑其他利益相关者的利益。

20 世纪 80 年代后，许多国家开始在公司法中规定，允许经理对比股东范围更广的利益相关者负责，其实是要构建一种“利益相关者”的公司治理模式。“利益相关者”是与企业的生产经营行为和后果具有利害关系的群体和个人。股东、债权人、雇员、供应商、消费者、社区、相关的社团、社会组织还有政府等都可以视为公司的利益相关者。从此，在公司治理理论的发展过程中，逐渐产生了以“股东利益至上”为基础的单边治理和以“利益相关者”为核心的共同治理两种代表性的治理理论。

ESG是环境、社会和公司治理（environmental，social and governance）的英文缩写，是一种关注企业环境、社会、治理绩效而非财务绩效的投资理念和企业评价标准。

随着国家对绿色发展、绿色金融的大力推动以及基于2017年A股被纳入MSCI指数后MSCI对A股公司ESG披露的要求，我国ESG相关制度规则也逐步出台，例如证监会修订后的《上市公司治理准则》明确了ESG信息披露的基本框架；中基协发布《中国上市公司ESG评价体系研究报告》和《绿色投资指引（试行）》等。随着中国经济逐步转型，生态环保、绿色金融等理念将成为全社会的内在需求和普遍共识，ESG相关制度也将逐步完善，推动ESG理念在国内快速发展。

2020年，超25%的中国内地上市公司发布了ESG或社会责任报告。

（二）我国公司治理的实践

当代中国，由于其在世界经济中越来越重要的地位和特殊的历史时期，中国企业特别是国有企业有着独特的生长环境和独特的生长样态。中国的大部分国企，既要逐步建立以公司治理为核心的现代企业制度，也要经历转型的阵痛，付出转型的代价。同样，改革开放以来，中国的私有经济成分产生并迅速发展，自21世纪以来，以家族企业形式存在的民营企业也面临着向现代企业制度转轨的问题。国家对民营企业的宏观政策、当代民营企业存在的问题以及未来发展都是公司报道的题中应有之义。

一方面，由于历史和制度设计的原因，我国公司治理方面问题不少。早在2002年，国务院发展研究中心高级研究员、经济学家吴敬琏就认为，中国公司治理存在如下六个大问题：一是股权结构不合理，国有股和国有法人股占了全部股权的54%，第二大股东的持股量与第一大股东相差悬殊；二是“授权投资机构”与上市公司关系不明晰，使母公司“掏空”上市公司的丑闻时有发生；三是“多级法人制”，存在资金分散、内部利益冲突、“利益输送”的弊病；四是董事会、监事会存在缺陷；五是董事会与执行层之间关系不顺，董事会与执行层高度重合，导致“内部人控制”；六是公司执行机构有弊端。

另一方面，我国在公司治理方面的制度探索一直在进行着。在2002年1月证监会和国家经贸委发布的《上市公司治理准则》的第六章就是“利益相关者”章，具体内容如下：“第八十一条 上市公司应尊重银行及其他债权人、职工、消费者、供应商、社区等利益相关者的合法权利；第八十二条 上市公司应与利益相关者积极合作，共同推动公司持续、健康地发展；第八十三条 上市公司应为维护利益相关者的权益提供必要的条件，当其合法权益受到侵害时，利益相关者应有机会和途径获得赔偿；第八十四条 上市公司应向银行及其他债权人提供必要的信息，以便其对公司的经营状况和财务状况做出判断和进行决策；第八十五条 上市公司应鼓励职工通过与董事会、监事会和经理人员的直接沟通和交流，反映职工对公司经营、财务状况以及涉及职工利益的重大决策的意见；第八十六条 上市公司在保持公司持续发展、实现股东利益最大化的同时，应关注所在社区的福利、环境保护、公益事业等问题，重视公司的社会责任。”2018 年 9 月，证监会对该准则进行修订，针对以上条款进行了细化和完善。与当时的《公司法》相比，该准则是有关“利益相关者”公司治理的一大进步，在我国的法律规章中第一次有了较为完整的利益相关者条款，为我国《公司法》的修订、建立“利益相关者”公司治理提供了蓝本。

21 世纪初，为减少董事会为少数人控制的弊端，独立董事制度被引入。

我国公司治理的法治变革集中体现在《公司法》的颁布、修正修订和司法解释中。从 1993 年我国第一部《公司法》诞生至今，已历经六次修正和修订，现行《公司法》是于 2023 年通过修订的。

2014 年开始实施的新修正的《公司法》，修改完善了公司法人治理结构方面的规定，充实了公司职工权益保护的规定，健全了对股东尤其是中小股东利益的保护机制和对公司债权人利益的保障机制，进一步细化了股份转让的执行程序。修正后的《公司法》以维护客户资产安全和股东合法权益为重点，明确了对投资者损害赔偿的民事责任制度，进一步完善了股东的知情权保障制度，增强了可诉性，完善了公司诉讼制度。

2018 年修正的《公司法》共修改了 12 个条款，将公司注册资本实缴登记制改为认缴登记制，取消公司注册资本最低限额，放宽注册资本登记条件，简化登记事项和登记文件等。

2023 年《公司法》的修订主要涉及注册资本认缴登记制的完善，股东出资责任的强化，公司治理制度的修订，控股股东和实际控制人的义务，董事、监事和高级管理人员的信义义务体系等几个方面。此外，新修订的《公司法》还对股份有限公司中引入授权资本制，允许发行类别股，设置特殊表决权股、转让受限股等进行了规定。

延伸阅读

1.《中华人民共和国公司法》

2.《中华人民共和国合伙企业法》

3.《中华人民共和国个人独资企业法》

4.《中华人民共和国公司登记管理条例》

报道提示

对具体公司的报道应掌握的背景信息

● 公司的基本情况，包括公司注册所在地，主营业务，营业年限，公司是否上市，董事会、监事会及高管团队成员构成。

● 公司所在产业的发展趋势，如是否为朝阳产业；国家相关宏观政策，如是否对此产业有特殊的帮扶政策和利税减免等。

● 公司治理结构、高管的激励机制和约束机制。

问题与思考

判断题

指出下列说法正确还是错误，并说明理由。

1. 公司的规模一定比合伙企业大。

2. 公司的财产由公司法人代表掌控。

3. 在我国，学校属于非营利法人。

4. 国有企业、城镇集体企业等都属于法人企业。

思考题

某省一家三甲医院，拟用所有的一块闲置土地向银行申请抵押贷款，是否可行？为什么？

第七章

公司战略与战略分析

战略就是对“我们的企业是什么，应该是什么，将是什么?”这些问题的答案。

——彼得·德鲁克

案　例

蒂姆·库克大概是杰克·韦尔奇之后最成功的职业经理人之一。2015 年 2 月《财经》杂志的封面文章《苹果的抉择》聚焦于后乔布斯时代苹果公司战略尤其是竞争策略的选择，主要是苹果现任 CEO 蒂姆·库克对移动互联网时代智能手机市场格局中苹果总体战略的思考和实施路径。该报道同时彰显了记者谙熟公司战略相关背景知识以及智能手机产业。公司报道并不必然做公司战略报道，但优秀的公司报道一定建立在对目标公司战略熟悉的基础之上。因此，储备公司报道所需的公司战略基础知识是财经记者的必然选择。

通过本章学习，你可以获得如下问题的答案：

- 处于同一行业规模相近的两家公司为何有的运营良好，有的经营不善甚至破产倒闭?
- 公司应如何制定竞争战略以获得持续的竞争优势?

第一节　公司战略概述

如前述章节所言，能赚钱的公司就是好公司。公司能否赚钱，公司战略和战略执行能力至关重要。能否赚取超过其资本成本的投资收益取决于企业自身的战略选择：(1) 行业选择，即企业选择所从事的某一行业或多个行业；(2) 竞争定位，即企业准备采取的、与同行业其他企业进行竞争的方式；(3) 公司战略，即企业在其经营的多个业务范围内进行分工协作。

根据企业生命周期理论，企业可根据自身的发展阶段采取不同的战略。企业战略是一个战略体系，在这个战略体系中，有竞争战略、发展战略、技术开发战略、市场营销战略、信息化战略、人才战略以及其他战略。现代管理学认为企业战略是一个自上而下的整体性规划过程，并将其分为总体战略、经营战略与职能战略三个层面的内容。

一、总体战略、经营战略与职能战略释义

企业总体战略，也就是我们通常所说的“战略”的本义，它是指企业在一个相对较长的时间段内，比如 3 年到 5 年，对企业发展目标、方向、主要的发展路径等重大事项所做出的选择和谋划。

企业经营战略是在企业总体战略的基础上，对企业选择哪些业务线和产品线作为组合、分别投入多少资源，选择什么样的增长策略和竞争策略，如何进行投融资管理，以及选择在哪些区域经营、采用什么渠道经营等具体的业务经营方式的组合及选择。

企业职能战略则是为了配合企业总体战略和经营战略的达成，围绕客户满意度、企业财务指标、业务流程优化、人力资源配备、企业风险管理以及品牌建设上分别应该达成什么样的目标，从而产生的相关职能分别的发展方向和主要任务。

二、总体战略、经营战略和职能战略的关系

在企业的实际运营过程中，一般来说，公司的总体战略都是由公司的主要股东或共同创始人商量决定的。事实上，如果在股东和创始人中，其他几个人主要负责出资，只有一个人负责运营和管理的话，那么总体战略主要由负责运营和管理公司的创始人或股东提出，其他人给一些意见和建议，最终综合决定。

经营战略一般则会由负责企业经营和管理的创始人或董事长与公司的业务高管共同讨论商议决定。但不同的公司、不同的行业以及不同的管理风格也会导致在经营战略的制定方法上有很多不同。例如，管理风格更民主的公司，可能需要业务高管花费很多精力来思考关于公司总体的经营战略，之后讨论、商议。而公司老板倾向于强人风格的，往往会把绝大部分经营战略想清楚，各业务高管如果没有太多意见，就可以直接按照老板的安排执行战略即可。

而最能体现不同公司管理水平的，就是关于职能战略的制定和执行了。一些管理水平相对较高的企业，其公司最高管理者及各级管理者，对于总体战略的拆解、布局等都驾轻就熟，也掌握对应工具。当总体战略、经营战略

制定出来之后，马上就能够将职能战略也拆解、规划出来，让大家各司其职。

三、企业总体战略的选择

企业总体战略的选择依据企业所处的生命周期而定。企业生命周期是指企业的发展与成长的动态轨迹，包括初创、成长、成熟、衰退四个阶段；经历这四个阶段后，企业通常会面临消亡、稳定以及转向三种结局。

（一）成长型战略

初创企业为了与现有企业争夺市场份额，往往采取成长型战略。成长型战略包括强化战略、一体化战略、多元化战略和并购战略（见表7-1）。

表7-1　成长型战略

<table>
<tr><td rowspan="12">成长型战略</td><td rowspan="3">强化战略</td><td>市场渗透</td><td>通过更大的营销努力谋求在现有市场上产品或服务的更大份额</td><td rowspan="3">与核心能力相关的战略</td></tr>
<tr><td>市场开发</td><td>将现有产品或服务导入新的地区市场</td></tr>
<tr><td>产品开发</td><td>通过改进现有产品或服务，或者开发新的产品或服务谋求销售额的增加</td></tr>
<tr><td rowspan="3">一体化战略</td><td>前向一体化</td><td>获得对分销商或零售商的所有权或控制权</td><td rowspan="3">与价值链相关的战略</td></tr>
<tr><td>后向一体化</td><td>获得对供应商的所有权或控制权</td></tr>
<tr><td>水平一体化</td><td>获得对竞争对手的所有权或控制权</td></tr>
<tr><td rowspan="3">多元化战略</td><td>同心多元化</td><td>增加新的产品或服务</td><td rowspan="5">一般在集团层面采用的战略</td></tr>
<tr><td>非相关多元化</td><td>增加新的不相关的产品或服务</td></tr>
<tr><td>水平多元化</td><td>为现有顾客增加新的不相关的产品或服务</td></tr>
<tr><td rowspan="2">并购战略</td><td>收购</td><td>一家规模较大的企业购买一家规模较小的企业</td></tr>
<tr><td>合并</td><td>两个规模大致相当的企业合并为一个企业</td></tr>
</table>

成长型战略案例很多。比如在共享单车初起阶段，当时的摩拜和OFO两大公司通过多轮融资迅速在一线二线城市投入大量单车，抢占市场份额，属于典型的强化战略。

（二）收缩型战略

收缩型战略是采取保守经营态度的战略形态，主要适合于市场疲软、通货膨胀、产品进入衰退期、管理失控、经营亏损、资金不足、资源匮乏、发展方向模糊的危机企业选择（见表 7－2）。

表 7－2　　收缩型战略

收缩型战略	收缩战略	通过次要业务的成本和资产的减少，对企业进行重组，保证核心业务发展	与成长型战略相反的战略
	剥离战略	出售业务分部或企业的一部分	
	清算战略	出售企业的全部或部分资产，以换取现金收入	

收缩型战略在处于夕阳产业的企业中较为常见。例如，随着数字技术的发展，感光相机逐渐被数码相机所取代，国内外知名的胶卷制造商柯达、富士、乐凯不得不转型或停止胶卷的生产。

收缩型战略也常见于处于行业下行周期中的企业。2008 年金融危机中美国国际集团（AIG）遭受重创，市值大幅缩水，经营亏损严重。经过美国政府注资后，AIG 采取收缩型战略中的剥离战略，成功剥离了大量非核心业务和海外资产，这为它之后的咸鱼翻身抛去了负担，缓解了集团资金链的紧张。首先，采取剥离战略，成功剥离了大量非核心业务。从 2008 年年底以后的半年多里，AIG 先后出售了从事财富管理业务的私人银行、从事机械相关保险业务的保险公司等子公司或业务部。其次，AIG 将"战线"汇聚在了美国、欧洲等主体市场，将在墨西哥、俄罗斯、中国台湾等地的子公司或业务部大量剥离，这为 AIG 带来了巨额现金流，让金融危机后重病缠身的 AIG 得以喘息，为 AIG 创造了重生的希望。

案　例

《财经》2019 年第 18 期特别报道《万达安全了吗》关注 2019 年上半年进行大笔投资的万达集团，回溯 2016 年海外大举并购的扩张战略，以及 2017 年收缩型战略即转让多个酒店及文旅项目给富力地产和融创的历史，分析万达集团营收结构及轻资产模式运营的利弊。这篇公司报道聚焦万达集团的总体战略和经营战略的变动和原因，对地产界、投资界和监管层都有启示。

（三）稳定型战略

当企业处于成熟期时，一般采取稳定型战略。采取稳定型战略的企业，一般处在市场需求及行业结构稳定或者较小动荡的外部环境中，因而企业所面临的竞争挑战和发展机会都相对较少（见表 7－3）。

表7-3 稳定型战略

稳定型战略	维持战略	企业在战略方向上没有重大改变，企业的资源分配和经营状况基本保持在目前状态和水平上	介于成长型战略与收缩型战略之间
	防御战略	采用竞争性定价或高质量产品等经济活动来阻止竞争对手进入，以此来保持自己的稳定	

但是，有些企业在市场需求以较大的幅度增长或是外部环境提供了较多的发展机遇的情况下也会采取稳定型战略。这些企业一般来说是由于资源状况不足以使其抓住新的发展机会而不得不采用相对保守的稳定型战略。

第二节　竞争战略

案　例

据媒体报道，2019年，在广州天河区漫广场右侧开了两家海鲜烧烤店。这两家海鲜烧烤店开业时间差不多，2020年疫情中复工的时间也差不多。然而，其中一家在复工之后客流如云，而另外一家却连月来门可罗雀，即便是就餐高峰期，餐厅也空无一人，如今已经惨遭关门。相邻的两家餐厅，为何命运却截然相反？原因无他，就是两家海鲜烧烤店采取了不同的竞争战略使然。

竞争战略是在企业总体经营战略的导向下，为创建相对于竞争对手的战略优势而开展活动的规律体系。竞争战略是企业总体经营战略的重要组成部分。

从20世纪90年代末以来，美国著名战略学家迈克尔·波特提出基本竞争战略有三种：成本领先战略、差异化战略和集中化战略。企业必须从这三种战略中选择一种，作为其主导战略。要么把成本控制到比竞争者更低的程度；要么在企业产品和服务中形成与众不同的特色，让顾客感觉到你提供了比其他竞争者更多的价值；要么企业致力于服务于某一特定的市场细分、某一特定的产品种类或某一特定的地理范围。在成本领先战略、差异化战略和集中化战略这三种基本竞争战略指引下，企业几乎都采取了价格战、功能战、广告战、促销战、服务战、品类战等方式来建立自己的竞争优势，希望以此来打败竞争对手。

一、成本领先战略

成本领先战略也称低成本战略，是指企业通过有效途径降低成本，使企业的全部成本低于竞争对手的成本，甚至是在同行业中最低的成本，从而获取竞争优势的一种战略。

（一）成本领先战略的类型

根据企业获取成本优势的方法不同，我们把成本领先战略概括为如下几种主要类型：

（1）简化产品型成本领先战略，就是使产品简单化，即将产品或服务中添加的花样全部取消。

（2）改进设计型成本领先战略。

（3）材料节约型成本领先战略。

（4）人工费用降低型成本领先战略。

（5）生产创新及自动化型成本领先战略。

（二）成本领先战略的适用条件与组织要求

企业实施成本领先战略，需要具备如下外部条件：

（1）现有竞争企业之间的价格竞争非常激烈。

（2）企业所处产业的产品基本上是标准化或者同质化的。

（3）实现产品差异化的途径很少。

（4）多数顾客使用产品的方式相同。

（5）消费者的转换成本很低。

（6）消费者具有较大的降价谈判能力。

企业实施成本领先战略，除具备上述外部条件之外，企业本身还必须具备如下技能和资源：

（1）持续的资本投资和获得资本的途径。

（2）生产加工工艺技能。

（3）认真的劳动监督。

（4）设计容易制造的产品。

（5）低成本的分销系统。

（三）采用成本领先战略的意义与风险

采用成本领先战略的意义在于以下方面：

（1）抵挡住现有竞争对手的对抗。

（2）抵御购买商讨价还价的能力。

（3）更灵活地处理供应商的提价行为。

（4）形成进入障碍。

（5）树立与替代品的竞争优势。

采用成本领先战略的风险主要包括以下方面：

（1）降价过度引起利润率降低。

（2）新加入者可能后来居上。

（3）丧失对市场变化的预见能力。

（4）技术变化降低企业资源的效用。

（5）容易受外部环境的影响。

案　例

成本领先战略案例——沃尔玛

案例简介　1962 年，山姆·沃尔顿开设了第一家沃尔玛（Wal-Mart）商店。迄今沃尔玛已成为世界第一大连锁零售商。据美国《财富》杂志公布的 2017 年世界 500 强排行榜，沃尔玛以 4 858.7 亿美元的营业收入蝉联榜首，这是沃尔玛自 2002 年以来第 12 次位居该榜榜首。下面以 21 世纪初的沃尔玛为例，来谈谈成本领先战略的运用。

案例分析

1. 主角：沃尔玛。

2. 主角的目标：保持自己的商品售价低于其他商店，压低进货价格和降低经营成本。

3. 主角的决策：沃尔玛为达到既定目标，采取以下方法。

（1）沃尔玛直接从厂家进货，想尽一切办法把价格压低到极限成交。（2）严明纪律，监督有力。禁止供应商送礼或请采购员吃饭，以免采购员损公肥私。（3）沃尔玛将配货中心设在离沃尔玛商店距离不到一天路程的地点。（4）沃尔玛有最先进的配货和存货系统。（5）压缩广告费用。（6）沃尔玛重视对职工勤俭风气的培养，员工受到“爱公司，如爱家”的店训熏陶，每个人都关心公司经营状况，勤俭节约，杜绝浪费。

4. 案例描述。

沃尔玛的战略方针是：天天低价，商品的选择范围宽广，较大比例的名牌商品，使顾客感到友善而温馨的商店环境，较低的营业成本，对新的地理含义上的市场进行训练有素的扩张，创新性的市场营销，以及优良的售后服务保障。在每一家沃尔玛商店的外面都用大写字母传递着这样的信息：“永远的低价，永远!”沃尔玛还向它的顾客灌输这样一种观念：“竞争者在当地做出任何广告，我们都将对之产生反应!”从而使其自身树立了低价的形象。沃尔玛的主要商品系列包括：家庭用品、电器用品、体育用品、用于草坪和花园的器具、健身与健美器材和设备、家庭时尚用品、油漆、涂料、床上用品和浴室用品、五金商品、家用修理设备、玩具和游戏软件，以及杂货类商品。

沃尔玛之所以能领先世界、创造行业标准，主要是其彻底实现了成本领先战略，这与其拥有自己的物流配送系统和先进的电子信息系统分不开。

(1)“无缝物流”系统。这是保证沃尔玛达到最大销售量和最低成本的存货周期及费用的核心。沃尔玛物流是一个完整的闭环：顾客需求→商品采购（新订货）→生成订单→订购货物→配送中心→购物中心→顾客→顾客需求→商品采购（自动补货）→生成订单。

(2) 信息技术的广泛应用。在信息技术的支持下，沃尔玛能够以最低的成本、最优异的服务、最快速的管理反应进行全球运作，大幅提高资本生产力和劳动生产率，最终实现成本领先战略。

(3) 优秀的企业文化。“山姆可以称得上是本世纪最伟大的企业家。他所建立起来的沃尔玛企业文化是一切成功的关键，是无可比拟的。”美国凯马特（Kmart）连锁店创始人哈里·康宁曾这样评价他的竞争对手。勤恳、节俭、活跃、创新，这就是沃尔玛精神。

二、差异化战略

所谓差异化战略，是指为使企业产品与竞争对手产品有明显的区别，形成与众不同的特点而采取的战略。这种战略的核心是取得某种对顾客有价值的独特性。

(一) 差异化战略的类型

企业要突出自己产品与竞争对手之间的差异性，主要有四种基本的途径：

(1) 产品差异化战略。产品差异化的主要因素有特征、工作性能、一致性、耐用性、可靠性、易修理性、式样和设计。

(2) 服务差异化战略。服务差异化的主要因素包括送货、安装、顾客培训、咨询服务等。

(3) 人员差异化战略。训练有素的员工应能体现出下面的六个特征：胜任、礼貌、可信、可靠、反应敏捷、善于交流。

(4) 形象差异化战略。形象差异化战略是指在产品的核心部分与竞争者雷同的情况下，塑造不同的产品形象以获取差别化优势。

(二) 差异化战略的适用条件与组织要求

企业实施差异化战略，需要具备以下外部条件：

(1) 可以有很多途径创造企业与竞争对手产品之间的差异，并且这种差异被顾客认为是有价值的。

（2）顾客对产品的需求和使用要求是多种多样的，即顾客需求是有差异的。

（3）采用类似差异化战略的竞争对手很少，即真正能够保证企业是“差异化”的。

（4）技术变革很快，市场上的竞争主要集中在不断地推出新的产品特色上。

除上述外部条件之外，企业实施差异化战略还必须具备如下内部条件：

（1）具有很强的研究开发能力，研究人员要有创造性的眼光。

（2）具有以其产品质量或技术领先的声望。

（3）在这一行业有悠久的历史或吸取其他企业的技能并自成一体。

（4）具有很强的市场营销能力。

（5）研究与开发、产品开发以及市场营销等职能部门之间具有很强的协调性。

（6）具备能吸引高级研究人员、创造性人才和高技能职员的物质条件。

（7）各种销售渠道强有力的合作。

（三）实施差异化战略的意义与风险

实施差异化战略的意义在于以下方面：

（1）建立起顾客对企业的忠诚。

（2）形成强有力的进入障碍。

（3）增强企业对供应商讨价还价的能力。这主要是由于差异化战略提高了企业的边际收益。

（4）削弱购买商讨价还价的能力。一方面，企业通过差异化战略，使得购买商缺乏与之可比较的产品选择，降低了购买商对价格的敏感度。另一方面，通过产品差异化使购买商具有较高的转换成本，使其依赖于企业。

（5）由于差异化战略使企业建立起顾客的忠诚，所以使得替代品无法在性能上与之竞争。

差异化战略也包含一系列风险：

（1）丧失部分客户。如果采用成本领先战略的竞争对手压低产品价格，使其与实行差异化战略的企业的产品价格差距拉得很大，在这种情况下，客户为了大量节省费用，放弃取得差异的企业所拥有的产品特征、服务或形象，转而选择物美价廉的产品。

（2）客户对产品差异的需求下降。当客户变得越来越老练时，对产品的特征和差别体会不明显时，就可能发生忽略产品差异的情况。

（3）大量模仿淡化了客户能感觉到的差异。特别是当产品发展到成熟期时，拥有技术实力的企业很容易通过逼真的模仿，减少产品之间的差异。

（4）过度差异化。过度差异化会增加企业不必要的资源消耗，也会模糊产品的本质特征。

案　例

差异化战略案例——佰草集

案例简介　中国加入 WTO 以来，在中国最早开放的领域之一日化市场，外资品牌巨头不断涌入，日化行业格局不断被改造。据统计，内资化妆品企业占行业企业总数的 90%，市场占有率为 20%，外资、合资企业占行业企业总数 10% 却占总体市场的近 80%，反差巨大。大部分国内化妆品企业以中小企业为主，平均产值不足 1 000 万元，与财大气粗的大型国际化妆品牌相比，难以分庭抗礼。而同时，国内名牌企业如小护士、羽西、大宝等相继被外资收购或雪藏。在此背景下，上海家化联合股份有限公司（简称“上海家化”）佰草集走差异化战略，不仅在国内市场中异军突起，而且远销国外。2008 年 9 月，上海家化旗下的高端中草药化妆品牌——佰草集在世界时尚中心巴黎的香榭丽舍大街丝芙兰化妆品专卖店正式上市，为国产化妆品牌赢得了难得的尊严。

案例分析

1. 主角：上海家化。

2. 主角的目标：研发具有特色的、为市场认可的、以中草药定位的产品，实施差异化战略。

3. 主角的决策：上海家化为达到既定目标，采取以下方法。

（1）产品差异化。产品或服务实现差异化战略可以有多种方式，如外观设计、品牌形象、生产技术、制造材料、营销手段、售后服务及其他方面的独特性。最理想的情况是公司在这几个方面都有其差异化特点。

从 1995 年开始，上海家化抽调力量，对产品定位、开发和营销做了一个长达三年的可行性研究。品牌研究小组得出的最终结论是，国际化妆品牌的研发中心，大多人员众多、队伍庞大，对皮肤的研究水准已经非常高了。上海家化在研发一环不占优势，所以只有走差异化路线。而国际知名品牌美体小铺（The Body Shop）的模式可以作为参考，它的草本精华路线走得通，说明市场包容另类路线。而上海家化在此的另一有利因素是“六神”品牌在中草药研发上有 5～6 年的经验，如果让新品牌走中草药的路线，上海家化有一定先天优势。

而这种差异化战略就确定了“佰草集”的中草药定位。就这样上海家化成立了在化妆品企业中少见的“中医药研究室”，全面总结中医理论，致力于“中医整体论”“虚实平易八大平衡”背后的药物开发，并进行细胞学研究、中医理论的总结性研究及中草药的提纯。佰草集将其差异性落脚于中医及中草药文化，体现出品牌独特的中国风格。佰草集的“中国风”不仅体现在产品的中草药定位上，还体现在专卖店的装修、柜台展示、产品包装、海报设计等营销细节上。多年研究中草药化妆品的充足经验、天然中草药的原料配方，再加上淡雅别致的包装以及富有中国韵味的产品陈列方式，使得整个佰草集品牌形象具体，实现了概念与产品的完整统一，别具特色。而这种明确的差异化定位和卖点正是佰草集能够最终打动丝芙兰，成功进驻欧洲的关键所在。

为采集中草药，研究人员去湖北神农架、云南、西藏等地考察；而最难的一环在中草药的提纯——如何去除中草药难看的颜色和难闻的气味，这一度让他们陷入焦虑，但攻破这一环的技术的研发成功，现在又成为保护他们的技术门槛。到1998年年初，实验室共开发出17个含中草药添加剂的护理产品。

（2）外观设计、品牌形象差异化。为表现佰草集的中国特色，在佰草集研发阶段，上海家化科研部人员就专程去神农架实地考察当地的药草资源，为佰草集走中草药路线的可能性进行了探讨。在营销方面，上海家化大胆聘请西方知名设计师进行东方概念的视觉表现，并且使用“太极”“阴阳”等为西方熟悉的东方标志来体现中国特色。在佰草集的专卖店、产品发布会以及SPA会所，以花草点缀中式庭院布景，以民族古典音乐构造文化气息，以植物精油营造芳香氛围，边品茶边了解产品信息似乎已成佰草集的营销特色。这种营销方式着重于产品文化的植入，富有品牌内涵，使得消费者因喜爱企业传递的丰富的中式文化而建立起对产品的认可度与忠诚度。

4. 案例描述。佰草集制定的品牌差异化战略表现在以下几个方面。

（1）品牌导入：处理好主辅品牌关系。开发遇到的难题仅仅是序曲。佰草集作为高端品牌，如何处理与上海家化亲民形象的关系？为了避免品牌形象上的联想效应，佰草集的产品包装盒仅在很不显眼的位置标注了一行小字“生产商：上海家化”。直到现在，很多购买者并不清楚佰草集的制造商是谁。更深层次的公司管理上，上海家化仅保留了预算管理和整体控制方面的权力，将市场销售、售后服务、适当的财务和人事权等多项权力都交给了佰草集。

（2）品牌推广：折中模式。同样走差异化的模式，佰草集将自己的专卖店搬进大商场，1998年8月28日，佰草集第一家专卖店在上海的香港广场开业。

（3）品牌联想：避中草药就清新自然。当时，很多人对中草药有很强的排斥心理，这也是佰草集要破解的一道难题。依据这些反馈信息，上海家化迅速调整了佰草集的品牌形象，避开“中草药”的宣传点，转而以“清新自然”为诉求点。而在门店的陈列和布置上，后面新开的门店也尽量朝着这样的格调方向发展。

（4）品牌扩张：特许加盟。2001年，佰草集的自营店尽管盈利，但扩张成本高，即使单店盈利，公司整体还可能亏损。要想在短期内快速扩张，只有走“特许加盟”的方式。经研究发现，发挥特许加盟的效用必须具备两个条件：一是好的样本；二是标准化。

（5）品牌内涵：重归中草药。当时市场上以“清新自然”为卖点的化妆品实在太多，品牌形象也一个比一个精美。如果没有核心内容，差异化很难维持。佰草集的品牌小组提到，“我们开始把中草药的一些核心理论拿出来和消费者沟通。当初我们做了一个比较大的调整，打破了市场上传统以功能为诉求点的主要的消费者沟通方式，而把中草药的添加剂放到功能之上去宣传。宣传所有的产品时都会强调添加剂，同时通过包装添加剂去体现这款产品的功能和中医理论的关联”。2000 年恰逢中医药的社会环境转好，加上已有的固定会员和网店，这次过渡十分平静。

到了 2003 年，佰草集的品牌小组又制订了新规划，时任上海家化总经理曲建宁以图示意：要介入服务行业、保健品行业，使佰草集在围绕中医药核心理论的前提下，既有向产品的延伸分支，也有向服务、保健的延伸分支，实现品牌协同。

三、集中化战略

集中化战略也称聚焦战略，是指企业或事业部的经营活动集中于某一特定的购买者集团、产品线的某一部分或某一地域市场的一种战略。

（一）集中化战略类型

集中化战略的核心是瞄准某个特定的用户群体、某种细分的产品线或某个细分市场。因此集中化战略可以分为产品线集中化战略、顾客集中化战略、地区集中化战略和低占有率集中化战略。

（二）集中化战略的适用条件

具备四种条件，采用集中化战略是适宜的：

（1）企业具有完全不同的用户群，这些用户或有不同的需求，或以不同的方式使用产品。

（2）在相同的目标细分市场中，企业的竞争对手不打算实行集中化战略。

（3）企业的资源不允许其追求广泛的细分市场。

（4）企业中各细分部门在规模、增长率、获利能力方面存在很大差异，致使某些细分部门比其他部门更有吸引力。

（三）实施集中化战略的意义和风险

实施集中化战略的意义主要表现在以下方面：

（1）集中化战略便于集中使用整个企业的力量和资源，更好地服务于某一特定的目标。

（2）将目标集中于特定的部分市场，企业可以更好地调查研究与产品有关的技术、市场、顾客以及竞争对手等各方面的情况，做到“知彼”。

（3）战略目标集中明确，经济效果易于评价，战略管理过程也容易控制，从而带来管理上的简便。

实施集中化战略的风险主要表现在以下方面：

（1）由于企业将全部力量和资源都投入于一种产品或服务或者一个特定的市场，当顾客偏好发生变化、技术出现创新或有新的替代品出现时，这部分市场对企业产品或服务的需求下降，企业就会受到很大的冲击。

（2）竞争者打入了企业选定的目标市场，并且采取了优于企业的更集中化的战略。

（3）产品销量可能变小，产品要求不断更新，造成生产费用的增加，使得采取集中化战略的企业成本优势得以削弱。

一个公司未能沿着这三个基本战略方向中的任何一个方向制定自己的竞争战略，即被夹在中间。这样的公司常常会处于极其糟糕的战略地位。夹在中间的公司几乎注定是低利润的，除非产业结构非常理想，并且其竞争对手也都处在夹在中间的境地。然而，产业的成熟会加大采取基本战略的企业和夹在中间的企业之间的差距，夹在中间的企业面对成本优势的竞争对手，会失去大量的低价格偏好客户，而对于高利润业务，又无法战胜那些做到了全面产品差异的公司，最终只能寻找市场空隙，在夹缝中生存。夹在中间的企业是不折不扣的二流企业，其失败是由于模糊不清的战略定位、相互冲突的组织结构、矛盾而无效的激励机制等所致。

第三节　战略分析与战略分析工具

企业管理层制定企业总体战略、经营战略、职能战略离不开战略分析，分析师为投资者分析企业盈利前景同样要做战略分析。战略分析是财务报表分析的重要起点，分析师借此可以定性地把握企业的经济状况。战略分析也可以用于确定企业的利润驱动因素和企业所面临的主要风险。分析师还可以据此来评价企业业绩是否具有可持续性，并对企业未来的业绩做出合理的预测。战略分析工具有多种，常用的工具有波特五力分析模型、SWOT 分析模型以及 PESTEL 框架。本节主要介绍前两者。

一、战略分析概述

能否赚取超过其资本成本的投资收益取决于企业自身的战略选择：(1) 行业选择，即企业选择所从事的某一行业或多个行业；(2) 竞争定位，即企业准备采取的、与同行业其他企业进行竞争的方式；(3) 公司战略，即企业在其经营的多个业务范围内进行分工协作。战略分析就是对上述三个方面的选择进行分析。

行业战略分析就是找出影响行业盈利能力的各种经济因素。一般来说，行业的平均利润水平受下列因素影响：现有竞争对手之间的竞争程度、新企业进入该行业的难易程度、有无替代品、买方的议价能力、供应商的议价能力。在进行行业分析时，分析师应分析该行业中上述因素的现状，并对未来可能的变化做出预测。

竞争战略分析就是确定企业参与行业竞争的基础。一般来说，获取竞争优势可采取的战略有两种，即成本领先战略和差异化战略。成本领先战略是指以较低的成本提供与其他企业相同的产品或服务。差异化战略是指在成本的增加小于消费者所愿意多付出的价格的前提下，满足消费者的个性化需求。在进行竞争战略分析时，分析师应首先明确企业的战略意图，然后对企业是否具有执行战略的能力进行评估，并识别企业必须防范的主要风险。此外，分析师还应该对企业竞争战略的可持续性做出评估。

公司战略分析是研究企业能否通过多元化经营以创造价值。与同一业务并通过市场进行交易相比，规划良好的公司战略可以通过多元化经营来减少成本或增加收入。其原因在于企业可以将特定的资源配置于不同的经营业务中，通过分工协作，从而达到节约成本、增加收入的目的。对于企业来说，有价值的资源一定具有不可交易的、不易被他人模仿的和不可分割的属性。当然，只有当企业内部的信息成本和代理成本小于市场交易成本时，拥有了这类资源的企业才可能通过多元化经营为企业创造价值。只有如此，才能保证企业的内部信息成本和内部代理成本小于市场交易成本。

战略分析的结果有助于后续的财务报表分析。通过会计分析，分析师可以检查会计政策和会计估计是否与企业的战略相一致。比如，企业在国际业务的会计处理中应选择与企业经营战略所要求的国内外业务整合程度相一致的功能性货币。同样，对于要面向高风险客户的售房企业来说，应当提取较高的坏账费用和较高的贷款损失准备金。

战略分析也有助于指导财务分析。比如，在进行企业间比较时，分析师应该预判到，与实行差异化战略的企业相比，实行成本领先战略的企业应毛利润较低而资产周转率高。在进行时间序列分析时，对于实行低成本战略的企业，分析师应当密切关注费用比和资产周转率的任何增长；对于实行差异化战略的企业，分析师应当关注在对差异化战略有重要影响的投资上的任何削减。

经营战略分析也有助于前景分析和企业价值评估。首先，通过战略分析，分析师可以估计出企业业绩与企业所处的行业绩效之间是否存在差距，以及这种差距可能会持续多长时间。其次，战略分析有助于预测企业为保持竞争优势所需的开支。

二、战略分析工具：波特五力分析模型与 SWOT 分析模型

（一）波特五力分析模型

波特五力分析模型（见图 7－1）是迈克尔·波特于 20 世纪 80 年代初提出的，对企业战略制定产生了全球性的深远影响。该模型用于竞争战略的分析，可以有效地分析企业的竞争环境。根据波特的观点，一个行业中的竞争不止是在原有竞争对手中进行的，而是存在着五种基本的竞争力量，这五种基本竞争力量的状况及综合强度，决定着行业的竞争激烈程度，从而决定着行业中最终的利润潜力以及资本向本行业的流向程度，这一切最终决定着企业保持高收益的能力。这里的“五力”分别是：供应商的议价能力、购买者的议价能力、潜在竞争者进入的能力、替代品的替代能力、行业内竞争者现在的竞争能力。这五种力量的不同组合变化，最终影响行业利润潜力变化。

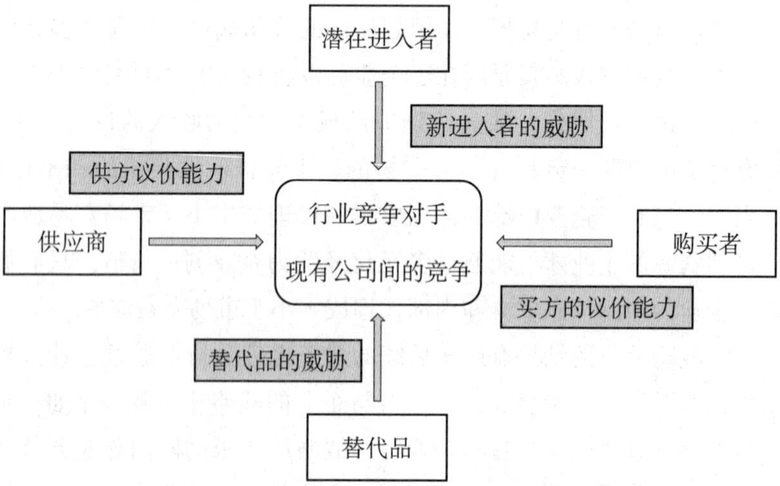

图 7－1　波特五力分析模型框架

在分析一家具体企业的利润潜力时，分析师应首先评估这家企业所在行业的利润潜力。虽然某些行业（周期性行业）的利润会随时间而变化，但从总体上来说，不同行业之间的利润水平是不同的。例如，20 世纪 70 年代晚

期，由于激烈竞争，美国民航业投资回报率为1.8%；而同一阶段，美国制药行业的平均回报率为14.6%。

首先，行业潜在利润取决于客户愿意为企业所提供的产品和服务支付的最高价格。价格的关键决定因素之一是提供相同或相似产品的供应商之间的竞争程度。在现实中，大多数行业的竞争程度处于完全竞争和完全垄断两极之间的某一点。在某些行业，例如广播、通信、医疗服务，由于存在特许经营以及法律壁垒（例如专利技术和版权的保护），很难有新进入者的竞争。

其次，虽然行业竞争程度是行业能否获取超常利润的潜在因素，但实际利润的获取则取决于行业中客户和供应商的议价能力。一方面，价格敏感性决定买家讨价还价的程度；另一方面，相对议价能力决定了买家成功压价的程度。如果产品差异化不高和几乎没有转换成本，买家对价格就很敏感。例如，个人电脑的替代产品很多，因此，各种品牌的个人电脑的销量在很大程度上取决于价格。尽管买家对价格敏感，但除非有很强的相对议价能力，否则也很难压价。例如，一家公司的主要营业收入取决于某一大客户，显然这家公司在产品或服务方面对这一大客户的议价能力处于弱势，而大客户的议价能力处于强势。

虽然有人认为波特五力分析模型以建立竞争壁垒的手段来保持竞争优势，随着全球化和信息化浪潮不断发展，壁垒将不复存在，可持续竞争优势已不再奏效，但现实并非如此。微软公司所属的科技业理应是变动剧烈的产业，过去10年间每一项科技的突破微软几乎都错过了，但微软从2001年到2013年之间的营业利润达2 370亿美元，仰仗的正是从20世纪90年代中期就确立的战略。由此可见，可持续竞争战略依然奏效。

（二）SWOT分析模型

SWOT分析模型（也称SWOT分析法、TOWS分析法、道斯矩阵）即态势分析法，20世纪80年代初由美国旧金山大学的管理学教授海因茨·韦里克提出，经常被用于企业战略制定、竞争对手分析等场合。SWOT中的S是优势（strengths）、W是劣势（weaknesses）、O是机会（opportunities）、T是威胁（threats）（见表7-4）。按照企业竞争战略的完整概念，战略应是一个企业“能够做的”（即组织的强项和弱项）和“可能做的”（即环境的机会和威胁）之间的有机组合。

优势，是组织机构的内部因素，具体包括：有利的竞争态势，充足的财政来源，良好的企业形象，技术力量，规模经济，产品质量，市场份额，成本优势，广告攻势，等等。劣势，也是组织机构的内部因素，具体包括：设备老化，管理混乱，缺少关键技术，研究开发落后，资金短缺，经营不善，产品积压，竞争力差，等等。

机会，是组织机构的外部因素，具体包括：新产品，新市场，新需求，外国市场壁垒解除，竞争对手失误，等等。威胁，也是组织机构的外部因素，具体包括：新的竞争对手，替代产品增多，市场紧缩，行业政策变化，经济衰退，客户偏好改变，突发事件，等等。

表7-4 SWOT分析法

	积极	消极
内部	优势：独特能力、特殊资源	劣势：资源劣势、经济劣势
外部	机会：优势条件、对手的劣势	威胁：劣势条件、对手的不良影响

表7-5是用SWOT分析法对宜宾五粮液股份有限公司（简称“五粮液公司”，股票代码000858）进行的分析。

表7-5 五粮液公司的SWOT分析

	积极	消极
内部	优势： 一是独有的自然生态环境；二是独有的600多年明初古窖池的微生物群繁衍；三是独有的五种粮食配方	劣势： 产品系列、品牌众多，一方面可以满足中低端用户需求，另一方面降低了核心产品的辨识度
外部	机会： 我国经济长期向好的基本面不会改变。伴随着国内疫情防控形势逐步向好和一揽子稳增长政策成效显现，我国经济恢复态势持续巩固	威胁： 一是宏观经济的不确定因素。当前，我国经济发展环境的复杂性、严峻性、不确定性上升。二是行业竞争加剧。随着去产能、调结构的逐步深化，以文化和产区为代表的品牌、品质成为竞争的关键点，行业竞争尤其是头部名酒企业竞争进一步加剧

回到本节开头两家海鲜烧烤店的例子。据报道，倒闭的餐厅存在特色不明显、产品结构复杂、主打菜品不明确、就餐体验感较差、吸客能力不强等缺陷。据此分析，其竞争战略的失败归根结底是总体战略目标不清以及具体经营战略失误所致。

延伸阅读

1. 波特．竞争战略．陈丽芳，译．北京：中信出版社，2014.

2. 郎咸平，等．误区：中国企业战略思维误区分析．北京：东方出版社，2006.

3. 帕利普，希利．经营分析与估值：第五版．刘媛媛，译．大连：东北财经大学出版社，2014.

报道提示

财经记者应该有如下意识

- 对任何公司的战略分析都要基于某一特定时期。
- 涉及某公司的深度报道，其战略分析应基于对该公司及其所处行业的长期跟踪了解。其中对上市公司的报道应研读其发布的定期和不定期报告。

财经记者获取企业信息的基本渠道

- 企查查、天眼查、启信宝等企业信息查询平台可以查到企业的工商登记情况、经营情况、投融资情况、法律诉讼情况等。在使用时，对于关键数据和信息有时还要做进一步的交叉比对。

问题与思考

单项选择题

1. 制定企业各种经营范围及其组合规划、协调企业各种不同的经营活动，确定企业投资重点，分配企业各种经营活动的资源等，这是（　　）的主要任务。

A. 经营战略规划　　B. 职能支持战略规划

C. 运营战略规划　　D. 公司战略规划

2. 可口可乐公司采用特许经营的形式授权其他厂商经销自己的产品并提供售后服务属于（　　）。

A. 前向一体化战略　　B. 后向一体化战略

C. 水平一体化战略　　D. 同心多元战略

分析题

依据波特五力分析模型框架，用“高”“中”“低”评价制药业与木材业的行业结构的五个维度，你认为哪个行业的投资收益高？

	制药行业	伐木业
行业内竞争者现在的竞争能力		
供应商的议价能力		
购买者的议价能力		
潜在竞争者进入的能力		
替代品的替代能力		

思考题

波特有一句名言是：“战略的实质就是选择不做哪些事情。”联系实际商业案例，谈谈你对这句话的理解。

第八章
公司并购

一个企业通过兼并收购成为大企业，是现代经济史上一个突出的现象。

——诺贝尔经济学奖得主乔治·斯蒂格勒

案　例

《财经》杂志于2017年第16期刊发了题为《万科重生》的封面报道。该报道全面复盘了长达724天的万科股权争夺战。这场争夺战是中国资本市场建立以来影响深远的重大事件，也堪称教科书级别的公司并购案例。事实上，在公司报道中，公司并购总是引人注目的。虽然一件并购事件会有多家媒体跟进，但显然，不掌握公司并购的相关理论知识难以产出精彩的报道。

通过本章的学习，你可以：

- 了解公司并购的内涵、发生的原因与程序。
- 了解公司并购的实施与效果评估。

第一节　收购与兼并概述

如前章所述，并购战略属于企业总体战略，是企业实现超常规发展的重要手段。默多克的新闻集团和唐氏兄弟的德隆集团都是依靠不断的并购发展起来的，但是默多克建立了庞大的媒体帝国，而德隆集团最终瓦解。虽然在很多影视剧中，并购被当成实现复仇、求婚、炫富等目的的手段，但在现实中，并购交易本身绝对不是并购者发起并购的目的。并购者追求的是交易带来的收益，而收益来自交易完成后的整合与出售。

一、并购的含义和动因

并购是指企业之间的兼并与收购。兼并与收购是资本市场非常重要的运作方式之一，也是企业资本运营非常重要的手段之一。并购是进入新业务领域最通行的一种做法，是企业取得外部资源、谋求对外发展的战略。

兼并是指两家或两家以上的企业合并，其结果是一家企业继续存在或组成一家全新的企业。若被吸收企业的法人地位消失（称为“被兼并公司”），吸收的企业则存续（称为“兼并公司”），公司间的关系可表示为：A+B+C+…=A。兼并公司通常是优秀企业。在中国，这种情况的兼并又称“吸收合并”。若合并的两家或两家以上企业结合后全部不存在，而在原来企业资产的基础上创立一家新企业，则称为“新设合并”。新设合并公司间关系为：A+B+C+…=N。

收购是指一家企业通过某种方式主动购买另一家企业的股权或资产的行为，其目的是获得该企业股权或资产的所有权。

若目标企业被并购能给兼并者带来使用价值或交换价值或者二者兼而有之，并购就可能发生。一般情况下实体企业之间的并购主要是追求使用价值。比如联想集团收购 IBM 的 PC 机业务看中了这块业务的使用价值。因为联想可以利用 IBM 的这块 PC 机业务的品牌、销售渠道、服务渠道等资源扩大其自身 PC 机业务的收入。私募股权投资机构 KKR 收购一些企业的最终目标则是以更高的价格卖出它们，从而获得收益。因此是看重目标企业的交换价值。

并购之后产生协同效应是并购者所追求的。协同效应可以在不同部门和不同环节产生独特的作用，如营销与销售协同效应、经营协同效应、财务协同效应、管理协同效应。其中经营协同效应、管理协同效应集中体现在对企业的相应能力的提升上，而财务协同效应即是指并购行为能够对企业的财务绩效增加效益。具体而言就是通过引进新的产品系列、占据更大的市场份额来实现营销方面的优势；通过收购本行业中的企业来对新进入者设置更为有效的壁垒；实现多元化；获取规模经济，以更大的产量和大批购买来削减成本；获得技术与技能；获得流行资源；通过形成大到无法被收购的规模来避免被收购而保持独立性。

那么哪些企业容易成为别人的猎物呢？

（1）具有潜在升值资产或稀缺资源，如稀缺土地、物业、矿产等。

（2）发展有吸引力的价值链，如顾雏军控制的格林柯尔帝国崩塌后，同为生产家电的海信和长虹就分别收购了科龙和美菱，尽管被收购者已陷入巨亏。

（3）有充足的现金流，或者是账面上长期不用的多余现金，或者是现有负债率偏低。

（4）低股价，这里指的是相对于其潜在升值资产、潜在盈利能力、账面现金，或可以用于出售的资产，股价偏低。

（5）股权分散，即现有管理层持有较少的股份，购买这类公司内部人阻力相对较小。

（6）如果企业生产的产品或所处的行业属于进入壁垒很高的情况，也容易成为被并购对象，如媒体行业。

案　例

2022年4月，马斯克以440亿美元成功买下推特。一直专注科技领域的马斯克为什么要去收购一家互联网社交媒体公司呢？推特2021年全年营业收入才50.8亿美元，净亏2.21亿美元，而且连续几年大面积亏损，2022年的财报也不会好看到哪里。马斯克曾说要通过收购推特买一个自由表达的权利，因此，有评论说马斯克收购推特并非出于商业目的。然而，考虑到随之而来的推特大规模裁员与新推出的每月8美元的蓝V用户付费认证订阅服务，用舆情与商业的逻辑解释这位世界首富收购推特的动机更为全面。

协同效应的实现是判断并购是否成功的一大标准。如果协同效益实现，即通过并购后企业的绩效分析，发现企业并购后的效益超过了并购前两家或两家以上企业的效益之和，一般可以认为并购是成功的；相反，如果没有实现协同效应，那么该并购就是失败的。并购者在确定并购目标以后要全盘考虑并购过程和并购以后的风险，包括法律风险和财务风险。此外，若是跨境并购，那么即使完成以后还往往面临着文化整合的巨大困难。

二、并购的分类

（一）横向并购、纵向并购、混合并购

根据并购双方所属行业划分，并购可以分为横向并购、纵向并购和混合并购。

横向并购是指具有竞争关系的、经营领域相同或产品相同的同一行业企业之间的并购。横向并购事实上也就是竞争对手之间的并购。横向并购的例子如波音和麦道合并成新的波音公司、联想收购IBM公司的PC机业务、吉利收购沃尔沃、中国化工收购先正达等。

纵向并购是指在生产和销售的连续性阶段中互为购买者或销售者的企业之间的并购，即生产和经营上互为上下游关系的企业之间的并购。并购双方处于生产同一产品、不同生产阶段的企业，往往是原材料供应者或产成品购

买者。

混合并购是指并购双方既非竞争对手，也非客户或供应商，在生产和职能上无任何联系的两家或多家企业之间的并购。混合并购一般是企业通过并购实现多元化发展战略，因此也称为“多元并购”。2000 年美国在线和时代华纳的并购以及 2012 年大连万达集团收购美国 AMC 影院公司都属于混合并购。

（二）善意并购和敌意并购

根据并购公司与被并购公司（目标公司）的合作态度，并购可以分为善意并购和敌意并购。善意并购是指并购公司与目标公司实际控制人或控股股东就取得目标公司控制权达成共识的收购行为。敌意并购（也叫“恶意并购”）是指并购公司与目标公司实际控制人或控股股东就取得目标公司控制权未达成共识而强行收购的行为。

（三）协议并购和要约并购

根据并购所采用的形式不同，并购可以分为协议并购和要约并购。协议并购是指并购公司与目标公司的股东或实际控制人订立协议取得目标公司实际控制权的行为。要约并购是指并购公司按照同等价格和同一比例等相同要约条件向目标公司股东公开发出的收购其所持有的公司股份的行为。

（四）杠杆收购和非杠杆收购

根据收购资金的来源，并购可分为杠杆收购和非杠杆收购。收购方在实施企业收购时，如果其主体资金来源是对外负债，即是在银行贷款或金融市场借贷的支持下完成的，就将其称为“杠杆收购”。如果收购方的主体资金来源是自有资金，则称为“非杠杆收购”。私募股权投资机构 KKR 擅长杠杆收购。

（五）现金换资产式并购、现金换股份式并购、股份换资产式并购、股份换股份式并购

根据并购支付方式的不同，并购可以分为现金换资产式并购、现金换股份式并购、股份换资产式并购和股份换股份式并购。现金换资产式并购是指并购公司用现金购买目标公司资产的并购。现金换股份式并购是指并购公司用现金购买目标公司股份的并购。如果目标公司是上市公司，并购公司收购的就是目标公司的股票。股份换资产式并购和股份换股份式并购的方式依此类推。

三、并购的程序

并购的程序依次为：(1) 确定并购战略；(2) 确定并购目标；(3) 设计并购计划，组建并购小组；(4) 估值；(5) 尽职调查；(6) 融资；(7) 选择支付方式；(8) 并购时机；(9) 并购后的整合。

（一）确定并购战略

企业的并购战略一定要服从企业的总体战略。企业的战略可能是多如牛毛的，但是表现在企业具体的执行上无非就是如下几点。

第一，扩张。如果企业处在一个良好的经营环境里，企业的总体战略可能就是持续性地扩张自己的产能，甚至是谋求某种市场权力。而并购是快速扩大产能、消灭竞争对手的一个有效手段。在这个时候，企业的并购战略就应该围绕着同行业企业或者上下游企业展开。

第二，收缩。企业如果处在一个不景气的经营环境中，就可能要考虑全面收缩。所以这个时候企业的并购战略（或者叫“被并购战略”）就是找一个好买家以合适的价格将自己卖出去。但是，卖给谁、怎么卖就有技巧了。很显然，如果全行业都不景气，那企业把自身卖给同行是困难的；如果是因为竞争太激烈而只好退出，那么企业把自身卖上一个好价钱也是困难的。

如果是全行业都不景气，那么就要有赔本的打算，少赔就是胜利。在这种思想的指导下，企业可以考虑将自身出售给行业的龙头老大，理由就是帮助老大扩张市场份额，减少竞争，以挽救濒危的行业。除了卖给行业的龙头老大之外，还可以卖给急于多元化的企业。在很多案例中，企业多元化战略失败就是因为购买了一些并没有像被并购者说得那么好的企业。而反过来看，这种与并购者谈判的功夫对于被并购者而言就很有价值。不过，并购者也不是傻瓜，所以被并购者的说辞必定要有理有力。

如果是行业竞争太激烈，那么做关键的少数或许能成为各方争取的目标。在这个时候，企业便可以考虑同时跟行业的老大老二谈判，谁出的价格合理就卖给谁。当然买主不局限在行业的老大老二，只要是彼此存在竞争的两家，企业就可以采取这种战术。一旦成为各方争取的对象，那么争取一个好价钱就不是什么困难的事情了。在这个战略中，更高端的做法是引入竞争者。

第三，转型。有的时候，企业也会提出战略转型问题。此时，企业会考虑购入本行业之外的企业。实施转型战略对企业而言不能说有什么问题或者一定是错的，不过，倘若进入一个并不熟悉的行业，就有可能落入陷阱。而且多元化有时候会削弱企业原有的业务，而对新并入企业来说也需要相当的时间来磨合，因此保证企业能够在并购后有充分的现金流，并且能够顺利整合新并入的企业，是多元化并购战略的重点。

对追求企业交换价值的财务并购者而言，买入和卖出是同时要考虑的因素。它们的战略是在合适的价格下买入企业，然后提供力所能及的帮助来改善企业的经营并在合适的时候将企业出售。

（二）确定并购目标

对于旨在扩张的企业，因为和潜在的并购目标关系比较密切，所以搜索目标企业相对容易。而对于财务并购者中的新手和希望多元化的并购者，找到准备出售的又符合并购目标的企业就比较困难。

理论上，找到并购目标是一个信息搜索的问题。有些财务并购者通过参加行业研讨会以及通过行业协会了解信息。特别是后者，由于行业协会里的人广泛接触行业内企业，信息量比较大，而且行业协会不是具体的企业，对业内企业的评价也较为客观。

此外，并购者还要考虑自己的实力是否能够促成交易以及使交易变得有利可图。

（三）设计并购计划，组建并购小组

在基本确定了并购目标后，并购的重点就从决策层面转移到操作层面。开始并购的第一步就是设计并购计划（做什么）并且组建并购小组（谁来做）。发起一场并购就像发起一场战争，而并购计划就相当于作战计划。因此，一个典型的并购计划要包括：（1）提出并购的战略目标；（2）明确并购目的；（3）制订并购计划；（4）考察法律法规限制；（5）设定目标企业的选择标准；（6）决定操作方式；（7）确定并购规模；（8）决定支付方式；（9）考虑税收计划；（10）决定资金安排；（11）决定人员安排和费用安排；（12）安排收购执行时间表；（13）搜寻目标公司；（14）制订并购后的整合计划。

以这些项目为提纲内容，并购者应该详尽地考虑交易中出现的每一个细节问题并做出应对方案。很多没有经验的并购者会忽视对于税收、支付方式的考虑，在遇到具体问题时仓促决定，在很多复杂的交易情况下，这将造成并购价值的下降。特别是很多以企业使用价值为目标的并购方，往往会对财务细节考虑较少。我们认为，对于一个并购者而言，绝对不能有财大气粗的心态和行为，所有细节上的花费都要尽量节省，才能做到价值最大化。但是这种节省也不是吝啬，如果处处透着小家子气，也很难完成交易。

如果并购者没有经验，那么聘请一个富有经验的并购顾问团队也是有必要的。虽然这将增加一部分成本，但在并购中省下来的费用会更多。

通常，在并购小组中需要成员有如下背景：法律、财务、专业技术和并购经验。在本企业人员不足时，对于某个并购案，也可以考虑聘请并购顾问加入并购小组或者与并购小组通力合作。

（四）估值

估值是并购中非常重要的环节。事实上，对于一个并购案本身而言，没有绝对的优劣可言。对于一场并购，付给被并购企业的钱是最主要的成本，只要成本足够低，即使是经营不良的企业也具有价值；而成本太高，哪怕并购最好的企业也无利可图。这里的问题是，价格的高低是并购双方讨价还价的焦点，而且高和低还是一个相对的概念，所以并购双方需要有一个出发点，也就是目标企业的基本价值。这就需要对目标企业进行估值。

在进行估值前，需要目标公司的财务数据。对于财务数据的阅读和理解是并购估值的前提。如果目标公司是上市公司，财务数据可以从公司的财务报告上获得，而且经过审计师的审计，上市公司的财务数据比较准确。对于很多非上市公司，财务管理的混乱可能会给估值造成麻烦，所以要进行还原。

估值是一项技术性很强的工作，为了使估值的过程变得更为客观可靠，人们发明了很多估值方法，如价值基础、现金流折现、乘数估值、实物期权等。在对未上市企业进行时要考虑一系列的因素：（1）业务性质及历史表现；（2）宏观经济状况与行业状况；（3）公司账面价值及财务状况；（4）公司的盈利能力；（5）公司的股利支付能力；（6）商誉或其他无形资产；（7）其他股票的销售；（8）其他可比股票的价格。

（五）尽职调查

尽职调查的范围要非常广泛，才能够从多个角度了解企业的真实状况。为了保证尽职调查过程中不遗漏关键问题，并购者应该在尽职调查前准备一个调查清单，清单主要应该包括法律部分和财务部分。2016 年光大证券和暴风集团 52 亿元海外并购踩雷，在很大程度上是因为尽职调查形同虚设。

1. 法律部分

尽职调查清单中的法律部分主要包括：（1）目标企业的主体资格；（2）目标企业成立的合同、章程；（3）目标企业的董事会决议，股东会纪要、决议；（4）目标企业的资产；（5）知识产权；（6）目标企业的租赁情况；（7）关键合同与合同承诺；（8）目标企业的职工安置；（9）目标企业的债权债务；（10）重大诉讼或仲裁；（11）必要的批准文件。

2. 财务部分

尽职调查清单中的财务部分主要包括以下内容：（1）会计政策与财务管

理制度；（2）过去三年的历史业绩；（3）资产规模、负债、净资产、销售收入和净利润；（4）应收应付款和关联交易；（5）股本和资产结构；（6）无形资产和有形资产比例；（7）资产负债率、毛利率、净资产收益率等重要比率；（8）成本费用率、研发费用率、广告费用率等费用占用率；（9）现金流分析；（10）目标企业财务数据的历年比较；（11）目标企业财务数据与同业企业的横向比较；（12）未来三年的业绩预测。

此外，财务方面的审查还包括认真审查账册和实物，做到账账相符、账证相符、账实相符。

所有的尽职调查清单原则上都应该包括上述法律和财务方面的全部信息。但由于目标企业和并购者的不同，上述尽职调查清单也有不同的侧重与难点。创业投资企业更侧重目标企业的未来发展速度（因为创投企业的投资对象通常刚刚起步，还没有良好的财务数据可供参考），并购基金更看重目标企业的财务状况，而实业企业更看重目标企业已有的经济资源。对多元化的大型跨国企业的尽职调查要比对单一产品的小型国内企业的尽职调查复杂得多；上市公司的尽职调查要比非上市公司复杂；制造业企业的尽职调查要比服务性企业复杂；股权并购要比资产收购复杂。

（六）融资

如果把融资的过程在公募/私募和股权/债权两个维度进行划分，我们会发现所有的融资方式可以被归为私募股权、私募债权、公募股权、公募债权四种方式。

在我国，还没有明确的法律法规规定私募和公募的界限。从最严格的标准来说，如果你试图为了同一个目的同时向50名以上的投资者募集资金就可能被归为公募，而如果你恰好没有任何进行公募的许可或牌照，这种公募行为就有可能被定性为非法集资。如果投资者少于50人，通常可以确凿地被划定为私募，但仍然存在着问题。如果只有不到50个投资者进行投资，单笔的投资量就会相当大，这也就缩小了资金来源的范围。

公募的融资对象是社会公众，资金来源非常充裕，能够支持大规模的收购。不过公募并不是每个企业都具有的能力，对于那些未上市的企业，公募融资的机会几乎是零。一家企业如果有幸被批准可以进行公募，就可以通过发行股票或者债券的方式来进行融资。证监会的目的是要保证公众投资者的投资安全，因此只有那些有实力、风险较小的企业才有资格在公开市场上募集资金。

通过私募股权的方式融资意味着要对少数有实力的企业或者个人出售自己的股权，这可能导致并购者改变自己的股权结构，从而给并购者带来某种好处或者某种困扰。如果通过私募股权融资的方式吸引到合适的合作伙伴，对并购者可能带来意外的好处；但股权结构发生变化也可能造成各方利益的冲突。在资本市场上也存在着股权投资基金这样的私募股权投资机构，但这些机构的钱并不一定好拿。

银行贷款是最为常见的一种私募债权的融资方式。私募债权的融资方式相对于私募股权融资而言，成本要低一些，而且这种融资方式也不会改变企业的股权结构，但获得的难度可能会更大。在并购中比较常见的一种方式是杠杆收购，就是利用私募债权的融资方式获得并购贷款。

一旦确定了几种可能的融资方式，那么接下来就要选择具体采取哪种融资方式。这时，主要应考虑以下两点。

（1）融资的成本。要选择低成本的融资方式。这说起来简单，但操作起来却不一定容易。例如，在大多数情况下，贷款的资金成本要低于股权融资的资金成本，但是适当的股权融资可以增加企业的所有者权益，从而改善企业的资本结构，就有可能帮助企业以更低的成本进行贷款。在这种情形下，并购者就要对自己的资本结构所导致的融资成本进行测算进而选择股权融资和债权融资的比例。而有的时候，可能因为不同企业的融资能力不同，通过利率互换的手段也能降低一定的资金成本，这就需要并购者相当熟悉资本市场的工具。

（2）融资的速度。除了融资成本之外，融资的速度也应该得到充分的考虑。并购的机会不会等在那里，筹集资金的过程如果迟迟不能完成将大大影响并购的进度，最终导致并购不能完成。在这个意义上看，融资的速度比融资的成本更重要。在并购时，要估算好大致的时间，在规定时间内力求融资成本最小。

（七）选择支付方式

从统计资料上看，大部分的并购案以纯粹现金的形式支付，换股或混合的方式支付也比较常见；在少数情况下也存在着采用实物方式进行并购的案例。

1. 现金方式

在所有支付方式中，现金支付最受被并购者欢迎。但对于并购者而言，完全采用现金支付可能导致巨大的融资压力。

2. 股票方式

当两家企业为了更好地发展而合并（比如准备进行垄断）时，双方将偏好于换股。这样，在实际的支付中并不需要发生现金的转移。尽管在确定换股比例时会有激烈的讨价还价，但因为没有费力的融资过程，往往是并购发起方最喜欢的支付模式。此外，如果是纯粹以股换股，双方还可能有彼此抬高对方价值的情况（这样会给第三者造成企业很值钱的错觉）。

3. 组合方式

完全的现金支付对于被并购方有“落袋为安”的充实感，完全的换股给了并购方一种“空手套白狼”的成就感。但事实总是不完美的，双方有时会各退一步，采取组合的方式进行支付。也就是并购方支付给被并购方一定数量的现金和一定数量的股票。这种方式既可以帮助被并购方部分套现，也使被并购方在新企业中保留了一定的利益。在理论上，股票＋现金的组合是理想的支付方式，但在实际的应用中，这种支付方式需要并购双方详谈，并不一定总是会获得一致的认可。此外，组合中也有可能混入各种层级债券，但债券最终仍然可以划入股票（比如执行了的可转债）和现金（各种债券最后都会变成现金）。

除了现金、股票和组合方式之外，在少数情况下，也可能以实物的方式进行并购。

一个聪明的并购者应该选择合适的支付方式以尽量避免过高的并购财务成本和税收。如果并购者能够让被并购者清楚地看到并购后企业通过协同效应形成的增值潜力，被并购者应该至少会愿意接受一部分的股票支付，而这部分股票甚至很有可能是对被并购者的一种激励。

（八）并购时机

并购从本质上说是交易，对交易而言，最重要的是交易的时机。在互联网泡沫和房地产泡沫存在的情况下，这些行业的企业价值有可能被高估。判断市场中潜在的泡沫，寻找被低估的价值，并抓住交易的机会，就会以最有利于购买方的价格进行并购。巴菲特购入中石油和李嘉诚竞标货柜码头的时机恰到好处，是投资并购的成功案例。反例则是2017年，融创集团以631.7亿元价格收购了万达集团13个文旅项目91%的股权、76个酒店100%股权。然而房地产企业三道红线以及新冠疫情给融创集团带来了巨额亏损。

并购不是并购者一方的游戏，一个并购案可能涉及多方的利害关系。因此，交易者除了要判断自己所处的市场位置以外，还要敏锐地判断其他利益主体的行为方式，从而促成并购的完成，而这需要并购者有广泛的信息渠道、明晰的判断力和决断力。

（九）并购后的整合

并购以后并非大功告成，就像经营婚姻的过程中会遇到很多困难一样，并购以后并购者进行整合要面临诸多困难，包括文化整合、产品整合、人员整合等，这其中哪个环节处理不好，都可能导致并购失败。并购后存在的超级难题就是协同效应的实现。企业并购以后应达到协同效应，如营销与销售协同效应、经营协同效应、财务协同效应和管理协同效应。

并购后失败的案例比比皆是。明基并购西门子手机业务在经历不到一年后以失败告终。TCL 多媒体（TMT）并购法国汤姆逊公司彩电业务，双方合资成立 TCL 汤姆逊公司（TTE）。同一年，还闪电般地并购了法国阿尔卡特的移动电话业务。但是，这些并购最终还是以失败谢幕。归纳起来这些并购失败的原因主要有几个：(1) 管理人才的缺乏，国内企业进入变幻莫测的国际市场，面对更多的是不确定，不了解法律，不了解环境。原有的管理团队缺乏对于国际业务进行管理的经验。(2) 各国之间存在文化鸿沟，难以实现相互认同，导致管理成本上升，带来盈利方面的风险。(3) 维系并购部门关键人才关系的困难。企业并购部门关键人才的薪酬水平、整合时对于并购部门的授权等都会影响到关键人才的去留。

总之，企业并购过程中最应注意目标企业的估值和并购时机。

第二节　并购的实施与效果评估

企业并购程序千差万别，但依其差异的大小，通常分为一般企业并购的程序与上市公司收购的程序。

一、一般企业的并购

一般企业并购的流程通常由如下几个步骤组成：发出并购意向书；核查资料；谈判；并购双方形成决议，同意并购；签订并购合同；完成并购。不同性质的企业在进行这几个步骤时要求有差别，在分述这些步骤时将另外加以说明。

（一）发出并购意向书

由并购方向被并购方发出并购意向书是一个有用但不是法律要求的必需的步骤。发出并购意向书的意义有以下几点：第一，将并购意图通知给被并购方，以了解被并购方对并购的态度。一般公司并购的完成都是善意并购，也就是经过谈判、磋商、并购双方都同意后才会有并购发生。对于非上市公司来说，如果被并购方不同意并购或坚决抵抗，即出现敌意并购，并购就不会发生。先发出并购意向书，投石问路，若被并购方同意并购，就会继续向下发展；若被并购方不同意并购，就需做工作或就此止步，停止并购。这样，经由意向书的形式，一开始就明确下来，避免走弯路，浪费金钱与时间。第二，意向书对并购的主要条件已做出说明，使对方一目了然，知道该接受还是不该接受，不接受之处该如何修改，为下一步的进展做出正式铺垫。第三，因为有了意向书，被并购方可以直接将其提交给董事会或股东会讨论，并做出决议。第四，被并购方能够使其正确透露给并购方的机密不至于将来被外人所知，因为意向书都含有保密条款，要求无论并购成功与否，并购双方都不能将其所知的有关情况透露或公布出去。有此四点意义，并购方一般都愿意在并购之初先发出意向书，从而形成一种惯例。

意向书的内容要简明扼要，可以比备忘录长，但也可以内容广泛。意向书一般都不具备法律约束力，但其中涉及保密或禁止寻求与第三方再进行并购交易（排他性交易）方面的规定，有时被写明具有法律效力。一份意向书的内容一般包含：意向书的买卖标的，对价，时间表，先决条件，担保和补偿，限制性的保证，雇员问题和退休金，排他性交易，公告与保密，费用支出，注明没有法律约束力（关于排他性交易与保密的规定有时具有法律的约束力）。

实践中也有很多企业在进行并购时不发出并购意向书，而只是与目标公司直接接触，口头商谈，诚可谓删繁就简，一步到位。目标公司如果属于国有企业，其产权或财产被兼并，都必须首先取得国有资产监督管理部门的批准同意。否则，并购不可以进行。

（二）核查资料（包括律师尽职调查的资料）

被并购方同意并购，并购方就需进一步对被并购方的情况进行核查，以确定交易价与其他条件。此时并购方要核查的主要是被并购方的资产，特别是土地权属等的合法性与正确数额、债权债务情况、抵押担保情况、诉讼情况、税收情况、雇员情况，以及章程合同中对公司一旦被并购时其价款、抵押担保、与证券相关的权利如认股权证等的条件会发生怎样的变化等。在核查这些情况时，会计师与律师在其中的作用十分重要。由于被并购方同意并购，在进行上述内容核查时，一般都会得到被并购方的认真配合。

被并购方如是国有企业，则在其同意被并购且取得了必要的批准同意后，还必须通过正规的资产评估机构对其资产进行评估。不评估不能出售。集体企业、私人企业、外商投资企业、股份制企业等则无此要求。

（三）谈判

并购双方都同意并购，且被并购方的情况已核查清楚，接下来就是比较复杂的谈判问题。谈判主要涉及并购的形式（是收购股权，还是资产，抑或是整个公司）、交易价格、支付方式与期限、交接时间与方式、人员的处理、有关手续的办理与配合、整个并购活动进程的安排、各方应做的工作与义务等重大问题，而且是对这些问题的具体细则化，也是对意向书内容的进一步具体化。具体化的问题要落实在合同条款中，形成待批准签订的合同文本。

交易价格除国有企业外，均由并购双方以市场价格协商确定，以双方同意为准。国有企业的交易价格则必须基于评估价，在此基础上确定，以达到增值或保值的要求。支付方式一般有现金支付，以股票（股份）换股票（股份）或以股票（股份）换资产，或不付一分现金而全盘承担被并购方的债权债务等。支付期限有一次性付清而后接管被并购方的，也有先接管被并购方而后分批支付并购款的。

（四）并购双方形成决议，同意并购

谈判有了结果且合同文本已拟出，这时依法就需要召开并购双方董事会，形成决议。决议的主要内容包括：拟进行并购公司的名称；并购的条款和条件；关于因并购引起存续公司的公司章程任何更改的声明；有关并购所必需的或合适的其他条款。

形成决议后，董事会还应将该决议提交股东大会讨论，由股东大会予以批准。在股份公司的情况下，经出席会议的股东所持表决权的三分之二以上股东同意，可以形成决议。在私人企业、外商投资企业的情况下，该企业董事会只要满足其他企业章程规定的要求，即可形成决议。在集体企业的情况下，则由职工代表大会讨论通过。

（五）签订并购合同

企业通过并购决议，同时也会授权一名代表代表企业签订并购合同。并购合同签订后，虽然交易可能要到约定的将来某个日期完成，但在所签署的合同生效之后买方即成为目标公司所有者，自此准备接管目标公司。

合同生效的要求，除合同本身内附一定的生效条件要求必须满足外，在目标公司是私人企业、股份制企业的情况下，只要签署盖章，就发生法律效力；在目标公司是国有小型企业的情况下，双方签署后还需经国有小型企业的上一级人民政府审核批准后方能生效；在目标公司是外商投资企业的情况下，则须经原批准设立外商投资企业的机关批准后方能生效；在目标公司是集体企业的情况下，也须取得原审批机关的批准后方能生效。

（六）完成并购

并购合同生效后，并购双方要进行交换行为。并购方要向目标公司支付

所定的并购费（一次或分批付清），目标公司需向并购方移交所有的财产、账表。股份证书和经过签署的将目标公司从卖方转到买方的文件将在会议上由目标公司的董事会批准以进行登记，并加盖戳记。公司的法定文件、公司注册证书、权利证书、动产的其他相关的完成文件都应转移给买方，任何可能需要的其他文件如债券委托书、公司章程细则等都应提交并予以审核。买方除照单接受目标公司的资产外，还要对目标公司的董事会和经理机构进行改组，对公司原有职工重新安置。

二、上市公司的收购

上市公司收购是指收购人通过直接或间接的方式获得上市公司控制权的行为。简单来说，上市公司收购就是目标公司为上市公司的收购。在上市公司收购中，收购人包括投资者与其一致的行动人。

有下列情形之一的，为拥有上市公司控制权。第一，投资者为上市公司持股50％以上的控股股东。第二，投资者可以实际支配上市公司股份表决权超过30％。第三，投资者通过实际支配上市公司股份表决权能够决定公司董事会半数以上成员选任。第四，投资者依其可实际支配的上市公司股份表决权足以对公司股东大会的决议产生重大影响。第五，中国证监会认定的其他情形。

上市公司收购一般分为要约收购和协议收购两种。上市公司的要约收购是指收购人按照同等价格和同一比例等相同要约向上市公司股东公开发出的收购其所持有的公司股份的行为。根据拟收购的股份数量，要约收购又可以分为全面要约和部分要约。全面要约是指收购人向上市公司所有股东发出的收购其所持有的全部股份的意思表示。部分要约是指收购人向上市公司所有股东发出的收购其所持有的部分股份的意思表示，当上市公司股东承诺出售的股份超过收购人预定收购的股份数额时，收购人按同一比例收购。

协议收购是指收购人与上市公司的股东或实际控制人订立协议取得上市公司实际控制权的行为。

收购人可以通过取得股份的方式成为一个上市公司的控股股东，可以通过投资关系、协议、其他安排的途径成为一个上市公司的实际控制人，也可以同时采取上述方式和途径取得上市公司控制权。

上市公司收购与一般企业并购的步骤基本相同。由于上市公司都有特定的监管部门，收购上市公司要遵守监管部门的相关规定，并进行必要的信息披露。一般认为，1993年9月的“宝延风波”被看作中国第一起上市公司收购案例（见本章延伸阅读）。

三、并购效果及评估

为了较为全面地反映和评价公司并购这一投资行为完成以后的效果，需从三个维度组成的指标体系进行考察：其一是对目标公司的财务效益进行评价，其二是对并购后的集团公司的财务效益进行评价，其三是对非财务效益进行评价。

（一）对目标公司的财务效益评价

1. 投资回报率

投资回报率是衡量企业从一项投资活动中获得的经济回报的指标，通常以百分比形式表示。它反映了企业投资的收益与投入成本之间的比例关系，是评估投资效果的重要工具。投资回报率的计算公式为：投资回报率＝年利润或年均利润/投资总额×100％。

2. 剩余收益

剩余收益是指目标公司的营业利润超过其预期最低收益的部分，这个预期最低收益是根据对目标公司的投资占用额和主并公司管理当局确定的预期最低投资报酬率确定的。如果目标公司的营业利润超过了主并公司预期的最低投资报酬率，就可能为集团带来剩余收益，同样也有利于目标公司。

3. 经济增加值

经济增加值可以测定公司在单一年份中所创造的货币经济价值，其计算公式如下：经济增加值＝投入资本额×（投入资本收益率－加权平均资本成本），或者经济增加值＝调整后报告期营业净利润－投资资本费用。该指标的意义在于：它综合了公司投入资本规模、资本成本和资本收益等多种因素，与各种静态指标相比，作为一项并购投资，只有投资者对目标的收益大于其投资的机会成本，才表明股东从并购活动中获得了增值收益。在有效的金融环境中，资本成本反映了公司的经营风险及财务风险。由于各种企业所承担的风险大小不同，相应的资本所承担的代价即资金成本也不同。在同样的投入资本规模及资本收益水平下，资本成本低的公司所获得的资本净收益更高，资本经营水平更好。

4. 市场增加值

市场增加值与经济增加值都是在资本收益中扣除资本成本，但经济增加值中的资本收益率及资本收益是以会计意义上的经营利润为计算依据的，而市场增加值是以资产的市场价值为基础对企业经营业绩的衡量。其计算公式为：市场增加值＝期末公司调整后的营业净利润－按期末公司资产的市场总价值计算的加权平均资本成本。该指标认为公司用于创造利润的资本价值总额既不是公司资产的账面价值，也不是公司资产的经济价值，而是其市场价值。经济增加值指标比较适合评价具体某个年份的资本经营效益，而市场增加值是以未来预期现金流量为计算依据，反映出市场对公司整个未来经营收益的预期，是一种价值评估指标，更适合于评价公司的中长期资本增加能力。

在 KKR 的投资模式中，有两个要点至关重要：一是寻求价值低估、低市盈率的收购对象；二是创造足够的现金流，未来的现金流足以偿还债务而不至于影响公司生产经营。

（二）对并购后的集团公司的财务效益评价

1. 资本成本降低率

资本成本降低率是一种财务协同效应，是指当一个需求增长低于整个经济增长的行业中的企业并购另一个在需求高速增长行业中经营的企业时，通过兼并和使用并购企业低成本的内部现金达到降低合并后企业的投资成本，从而抓住目标企业所在行业中可以获得的投资机会。

2. 资本积累增加率

企业并购是通过“大鱼吃小鱼”的办法，把分散的较小的资本合并成统一的较大的资本，企业兼并是加速资本积聚的重要条件。同时，收购尤其是杠杆收购的兴起，使不具备兼并实力的企业也有可能进行兼并，从而使企业通过扩大外部规模增加资本积累的速度大大加快。

3. 超常收益

企业经营活动的最终目的在于价值增值，并购的所有动因都在于获取超常收益或超常利润。按照现代财务理论，兼并决策的目的是增加股东财产，即兼并后股东股票的价值增加。从美国的实际情况看，企业兼并机制的利润效应表现为：一方面，是短期行为效应，获取近期利益；另一方面，是长期效应，获取先进技术，进行专业化与协作，最后取得长期的利润最大化。如此一来，一方面，资本集中加强，垄断程度提高，给企业带来一些弊端；另一方面，企业规模扩大，可以取得一些合理的规模经济效益，优化组合。各种不同类型的企业依据企业各自不同的特点，采取不同的兼并策略，可以获取各自不同的利益所得。但重要的一点可以肯定，兼并本身并不能使经营成功，兼并后的集团企业要追求长期稳定的效益增长，必须进行兼并后的一系列整合，包括财务、组织管理、产品技术结构等方面的调整，更有效地利用其控制的资源，才可能寻求长久的效益增长。

上市公司企业并购的效果，可以通过公布并购前后公司的股价变化以检验市场对该并购的反应来判断，也可以通过并购前后可量化的财务数字对比来评价。

（三）非财务效益评价

一项并购行为的完成意味着并购公司实现了某些战略目标，这些战略目标可能是在现有市场取得竞争优势，也可能是市场或产品的扩张，或者是平均资本成本的降低等。虽然在这个过程中某一目标可能占主导地位，但同样伴随对其他目标的影响，因而对企业并购效果的评价，既要包括对财务协同效应的评价如筹资能力、筹资成本、资本积累等方面的评价，也要包括获取竞争优势、实现企业经营战略、产生经营协同效应方面的评价。另外，由于多种动因中最终的并购目标仍然是增加企业价值，使股东财富获得长期稳定的增长，但在不同的时期，面临不同的经济环境和竞争对手的情况下，可能出于战略上的考虑，或是基于战术上的需要，或是其他动因，企业的总目标总是要通过各种分部目标或非财务目标来实现，因此，考核评价时应将财务评价与非财务评价指标相结合。

企业并购的非财务效益评价具体可以从以下几方面考虑：

（1）并购是否达到合理的规模经济。

（2）并购是否达到生产关系变革。

（3）并购是否协调了企业之间的关系。兼并是一家企业吞并另一家企业，这种行为产生的一个重要动因是企业之间存在差异，具有各自不同的优势和缺点，所有这些差异都要求企业之间相互协调彼此补充，以达到共同发展的目的。

（4）并购是否有利于产业结构的调整。首先，观察是否促成新兴技术部门的形成；其次，看看是否提高存量资产运行效率。

（5）并购是否达到市场优势地位。构成市场优势地位，并不要求企业完全摆脱竞争压力。判断企业是否拥有市场优势地位，需要从企业的绝对规模和相对规模两个角度来进行，而企业的相对规模主要应从市场份额、主导定价能力、资金优势、市场的准入壁垒以及供应商或消费者对相关企业的依赖程度等方面进行考虑。默多克的新闻集团和唐氏兄弟的德隆集团都是依靠不断地并购发展起来的，但是默多克建立了庞大的媒体帝国，而德隆集团却最终瓦解。

IBM 的研究显示，世界性大公司 70%的并购失败，尽管这些大公司在并购方面已经做得尤为谨慎，较少实行跨国并购。相对本土企业之间的并购而言，跨境并购面临的不确定性因素更多，中铝、中投和平安等的跨境并购失败，合计超过 2 000 亿元的损失，可谓一笔价值不菲的学费。

延伸阅读

宝延风波

中国宝安集团股份有限公司（简称“宝安集团”）收购上海延中实业股份有限公司（简称“延中实业”）事件称为“宝延风波”，其过程大概是这样的：1993年9月，政策刚刚宣布法人股可以进入二级市场，9月14日起，延中实业的股票就一直孤立上涨，市场与公司无人想到可能有人要收购，只以为是有人要操纵股价。9月30日上午11点15分，上交所突然宣布延中实业停牌，股价止于12.91元，之后宝安集团上海公司公告该公司已持有延中实业发行在外的普通股5%以上的股份。对此，毫无防备的延中实业相当气愤，急忙调集资金，布置反击。延中实业首先聘请了香港宝源投资咨询公司的中国业务代表作为其反收购顾问，对宝安集团上海公司持股的合法性提出质疑。9月29日，宝安集团上海公司已持有4.56%的延中实业股票，根据持有5%应申报的规定，在30日当天只能再购买0.5%的股票，但是，在9月30日开盘前的集合竞价时宝安集团上海公司一笔就购进342万股，使已购股票的比重达15.98%。有关的交易规定是持股达到5%之后，每次最多只能购进2%，一次购进11.42%显然是违规的。在30日的公告中，宝安集团上海公司只是笼统地讲持有5%以上的股份，这也是违规的。

对此，宝安集团并不承认自己操作违规，并表示自己的收购是善意的。但延中实业认为这一收购完全是敌意的，并要求证券监管部门进行调查并处理。当年10月25日，证监会召开新闻发布会宣布，宝安集团上海公司所获延中实业股权有效，但该公司及其关联企业在买卖延中实业股票过程存在着违规行为。显然，这一裁决对宝安集团是有利的，而就延中实业来说，虽然其对宝安集团的指责得到了证监会的支持，但其结果却是失去的股权不再返还。在证券监管部门的协调下，双方经过反复谈判，延中实业接受了被收购的事实，放弃了反收购。

至此，宝安集团上海公司成为延中实业的第一大股东，持有18.71%的延中实业股票，第二大股东海通证券持有1.48%。在随后召集的临时董事会上，宝安集团上海公司总经理何彬顺利担任了延中实业的副董事长，1994年3月接任公司董事长。

宝安集团收购延中实业从此开创了中国上市公司收购的先河。

资料来源：黄嵩，李昕旸．兼并与收购．北京：中国发展出版社，2008.

报道提示

做并购报道应思考的问题

财经记者做并购报道时，在了解并购相关企业的基本信息的基础上，还应思考如下问题：

- 并购者的真实并购动机是什么？并购企业公告的并购原因有几分可信？
- 被并购的目标企业态度如何？采取了哪些措施配合收购或者制造收购障碍？
- 监管者例如市场监督管理部门态度如何？
- 并购事件可能涉及哪些法律法规？专家学者如何看待此并购事件？
- 如果并购事件持续数月，那么应采取何种报道形式可以给读者呈现最新进展和事件全貌？

相关企业信息的获取

- 企业所在地工商管理部门/市场监管部门。
- 企业所在的行业协会。
- 企业信息查询平台，如企查查、天眼查和启信宝等。
- 中国裁判文书网有企业涉及诉讼的判决文书。上海票据交易所（简称“票交所”）票据信息披露平台可查询承兑人逾期名单，此名单会显示商业汇票承兑逾期的企业名称和统一社会信用代码。

问题与思考

问答题

查阅中海油收购优尼科、吉利并购沃尔沃等案例资料，举例说明跨境并购的成本与风险。

第四编

中央银行与商业银行

中央银行在一国金融体系中居于核心地位。要实现货币政策目标，中央银行必须精准地调控总货币量。通过公开市场操作、再贴现率和法定准备金率等的调整，中央银行可以实施扩张性货币政策和紧缩性货币政策。美联储作为当今世界上最大的单个经济体的中央银行，其货币政策不仅影响着美国的经济运行，而且影响着全球其他经济体的经济运行。

即便在非银行金融机构种类数量不断增加的当下，银行系统仍有着不可替代的作用。然而，运营糟糕的银行和更为糟糕的银行监管会给一国经济带来严重损害。在亚洲金融危机中，银行中长期存在的问题在印尼经济所遭受的报复性毁灭中起了主要作用，最后印尼不得不向国际货币基金组织求援。商业银行必须谨慎地进行资产配置，以保持资产充分的流动性。而中央银行则在商业银行面临挤兑时充当最后的贷款人，以避免发生系统性金融风险。

第九章
中央银行

稳定经济的任务，要求我们能够控制住经济，使之不至于偏离持续高就业之路太远。就业率过高将导致通货膨胀，而过低又意味着衰退。灵活审慎的财政政策和货币政策，能够帮助我们在这两条路中间穿过一条“狭窄的通道”。

——美国约翰·肯尼迪总统

案　例

2008 年，美国次贷危机爆发引发全球金融危机。当年 11 月，中国政府为了应对危机提出“四万亿”救市方案。至 2009 年，9.59 万亿元贷款倾泻而出。《中国企业报》原总编辑李锦对信贷规模和资金流向做了追踪和思考后认为，短时期发放的大量贷款并没有流向需要信贷支持的中小企业等实体经济领域，信贷的速度、规模与结构都失控了。为此，李锦向时任总理写了专题调查报告，表达此观点的文章被新浪、腾讯、凤凰等上百家网站转载，后来又在当年 4 月 23 日被《南方周末》以《谁制造了信贷井喷》为题刊登。这些都为中国人民银行、财政部、银监会等实施一系列调整性举措加强金融监管、防范金融风险提供了警示和参考。

对财经记者而言，只有掌握了中央银行的相关理论知识，才能更好地对大经济体的中央银行（美国联邦储备系统、欧洲中央银行、日本银行以及中国人民银行）货币政策的变化进行跟踪解读，对高层提出问题预警，为企业经营者、一般投资者解读央行政策变化会给企业和投资理财带来什么样的影响。

通过本章的学习，你可以：

- 了解中央银行产生的历史背景与职能。
- 了解 M0、M1、M2 等概念含义。
- 中央银行施行货币政策的三类工具。
- 了解中国及美国中央银行的发展概况。

第一节　中央银行概述

中央银行（简称“央行”），是负责该国或该区域（如欧盟）货币政策的主体机构，通常也是一个经济共同体的唯一货币发行机构，正常的发行方式为贷款和收买外汇。

经济发展与货币化过程密切相关。对于发展中国家来说，伴随着经济发展，必然出现货币广泛化与货币深化。一般认为，中央银行在一个经济体内的货币供应量上起到总的水龙头的作用，它可以在很大程度上控制或调节一个经济体内部的货币供应量。

一、中央银行的产生

（一）中央银行产生的经济背景

中央银行产生于 17 世纪后半期，中央银行制度则形成于 19 世纪初叶，它产生的经济背景如下。

1. 商品经济的迅速发展

18 世纪，西方国家开始了工业革命，社会生产力的快速发展和商品经济的迅速扩大促使货币经营业越来越普遍，而且日益有利可图，由此产生了对货币财富进行控制的欲望。

2. 资本主义经济危机的频繁出现

资本主义经济自身的固有矛盾必然导致连续不断的经济危机。面对当时的状况，资产阶级政府开始从货币制度上寻找原因，企图通过发行银行券来控制、避免和挽救频繁的经济危机。

3. 银行信用的普遍化和集中化

资本主义产业革命促使生产力空前提高，生产力的提高又促使资本主义银行信用业蓬勃发展。其主要表现：一是银行经营机构不断增加；二是银行业逐步走向联合、集中和垄断。

（二）中央银行产生的客观要求

资本主义商品经济的迅速发展、经济危机的频繁发生、银行信用的普遍化和集中化为中央银行的产生既奠定了经济基础，又提出了客观要求。

1. 政府对货币财富和银行的控制

资本主义商品经济的迅速发展客观上要求建立相应的货币制度和信用制度。资产阶级政府为了开辟更广泛的市场也需要有巨大的货币财富做后盾。

2. 统一货币发行

在银行业发展初期，几乎每家银行都有发行银行券的权力，但随着经济的发展、市场的扩大和银行机构的增多，银行券分散发行的弊病就越来越明显，这从客观上要求有一个实力雄厚并在全国范围内享有权威的银行来统一发行银行券。

3. 集中信用的需要

商业银行经常会发生营运资金不足、头寸调度不灵等问题，这就从客观上要求中央银行的产生。它既能集中众多银行的存款准备，又能不失时宜地为商业银行提供必要的周转资金，为商业银行充当最后的贷款人。

4. 建立票据清算中心

随着银行业的不断发展，银行每天收授票据的数量增多，各家银行之间的债权债务关系复杂化，由各家银行自行轧差进行当日清算已发生困难。这种状况客观上要求产生中央银行，作为全国统一的、有权威的、公正的清算中心。

5. 统一金融管理

银行业和金融市场的发展需要政府出面进行必要的管理，这要求产生隶属政府的中央银行这一专门机构来实施政府对银行业和金融市场的管理。

（三）中央银行发展的三个时期

普通银行演进到一定阶段出现了中央银行。中央银行的产生发展大致经历了以下三个阶段。

1. 初创时期（1656—1913）

瑞典银行是世界上最早执行中央银行职能的银行，设立于1656年。它原是私人创办的商业银行，1661年开始发行银行券，是当时欧洲第一家发行银行券的银行。1668年由政府出面将该行改组为国家银行，收回国会所有，并对国会负责。它虽最先享有货币发行权，但并不独占货币发行权。如果以集中发行作为衡量中央银行的标志，则远后于英格兰银行。英格兰银行成立于1694年，是现代中央银行的“鼻祖”。1844年英国的银行法案《比尔条例》为英格兰银行独占货币发行权奠定了基础。在《比尔条例》之后，英国的私人银行和股份银行逐渐减少，其发行额也随之减少。英格兰银行逐步垄断了全国的货币发行权，占据了货币发行中心的特殊地位，并于1928年成为英国唯一的发行银行。

美国联邦储备系统（简称"美联储"）成立于1913年。美联储形成之前，经历了很长的过程。1908年美国国会成立了全国货币委员会，1912年全国货币委员会提出改进银行制度的特别法案，特别法案于1913年12月被国会通过，叫作《联邦储备法案》，该法案要求建立联邦储备银行系统，即美国的中央银行。

2. 普遍推行时期（20世纪初至20世纪中叶）

从1921年到1942年之间，世界各国改组或设立的中央银行约有43家，主要有苏联国家银行（1921）、澳洲联邦银行（1924）、土耳其中央银行（1931）、墨西哥中央银行（1932）、加拿大银行（1935）、印度储备银行（1935）和阿根廷中央银行（1939）等。

3. 强化时期（20世纪中叶至今）

1945—1971年，这一时期改组、重建和新建的中央银行有50多家，主要有法兰西银行、英格兰银行、德意志联邦银行等。

二、中央银行的职能

中央银行的性质是指中央银行自身所具有的特有属性。从中央银行业务活动的特点和发挥的作用看，中央银行既是为商业银行等普通金融机构和政府提供金融服务的特殊金融机构，又是制定和实施货币政策、监督管理金融业、规范与维护金融秩序、调控金融和经济运行的宏观管理部门。这可以看作对中央银行性质的基本概括。具体来说，中央银行的职能如下。

（一）中央银行是发行的银行

中央银行是"发行的银行"，即指国家赋予中央银行集中与垄断货币发行的特权，成为国家唯一的货币发行机构（有些国家硬辅币的铸造与发行由财政部负责）。经济发展与货币化过程密切相关。对于发展中国家来说，伴随着经济发展，必然出现货币广泛化与货币深化。一般认为，中央银行在一个经济体内货币供应量上起到总的水龙头的作用，它可以在很大程度上控制或调节一个经济体内部的货币供应量。

货币量的概念主要有M0、M1、M2。M0指流通中的现金，即银行体系之外的现钞，具有最强的流动性。M1包括M0加上企事业单位和个人的活期存款，也称为"狭义货币"。这部分货币主要用于交易，是货币供应量中最活跃的部分，可以反映短期经济运行状况。M2 是指在 M1 的基础上加上居民储蓄存款、企业定期存款等流动性较差的项目，又称为“广义货币”。这部分货币包括了狭义货币和流动性较差的不能直接作为支付工具的项目，但这些项目又可以较为方便地转变为支付工具。

（二）中央银行是银行的银行

中央银行、商业银行、各种专业银行和非银行金融机构共同组成一国的金融体系，中央银行处于金融体系的核心。具体表现：集中存款准备金，对银行融通资金，组织银行间的清算，主持各外汇银行的外汇头寸抛补业务。

央行对于银行和其他金融机构也有监督权，确保它们不会莽撞行事或有欺瞒行为。其最高长官是央行总裁（governor），中国人民银行称为行长，欧盟央行称为主席（president），在中国香港金融管理局和新加坡金融管理局则称总裁（chief executive/managing director）。

（三）中央银行是政府的银行

在大多数国家，中央银行均属国有，至少都有一定程度的自主性，让政府得以介入货币政策。所谓“独立的中央银行”意为允许央行在免除政治力干扰的规范下运作，央行的最高长官不因政权更替而随之变更，亦不得参与政治活动。它代表政府参加金融活动，处理金融事务，其具体表现如下：代理国库；对政府融通资金；代理政府金融事务，包括代理国债发行与偿还、代管黄金和外汇储备等。

（四）中央银行是管理金融的银行

其具体表现如下：制定和执行货币政策；制定和执行金融法规与银行业务基本规章制度；监督和管理各金融机构的业务活动；规范与维护金融秩序、调控金融和经济运行。

总之，中央银行控制一国的货币供给总量，管理全国金融的运行，制定全国金融政策和规章制度，参与国际金融的往来。

三、中央银行制度的类型

世界上 100 多个国家的中央银行制度虽然各不相同，但大体上可以分为四种类型：单一式中央银行制度、复合式中央银行制度、准中央银行制度和跨国中央银行制度。

（一）单一式中央银行制度

单一式中央银行制度指国家建立单纯的中央银行机构，使其全面行使中央银行职能，领导全部金融事业的中央银行制度。这是目前世界各国所采用的最主要、最典型的类型。发达国家的中央银行绝大多数属于这种类型，如英国、日本、法国等。我国的中央银行也实行这种制度。单一式中央银行制度又分为两种情况。

1. 一元式中央银行制度

一元式中央银行制度指一国只设立一家统一的中央银行，行使中央银行的权利和履行中央银行的全部职责，中央银行机构自身上下是统一的，机构设置一般采取总分行制，逐级垂直隶属。这种组织形式下的中央银行是完整标准意义上的中央银行，目前世界上绝大多数国家的中央银行都实行这种体制，如英国、法国、日本等。

中央银行的总行或总部通常都设在首都，并根据客观经济需要和本国有关规定在全国范围内设立若干分支机构。一元式中央银行制度的特点是权力集中统一、职能完善、有较多的分支机构。中国的中央银行——中国人民银行亦采用一元式组织形式。

2. 二元式中央银行制度

二元式中央银行制度指中央银行体系由中央和地方两级相对独立的中央银行机构共同组成。中央级中央银行和地方级中央银行在货币政策方面是统一的，中央级中央银行是最高金融决策机构，地方级中央银行要接受中央级中央银行的监督和指导。但在货币政策的具体实施、金融监管和中央银行有关业务的具体操作方面，地方级中央银行在其辖区内有一定的独立性，与中央级中央银行也不是总分行的关系，而是按法律规定分别行使其职能。这种制度一般与联邦制的国家体制相适应，如目前的美国、德国即实行此种中央银行制度。

美国的中央银行称为联邦储备系统：在中央一级设立联邦储备理事会，并有专门为其服务的若干职能部门；在地方一级设立联邦储备银行。美国联邦储备理事会设在华盛顿，负责管理联邦储备系统和全国的金融决策，对外代表美国中央银行。美国联邦储备系统将 50 个州和哥伦比亚特区划分为 12 个联邦储备区，每一个区设立一家联邦储备银行。联邦储备银行在各自的辖区内履行中央银行职责。德国中央银行在中央一级设立中央银行理事会和为其服务的若干业务职能机构，在地方一级设立了 9 个州中央银行。

（二）复合式中央银行制度

复合式中央银行制度指国家不单独设立专司中央银行职能的中央银行机构，而是由一家集中央银行与商业银行职能于一身的国家大银行兼中央银行职能的中央银行制度。这种中央银行制度往往与中央银行初级发展阶段和国家实行计划经济体制相对应，苏联和以前多数东欧国家即实行这种制度。中国在1983年前也实行这种制度。

（三）准中央银行制度

准中央银行制度指国家不设通常意义上的完整的中央银行，而设立类似中央银行的金融管理机构，执行部分中央银行职能，或者由政府授权某个或几个商业银行承担部分中央银行的职能。采取这种中央银行组织形式的国家有新加坡、马尔代夫、斐济、沙特阿拉伯、阿拉伯联合酋长国、塞舌尔等。在这类中央银行制度下，国家设立的专门金融管理机构其名称和职责在各国也有所不同，如新加坡设立金融管理局，隶属财政部，该金融管理局不负责发行货币，货币发行权授予大商业银行，并由国家货币委员会负责管理。但除此之外，金融管理局全面行使中央银行的其他各项职能，包括制定和实施货币政策、监督管理金融业、为金融机构和政府提供各项金融服务等。

中国香港在回归祖国之前基本上也采用准中央银行制度。香港在很长的时期内并无一个统一的金融管理机构。在货币制度方面，港币发行由渣打银行和汇丰银行负责，长期实行英镑汇兑本位，1972年改行港币与美元挂钩，1983年10月开始实行与美元挂钩的联系汇率制度。20世纪60年代以前，香港基本上没有金融监管，1964年《银行业条例》颁布后，金融监管的趋势才有所加强。1993年4月1日香港成立了金融管理局，集中行使货币政策、金融监管和支付体系管理职能，但货币发行仍由渣打银行、汇丰银行负责。1994年5月1日起，中国银行香港分行成为香港的第三家发钞银行，票据结算仍然由汇丰银行负责。1997年香港回归祖国后，按照“一国两制”的原则和《中华人民共和国香港特别行政区基本法》的规定，香港仍然实行独立的货币与金融制度，其货币发行与金融管理自成体系。

（四）跨国中央银行制度

跨国中央银行制度指若干国家联合组建一家中央银行，在成员国范围内行使全部或部分中央银行职能。其主要职能是：发行货币、为成员国政府服务、执行共同的货币政策及有关成员国政府一致决定授权的事项。其显著特点是跨国界行使中央银行的职能，它一般与一定的货币联盟相联系。

第二次世界大战后，一些地域相邻的欠发达国家建立了货币联盟，并在联盟内成立了由参加国共同拥有的中央银行。这种跨国的中央银行为成员国发行共同使用的货币和制定统一的货币金融政策，监督各成员国的金融机构及金融市场，对成员国的政府进行融资，办理成员国共同商定并授权的金融事项等。实行跨国中央银行制度的国家主要在非洲和东加勒比海地区，如西非货币联盟、中非货币联盟、东加勒比海货币区均属于跨国中央银行的组织形式。跨国中央银行制度的最近成果是欧元区。1998 年 7 月 1 日欧洲中央银行（简称“欧洲央行”）正式成立，1999 年 1 月 1 日欧元正式启动。欧洲中央银行的成立和欧元的正式启动对跨国中央银行制度的大发展有重要意义。

四、中央银行的制度结构

制度结构指资本的构成、权力的分配、职能的分工、分支机构的设置等。

（一）资本结构类型

1. 全部股份为国家所有

历史悠久的中央银行大部分是从商业银行演变而来的，其资本最初也为私人所有。在中央银行的长期发展和演变过程中，国家为了加强对经济的干预，认为排除私人资本更有利于为国家整体经济目标服务，逐步对中央银行实行国有化，特别是在第二次世界大战结束之后，掀起了中央银行国有化的高潮。而在这个时期新成立的中央银行大多是由国家出资建立的。

2. 公私股份混合所有

公私股份混合所有的中央银行也可以被称为“半国有化中央银行”。其资本金的一部分为国家所有，另一部分由私人所有，国家持有的股份一般占资本总额的一半以上。在采取这种所有制结构的中央银行制度中，民间股东的权限受到很大限制，民间股东不能影响中央银行的宏观金融政策。

3. 全部股份为私人所有

全部股份为私人所有的中央银行实际上是私人银行经政府授权，执行中央银行职能，如意大利的中央银行意大利银行。由于中央银行的特殊性，由私人银行执行中央银行职能也受到某些限制。美国联邦储备系统被很多人认为是有特色而值得别国学习的中央银行。美国联邦储备系统是以私有形式组织的行使公共目的的私营银行系统，其股票为私人银行拥有，但这些股票一不能出售，二不能转让，三不能抵押。美国政府虽不拥有股份，但其 94%的利润转交给美国财政部，剩余 6%用于给会员银行发放股息，所有高级雇员则由美国政府任命。美联储有独立的财政政策、货币政策，不受政府短期政治目的的影响。

4. 无资本金的中央银行

由于中央银行获得国家的特别授权执行中央银行职能以后，马上就可以通过发行货币和吸收金融机构的准备金存款获得资金来源，因此，作为中央银行有无资本金在其实际业务活动中并不重要。

5. 多国共有资本的中央银行

跨国中央银行的资本不为某一国家所独有，而是由跨国中央银行的成员国所共有，如欧洲央行。欧洲中央银行的资本约为50亿欧元，各成员国中央银行是唯一的认购和持有者。资本认购的数量以各成员国的GDP和人口分别占欧盟的比例为基础来确定。

（二）组织和权力结构

中央银行的最高权力有决策权、执行权和监督权。不同的中央银行依据三权的集中分散程度大致有三种组织形式。

1. 三权统一于一个机构

三权统一于一个机构，这个机构一般是中央银行的董事会或理事会，它既要制定各项政策和方针，又要负责这些政策、方针的贯彻、实施和监督。其特点是决策层次少、权力比较集中等。其优点在于有利于政策的衔接和一致，便于迅速决策和实施。其缺点是决策、执行和监督缺乏强有力的制衡机制。

2. 三权分立

三权分立指三权分别由不同的机构承担，并由其分别行使。决策机构代表国家发布行政命令；执行机构通过中央银行业务掌握全国的金融情况；监管机构执行金融管理纪律。三权分立体现了行政、业务和司法的三方面配合。其优点是有利于专业化管理和权力的制衡。其缺点是相互协调的效率较低。

3. 三权交叉

三权交叉指中央银行通常设有一个主要的决策机构，除此之外，还设有专门的执行机构和监督机构，它们也有一定的决策权。

五、中央银行的主要业务

中央银行的主要业务一般分为以下几部分。

（一）中央银行的负债业务

中央银行的负债是指由金融机构、政府、企业等持有的对中央银行的债权。负债业务有货币发行、代理国库、集中存款准备金及其他负债业务。

（二）中央银行的资产业务

中央银行的资产指中央银行在一定时点上所拥有的各种债权。资产业务包括贷款、再贴现、证券买卖、金融外汇储备及其他资产业务。

（三）中央银行的中间业务

中央银行的中间业务主要指的是清算业务，包括集中办理票据交换、清算交换差额、办理异地资金转移、为金融衍生工具交易清算服务、为跨国交易的支付提供清算服务。

随着金融创新和货币虚拟化的发展，衍生金融工具交易日趋活跃，许多国家专门设有衍生金融工具交易结算系统。由于衍生金融工具交易量大、市场不确定因素多，易发生支付系统风险，所以中央银行特别关注，往往组织或直接参与其清算活动。

第二节　中央银行的货币政策及其调控工具

中央银行为实现其最终目标，往往通过一个传导机制，并有一个时间过程，一般是：中央银行运用货币政策工具—操作目标—中介目标—最终目标。也就是中央银行通过货币政策工具的运作，影响商业银行等金融机构的活动，进而影响货币供应量，最终影响国民经济的宏观经济指标。

一、中央银行货币政策的目标

确定货币政策，首先必须明确货币政策的方向和所要达到的目的，即所要实现的目标。货币政策目标是由最终目标、中介指标和操作指标三个层次有机组成的目标体系（见图9-1）。

其中，政策工具中的公开市场操作（公开市场业务）是指中央银行吞吐基础货币、调节市场流动性的主要货币政策工具，通过中央银行与指定交易商进行有价证券和外汇交易，实现货币政策调控目标。它包括正回购与逆回购。正回购是一方以一定规模债券做抵押融入资金，并承诺日后再购回所抵

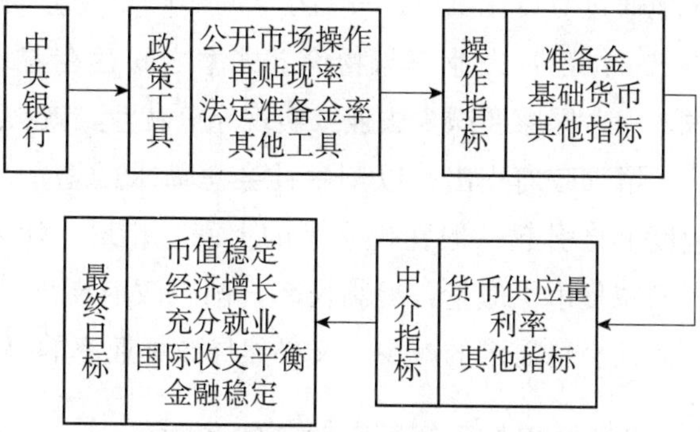

图 9-1 货币政策目标体系

押债券的交易行为。正回购为中央银行向一级交易商卖出有价证券，并约定在未来特定日期买回有价证券的交易行为。正回购是央行经常使用的公开市场操作手段之一，央行利用正回购操作可以达到从市场回笼资金的目的。逆回购一般指中央银行向一级交易商购买有价证券，并约定在未来特定日期将有价证券卖给一级交易商的交易行为。逆回购为央行向市场上投放流动性的操作，逆回购到期则为央行从市场收回流动性的操作。简单说就是主动借出资金，获取债券质押的交易就称为“逆回购交易”，此时中央银行就是接受债券质押、借出资金的融出方。

最终目标是中央银行通过货币政策操作而最终要达到的宏观经济目标，如币值稳定、经济增长、充分就业、国际收支平衡、金融稳定等。

与货币政策工具紧密联系的操作指标，是中央银行通过货币政策工具能够有效准确实现的直接政策变量，如准备金、基础货币等，如再作详细划分，还可以有法定储备、超额储备及借入储备、非借入储备等。这些变量对货币政策工具的变动反应较为灵敏，是政策工具操作直接引起变动的指标，也是在中央银行体系内首先变动的指标。

中介指标处于最终目标和操作指标之间，是中央银行在一定时期内和某种特定的经济状况下，能够以一定的精度达到的目标，主要有货币供应量和利率，在一定条件下信贷量和汇率等也可以充当中介指标。

最终目标、中介指标和操作指标的宏观性从强到弱，可控性从弱到强，构成一个重要的目标体系。中央银行通过对操作指标、中介指标再到最终目标的跟踪，可以及时有效地监测和控制其货币政策效果。

二、货币政策目标之间的关系

（一）稳定价格与充分就业的矛盾

最先在理论上总结、分析稳定价格与充分就业之间矛盾的经济学家是非利普斯。他通过对英国 1861—1957 年近 100 年失业与物价变动之间关系的研究，得出了结论：失业率与物价上涨率之间存在着一种此消彼长的关系。也就是说，一个国家要减少失业或实现充分就业，就必然要增加货币供应量，降低税率，增加政府支出，以刺激社会总需求的增加。然而总需求的增加，在一定程度上将引起一般物价水平的上涨。相反，如果要压低通货膨胀率，必然就得缩减货币供应量，提高税率，削减政府支出，以此抑制社会总需求的增加，而社会总需求的减少，又必然导致失业率的提高。

(二) 稳定价格与平衡国际收支的矛盾

稳定价格与平衡国际收支之间是互相影响、相互制约的矛盾关系。从价格对国际收支平衡的影响看，当本国出现通货膨胀时，由于本国商品价格上涨而使外国商品价格相对低廉，导致国内商品出口减少而外国商品进口增加，结果是国际收支严重失衡，出现大量逆差。但是，本国的价格稳定也并不能保证国际收支平衡，因为在本国价格稳定而他国发生通货膨胀的情况下，他国商品价格相对高于本国商品价格，使得出口增加而进口减少，难免产生顺差失衡的现象。

从国际收支不平衡对国内价格稳定的影响看，由于外汇收支不平衡，不论是顺差还是逆差，都会给国内货币流通的稳定带来不利的影响，集中表现为商品运动与外汇（货币）运动的脱节。在大量顺差存在的情况下，可能形成部分外汇收入的闲置浪费，没有商品与原来投放收购出口商品的货币所形成的购买力相对应，从而影响价格稳定。而且收购大量外汇会引起新的货币投放，更加剧了国内商品市场的供需失衡，引起通货膨胀。当对外收支出现大量逆差时，由于商品进口多而增加了国内市场商品供应量，有利于稳定物价，但为了解决逆差问题所采取的组织商品出口等措施，又会造成价格不稳定。

(三) 经济增长与平衡国际收支的矛盾

在正常的情况下，经济增长必然会带来国际收支状况的改善，但是从动态的角度来看，两者也存在不一致。

(1) 在经济发展过程中，由于国民收入的增加带来支付能力的增强，除要求增加国内商品的供应量，也会增加对进口商品的需要，使进口的增长快于出口的增长，就可能导致国际收支出现逆差。

(2) 为促进国内经济增长，必然要求增加投资。在国内资本来源不足的情况下，必须借助于外资的流入。虽然外资的流入会使资本项目出现顺差，从而在一定程度上弥补由于贸易逆差导致的国际收支失衡，但若本国不具备大量利用外资的条件及外汇还款能力，则又会导致国际收支失衡。

（3）治理经济衰退所采取的手段与平衡国际收支所采用的手段往往出现冲突。在经济衰退的时候，政府通常采取扩张的货币政策，其结果可能因进口增加或通货膨胀而导致国际收支逆差。而当国际收支出现逆差时，通常必须采取国内紧缩政策，其结果又可能带来经济衰退。

（四）充分就业与平衡国际收支的矛盾

就业的增加通常会引起货币工资的增加，而有支付能力的需求的扩大必然要求增加国内商品的供应量。此时，如果货币工资的增加与产品的增加能保持同步，便不会影响国际收支平衡；若两者在动态上不能保持一致，便需要增加进口商品来弥补国内市场的供应不足，在进口大于出口的情况下，会使国际收支出现逆差。

（五）充分就业与经济增长的矛盾

通常情况下经济增长能够创造更多的就业机会，使得失业率降低；而就业水平的提高会带来更多的产出，促进经济的增长。但在某些情况下两者也会出现不一致，例如，以内涵型扩大再生产所实现的高经济增长，就不能带来高就业率。经济增长的过程中会出现资本有机构成的提高，出现机器排挤工人的现象，而劳动生产率的提高会使得企业不需要更多的劳动者。再如，片面地强调高就业率，硬性分配劳动力到企业单位就业，会造成人浮于事，效益下降，产出减少，导致经济增长速度放缓。

三、货币政策工具

货币政策工具是中央银行为达到货币政策目标而采取的手段。

根据调节职能和效果来划分，货币政策工具可分为以下三类。

（一）常规性货币政策工具

常规性货币政策工具或称一般性货币政策工具，指中央银行所采用的、对整个金融系统的货币信用扩张与紧缩产生全面性或一般性影响的手段，是最主要的货币政策工具，包括存款准备金制度、再贴现政策和公开市场业务，被称为中央银行的“三大法宝”。它主要是从总量上对货币供应时间和信贷规模进行调节。

（二）选择性货币政策工具

选择性货币政策工具是指中央银行针对某些特殊的信贷或某些特殊的经

济领域而采用的工具，以个别商业银行的资产运用与负债经营活动或整个商业银行资产运用与负债经营活动为对象，侧重于对银行业务活动质的方面进行控制，是常规性货币政策工具的必要补充。常见的选择性货币政策工具主要包括证券市场信用控制、不动产信用控制和消费者信用控制。

（三）补充性货币政策工具

除以上常规性、选择性货币政策工具外，中央银行有时还运用一些补充性货币政策工具，对信用进行直接控制和间接控制。补充性货币政策工具包括：

（1）信用直接控制工具，指中央银行依法对商业银行创造信用的业务进行直接干预而采取的各种措施，主要有信用分配、直接干预、流动性比率、利率限制和特种贷款。

（2）信用间接控制工具，指中央银行凭借其在金融体制中的特殊地位，通过与金融机构之间的磋商、宣传等，指导其信用活动，以控制信用，其方式主要有窗口指导、道义劝告等。

四、中央银行货币政策传导效应

中央银行货币政策传导指货币政策从政策手段到操作目标，再到效果目标，最后到最终目标发挥作用的途径和传导过程。其理论基础是利率传导机制理论。

利率传导机制理论可以说是最古老的货币政策传导机制理论，也被不少西方经济学者认为是最重要和最有效的货币政策传导途径。凯恩斯、托宾、弗里德曼、莫迪利安尼等西方经济学家对货币政策传导机制的研究主要是分析货币政策传导中的资产结构调整效应和财富变动效应。

资产结构调整效应是指中央银行改变货币供应量，促使各经济主体调整自己的资产结构，影响金融资产的价格，从而影响投资和消费需求，进而导致实际经济活动出现变化。财富变动效应是指，由通货和存款组成的货币供应量是实际财富的组成部分之一，货币供应量的增减变化会改变实际财富的数量，从而使各经济主体改变自己的投资和消费支出意愿，从而影响实际经济运行。

理论上，这两种效应是在金融市场是完全竞争的市场，货币与非货币金融资产、金融资产与实物资产具有高度替代性与相关性，信息是完全而且对称的，且各种金融资产的供给与需求都是随着市场利率信号的变化而灵敏变化的，具有充分的利率弹性等这样严密设定的条件下展开的。但在实践中，这样的理论抽象和假设前提显然是不能成立的，货币政策传导机制朝着以不完全竞争、不完善市场、不对称信息为假设前提来分析货币政策传导机制的理论发展。

近年来，中央银行货币政策传导显现出如下新特点。

（1）随着西方国家以利率取代货币供应量作为货币政策中间目标，利率传导作用越来越明显，成为货币政策传导的主渠道。

（2）金融市场的日益健全、间接融资比重的不断下降和直接融资成本的不断降低，使得银行信贷对整个金融市场的反映状况越来越不全面，银行信贷传导作用越来越小。

（3）随着资本市场的快速发展，资产价格、财富效应的传导作用越来越重要，资产价格开始纳入西方国家的货币政策监控指标之中。

（4）预期和信心的传导作用引起了一些国家货币政策当局的重视。

（5）新经济和股市财富效应的增强使利率与股市的关系复杂化，货币政策的利率传导渠道面临新的问题和挑战。

延伸阅读

我国的中央银行——中国人民银行

1931 年 11 月 7 日，在江西省瑞金市召开的中华苏维埃第一次代表大会上，通过决议成立中华苏维埃共和国国家银行（简称“苏维埃国家银行”），并发行货币。1948 年 12 月 1 日，中国人民银行在河北省石家庄市正式成立，1949 年 2 月迁入北平（今北京）。中华人民共和国成立初期，中国人民银行的主要任务是在全国建立统一的国家银行体系。到 1953 年，中国人民银行总行统一掌握了全国信贷资金。“统存统贷”这一体制一直维持到 1978 年。在这二十几年里，中国人民银行既是管理金融的国家机关，又是全面经营银行业务的国家银行。

从 1979 年起，国家开始对金融体制进行改革。此后的五年间，中国农业银行、中国银行、中国建设银行和中国工商银行相继组建（从中国人民银行分离出去，单独设立），保险公司、信托投资公司和城市信用合作社陆续成立，呈现出金融机构多元化和金融业务多样化的局面。从 1984 年起，中国人民银行专门行使中央银行职能，不再办理针对个人和企业的金融业务，而是专门负责稳定人民币币值和管理金融机构。

1995 年 3 月 18 日，全国人民代表大会通过《中华人民共和国中国人民银行法》（简称《中国人民银行法》），首次以国家立法形式确立了中国人民银行作为中央银行的地位，标志着中央银行体制走上法制化、规范化的轨道，这是我国中央银行制度建设的重要里程碑。

2003年12月27日，全国人大常委会对《中国人民银行法》进行了修订，中国人民银行的职能由此发生变化，其监管金融机构的职能转交给新成立的中国银行业监督管理委员会，中国人民银行主要负责实施货币政策、维护金融稳定和提供金融服务。调整后的中国人民银行强化了与制定和执行货币政策有关的职能，转换了调控金融业以及防范和化解系统性金融风险的方式，增加了反洗钱和管理信贷征信业两项职能。随着这些变化，中国人民银行将在未来的宏观调控中发挥更加重要的作用。

根据2003年12月27日第十届全国人民代表大会常务委员会第六次会议修正后的《中华人民共和国中国人民银行法》规定，中国人民银行的主要职责为：

（一）发布与履行其职责有关的命令和规章。

（二）依法制定和执行货币政策。

（三）发行人民币，管理人民币流通。

（四）监督管理银行间同业拆借市场和银行间债券市场。

（五）实施外汇管理，监督管理银行间外汇市场。

（六）监督管理黄金市场。

（七）持有、管理和经营国家外汇储备、黄金储备。

（八）经理国库。

（九）维护支付、清算系统的正常运行。

（十）指导、部署金融业反洗钱工作，负责反洗钱的资金监测。

（十一）负责金融业的统计、调查、分析和预测。

（十二）作为国家的中央银行，从事有关的国际金融活动。

（十三）国务院规定的其他职责。

中国人民银行的独立性问题

中国人民银行与国务院的关系：《中国人民银行法》第二条规定，中国人民银行是中华人民共和国的中央银行。中国人民银行在国务院领导下，制定和执行货币政策，防范和化解金融风险，维护金融稳定。从这里就可以看出中国人民银行的隶属关系，即中国人民银行是国务院的直属机构，是国务院的一部分。

由此可以看出，在经济目标上，中国人民银行和国务院是一致的，同时又对国务院保持相对独立性。中央银行作为政府部门，具有一定的行政管理权，可以直接依法行使对金融业的监管权力，这样就符合了宏观经济发展的目标，使货币政策和政府颁布的其他政策相互作用，以促进我国金融事业的发展。

《中国人民银行法》第七条规定，中国人民银行在国务院领导下依法独立执行货币政策，履行职责，开展业务，不受地方政府、各级政府部门、社会团体和个人的干涉，从而明确了我国中央银行在国务院领导下独立行使职责。《中国人民银行法》同时还规定，中国人民银行就年度货币供应量、利率、汇率和国务院规定的其他重要事项做出的决定，报国务院批准后执行。中国人民银行就前款规定以外的其他有关货币政策事项做出决定后，即予执行，并报国务院备案。这就意味着，中国人民银行在履行其核心职责方面不独立于国务院，它必须接受国务院的领导。从立法上看，在货币政策等重大事项方面，它是从属于中央政府的。由于中央银行在货币政策上有很大的技术垄断性，因此很少遭到国务院的否决，从而弥补了独立性的不足。

中央银行相对于财政部的独立性是衡量各国中央银行独立性的一个具体标志。

在健全金融体制下中央银行与财政部门的信用关系是一种严格的信用关系。所谓信用关系，一是借贷双方处于完全平等的地位上，借与不借、借多借少完全取决于二者的共同协商；二是必须奉行有借有还、借款付息的原则。在西方国家，财政部门在出现财政赤字时，一般都通过发行债券的方式进行弥补，在某些情况下，也向中央银行申请一些短期贷款，而贷款多少完全取决于中央银行的资金能力，并且必须在到期后按合同如数归还。由于二者由一种严格信用关系进行连接，所以中央银行完全可以不受财政收支的影响，独立地实施货币政策。

中国人民银行从1948年成立到1993年的45年中，一直没有同财政部真正割断直接融资的联系，其向财政部的透支与借款（长期性）余额到1994年年末约占当时中国人民银行总资产的12.2%。除此之外，中国人民银行每年的贷款也有相当部分本应财政支出负担的项目，如贫困地区的公共设施、国有企业的亏损、粮食企业的亏损补贴、非营利性的公共基础设施等。财政部与中央银行之间的这种直接资金融通关系不仅损害了中央银行的独立性，使中央银行不能自主地决定自己的资产选择，更严重的危害是赤字压力可能造成通货膨胀，损害全体货币持有者的利益。

在《中国人民银行法》中，我国中央银行相对于财政部的独立性有了突破性进展。中国人民银行不得对财政部透支，不得直接认购、包销国债和其他政府债券。这样，中央人民银行与财政部的直接融资关系基本割断了，二者的间接融资关系主要通过中央银行在公开市场上买卖国债来进行。这也是国际上的通用做法，是货币政策的三大工具之一。

报道提示

应关注的相关理论

关于经济发展过程中的货币推动作用以及中央银行的职能，财经记者应关注的理论包括：

- 马克思主义，主要见《资本论》关于货币的论述。
- 西方古典学派，包括萨伊、欧文·费雪等人的论述。

- 凯恩斯主义，代表人物凯恩斯。
- 现代货币主义，代表人物是米尔顿·弗里德曼。

关于我国央行的报道应关注的问题

- 利率市场化、人民币汇率改革与人民币国际化问题。
- 中国和周边国家或地区以及主要贸易伙伴的货币互换协议的达成。
- 中国人民银行、美联储、日本央行、欧洲央行货币政策的变动和变动信号。

问题与思考

判断题

指出下列说法正确还是错误，并说明理由。

1. 我国的货币发行都是由中国人民银行施行的。
2. 中央银行货币政策目标之间可能存在矛盾关系。
3. 中央银行在提高法定准备金率时会产生“大水漫灌”效应。

第十章
商业银行

当你预期一件事发生时——奇怪的是—— 它就会发生。

——约翰·皮尔庞特·摩根

案　例

中国的银行会不会破产？如果某家银行破产了，那么储户的存款会不会受到影响？2020 年第 32 期《财新周刊》的深度报道《包商银行破产倒计时》通过聚焦包商银行濒临破产事件，解答了普通人困惑的问题。2022 年《财新周刊》9 月特稿《吕奕：失去管束的咬钱金蟾》通过缜密的资料、丰富的细节以及翔实的数据聚焦“正在进行时”的河南村镇银行事件，梳理了该事件核心人物吕奕的发家史。

包商银行事件和河南村镇银行事件都有众多媒体报道，然而堪称银行业深度报道典范的非《财新周刊》莫属。银行作为一种特殊的企业，有其自身的经营特点。这两篇报道显示出作者对银行业乃至金融业经营特点和具体业务了然于胸。唯其如此，他们才能在银行业重大事件突发后，整合相关素材，迅速跟进，撰写出专业而具深度的报道。

通过本章学习，你可以：

- 从微观具体的层面了解商业银行的基本业务和运营模式。
- 从宏观角度了解世界主要经济体，例如美国和中国对银行业的监管方向、相关法律法规和监管机构。
- 我国商业银行改革的进程。

第一节　商业银行概述

现代银行起源于中世纪欧洲金匠提供的服务。金匠生产首饰、装饰物并且留有黄金自用。由于备有安全储藏设施，他们开始储藏别人的黄金。他们为那些让他们保管黄金的人开收据。存放者经常发现把收据用作货币要比取回黄金更方便。于是这些收据开始作为货币流通，并完全可换成黄金。金匠因而成为最早的银行家。

商业银行在创造货币方面发挥着重要的作用。首先，商业银行的出现解决了现存货币的若干问题。一方面，硬币很笨重，大量携带极为不便且容易被盗。另一方面，纸币的价值需要一定的保证。其中一种保证形式就是与硬币的可转换性。这样，商业银行可以为硬币提供安全的储藏处，人们也可以很容易得到硬币；商业银行也可发行货币，其价值是有保证的。其次，商业银行能满足信用货款市场的需要，即把货币结余从那些暂时不想使用的人手中转移给想使用的人。至 18 世纪后期，由金匠发放的收据之类的钞票已成为英国和许多其他国家货币供应相当重要的一部分。这些钞票在票面上都印着持有人可得到的黄金的具体数量。有时银行破产了，就是因为它无法履行自己所承诺的用黄金赎回收据。

一、商业银行的概念与职能

（一）商业银行的概念

商业银行不同于中央银行和投资银行。

商业银行是以追求最大利润为目标，以多种金融负债筹集资金，以多种金融资产为其经营对象，能利用负债进行信用创造，并向客户提供多功能、综合性服务的金融企业。

商业银行是特殊的金融企业：一是商业银行是经营货币资金的金融企业；二是高负债经营的企业，自有资金少，杠杆率高；三是商业银行的活动范围是货币信用领域；四是商业银行创造能充当一般等价物的存款货币。

（二）商业银行的职能

1. 信用中介职能

商业银行作为货币借贷双方的“中介人”，通过负债业务（集中社会上各种闲散资金）和资产业务（将集中的闲散资金投放到需要资金的国民经济各部门）实现资本的融通，对经济结构和运行过程进行调节。这是商业银行的最基本职能，最能反映其基本特征。

2. 支付中介职能

商业银行作为企事业单位和个人的货币保管、出纳和支付代理者，通过账户上存款转移，代理客户支付，基于储户存款，为储户兑付现款等，减少现金使用，节约流通费用，加速结算过程和货币资金周转，促进扩大再生产。

支付中介和信用中介两种职能相互推进，构成商业银行借贷资本的整体运作。

3. 信用创造职能

商业银行把负债作为货币进行流通，在支票流通和转账结算的基础上，贷款转化为存款，在存款不提或不完全提现时，增加了商业银行的资金来源，形成数倍于原始存款的派生存款。信用创造的实质是流通工具的创造，而不是资本的创造。

4. 金融服务职能

商业银行为适应经济发展和科技进步、适应客户要求，不断开拓金融服务领域，促进资产负债业务的扩大，实现资产负债业务和金融服务的有机结合，如代发工资、提供信用证服务、代付其他费用、办理信用卡等。金融服务职能逐步成为商业银行的重要职能。

知识窗

什么是第三方支付？什么是微信银行？

第三方支付是指通过第三方独立机构提供的交易支持平台所进行的支付。对于通过第三方支付平台进行的交易，买家选购商品后，使用第三方支付平台提供的账户进行货款支付，由第三方通知卖家货款到达、进行发货；买家检验物品后，就可以通知第三方付款给卖家，第三方再将款项转至卖家账户。

微信银行是近年出现的基于移动即时通信服务的一种全新金融服务渠道。微信开放了公众平台消息接口后，国内多数银行推出微信客服号，利用第三方平台进行推广，并使客户通过微信号对银行账户进行一系列操作，这些功能的实现平台被称为“微信银行”。客户下载安装“微信”客户端，关注银行的微信公众号，就可以享受业务咨询、信息查询、账务查询、转账支付等服务。与传统银行营销方式相比，微信银行充分利用了第三方平台的社交服务和智能终端优势。对于微信银行来说，目前可以进行的交易都是账户内的，相对而言比较安全。最大的风险在于账户信息的外泄，如手机丢失，所以必须保管好手机；如果手机不慎遗失，务必于第一时间取消与银行卡账户的关联。

二、商业银行的基本业务

（一）存款业务

存款业务是由存款人按照银行的存款产品条款把资金存入银行，银行根据存款人指令办理存取并对存入资金按条款支付利息的一种银行业务。

银行吸收存款的主要来源有两类：一是对公存款（企业存款），二是城乡居民的储蓄存款（自然人存款）。

我国实行的现金管理制度规定，各企事业单位都在银行开立账户，将闲置待用的资金存入银行。现金管理制度保障了对公存款这一重要的存款来源。

存款的种类很多，一般分为活期存款、定期存款、协定存款和通知存款等。

（二）贷款业务

贷款业务是由借款人按贷款产品条款向银行借入资金，银行按贷款条款拨付资金并根据贷款金额、时间和利率收取利息的一种银行业务。银行发放贷款主要有两个理由：一是获得银行利润；二是支持生产和各项事业发展，促进商品流通。

贷款的种类很多，按偿还期不同，可分为短期贷款、中期贷款和长期贷款；按付息方式不同，可分为等额本金、等额本息和先息后本等；按贷款用途不同，可分为流动资金贷款、固定资产贷款、个人消费贷款、个人经营性贷款等；按贷款担保条件不同，可分为信用贷款、保证贷款、担保贷款等；按贷款金额大小不同，可分为批发贷款和零售贷款；按利率约定方式不同，可分为固定利率贷款和浮动利率贷款。

知识窗

身份证复印件的签注书写方法

在如今这个高度信息化的社会，身份证信息如同是每个人的“源代码”，不仅储存着最重要的个人信息，还是人们参与社会生活的基本凭证，没有它寸步难行。然而，身份证复印件有可能被违法分子利用，用来办理银行卡、电话卡等。为了防止身份证信息泄露，我们应学会在身份证复印件上签注。

身份证复印件正确签注方法如下：

仅提供　××　银行———

申请　××　基金扣账———

他用无效————

注意：

（1）最好用蓝（黑）色笔书写。

（2）部分笔画与身份证上印制的字体交叉或接触。

（3）每一行后面一定要画上横线，以免被偷加其他文字。

（4）部分文字一定要签在身份证的范围内，但不要遮盖身份证上的姓名及号码。

（三）中间业务

商业银行中间业务是指银行不运用或较少运用自己的资金，以中间人的身份替客户办理收付或其他委托事项，为客户提供各类金融服务并收取手续费的业务。

中间业务的种类很多，按银行在开展中间业务时的身份可划分为结算业务、代理业务和担保业务。

结算业务是指银行根据客户的指令和结算条款办理的资金在不同账户之间的清算服务。结算有两种形式：一是现金结算——使用现金完成货币支付；二是转账结算——收付双方通过各自银行账户，用转账的办法来完成的货币支付。转账结算工具有汇票、本票、支票、银行卡等。银行结算方式有汇兑、托收承付、委托收款等。

代理业务是指银行接受单位（公司或机构）和个人的委托，以代理人的身份代表委托人办理经双方事先协定的经济事务的业务。代理业务的种类很多，如今最重要的代理业务是代销理财、基金和保险。

担保业务可以分为贸易融通业务、金融保证业务和派生产品业务。贸易融通业务包括商业信用证和银行承兑汇票。金融保证业务包括保函、备用信用证、贷款承诺、票据发行便利、贷款出售和资产证券化。派生产品业务包括货币互换、利率互换、期货、期权和远期利率协议。

商业银行的传统业务主要集中在经营存款和贷款（放款）业务方面，即以较低的利率借入存款，以较高的利率放出贷款，存贷款之间的利差就是商业银行的主要利润。近年来，由于资本市场的高度发展，个人和企业的投资、融资渠道都大大增加，传统的存贷款业务受到了一定影响。信用等级较高的企业倾向于在资本市场上直接发行金融工具以筹集资金，有闲置资金的个人或企业也可以在资本市场上投资以获得较高的回报。鉴于存贷款业务的萎缩，大部分商业银行开始大力发展非利差业务，如信用卡、私人财富管理、财务顾问、金融产品销售代理乃至投资银行等。

知识窗

信用卡的由来

信用卡于 1915 年起源于美国。最早发行信用卡的机构并不是银行，而是百货商店、汽油公司、餐饮业和娱乐业。一些商店、公司为招揽顾客、推销商品、扩大营业额，有选择地在一定范围内发给顾客一种类似金属徽章的信用筹码，后来演变成用塑料制成的卡片，作为客户购货消费的凭证，顾客可以在这些发行筹码和卡片的商店及其分店赊购商品，约期付款，这就是信用卡的雏形。

多年后，美国商人弗兰克·麦克纳马拉在纽约一家饭店招待客人用餐，就餐后发现忘带钱包，不得不打电话叫妻子带现金来饭店结账，麦克纳马拉由此产生了创建信用卡公司的想法。1950 年春，麦克纳马拉与他的好友施奈德合作投资一万美元，在纽约创立了“大莱俱乐部”（Diners Club），即大莱信用卡公司的前身。大莱俱乐部为会员们提供一种能够证明其身份和支付能力的卡片，会员凭卡片可以记账消费。

三、商业银行的运营

为理解商业银行是如何运营的，我们先以中国工商银行为例看一下银行的资产负债表（见表 10－1）。该表列出了银行的资产和负债。顾名思义，这个表是平衡的，也就是说，它具有一般资产负债表的特点，即资产总额＝负债总额＋资本；同时又具有银行业自身的特点，即银行自有资本金很少，银行的大部分运营资金来源于负债（银行吸收的储户存款和借款）。

银行的资产负债表列出了银行的资金来源（负债）和资金利用（资产）。银行通过同业借款、企事业单位和居民存款、发行债券或同业存单等来获取资金。然后，银行运用这些资金去发放贷款、购买资产，如证券和贷款等。银行通过对其所持有的证券和贷款收取高于其负债开支的利率来获得利润。

表 10－1　中国工商银行资产负债表

（2022 年 12 月 31 日）

单位：百万元

资产		负债	
现金及存放中央银行款项	3 347 555	向中央银行借款	145 763
存放同业及其他金融机构款项	285 216	同业及其他金融机构存放款项	2 635 068
贵金属	269 578	拆入资金	471 861
		以公允价值计量且其变动计入当期损益的金融负债	55 936
拆出资金	909 596	衍生金融负债	59 300
衍生金融资产	51 163	卖出回购款项	400 490
买入返售款项	686 682	存款证	317 123
客户贷款及垫款	21 761 362	客户存款	28 986 751
金融投资	9 748 008	应付职工薪酬	45 067
以公允价值计量且其变动计入当期损益的金融投资	466 374	应交税费	98 447
以公允价值计量且其变动计入其他综合收益的金融投资	1 928 908	已发行债务证券	786 799
以摊余成本计量的金融投资	7 352 726	递延所得税负债	—

续表

资产		负债	
长期股权投资	191 339	其他负债	391 051
固定资产	118 421	**负债合计**	34 393 656
在建工程	7 761	**股东权益**	
递延所得税资产	96 184	股本	356 407
其他资产	266 423	其他权益工具	354 331
		优先股	134 614
		永续债	219 717
		资本公积	152 894
		其他综合收益	(20 318)
		盈余公积	384 808
		一般准备	480 285
		未分配利润	1 637 225
		股东权益合计	3 345 632
资产总计	37 739 288	**负债及股东权益总计**	37 739 288

资料来源：上海证券交易所网站。

（一）负债

银行通过发行（出售）负债来获取资金，因此也叫“资金来源”。通过发行负债获得的资金是用来购买有收益资产的。银行资产负债表中的负债项目，择其要者介绍如下。

1. 同业及其他金融机构存放款项

本科目核算本行吸收的境内、境外金融机构的存款，对应于资产端的存放同业及其他金融机构款项，是指接受同业及其他金融机构的存放而产生的负债。

2. 客户存款

本科目核算本行收到客户存入的各种保证金，如信用证保证金、承兑汇票保证金、保函保证金、担保保证金等；本行吸收的除同业存放款项以外的其他各种存款，包括公营存款（企业、事业单位、机关、社会团体等）、个人存款、财政存款、国库定期存款等；本行收到的应解汇款及临时存款。客户存款可分为活期存款与定期存款两大类，是银行的核心负债。

3. 已发行债务证券

本科目核算本行因筹集资金而发行的债券本金及利息。一般情况下商业银行发行债券是为了满足资本充足率的要求。

4. 拆入资金

本科目核算本行从境内、境外金融机构拆入的款项，对应于资产端的拆出资金，是指通过同业拆借获得的资金，只能用于弥补票据清算、先支后收等临时性资金周转的需要，最长期限不得超过一年。

5. 向中央银行借款

本科目核算向中央银行借入的款项，主要为国家外汇存款、支农再贷款等。

（二）资产

银行运用通过发行负债获取的资金来收购有益的资产，银行资产自然称为“资金利用”，由此获取的利息收益使银行赚取利润。银行资产负债表中的资产项目，择其要者介绍如下。

1. 现金及存放中央银行款项

顾名思义，该科目主要由现金和存放中央银行款项两部分构成。现金主要为该银行在报告时点的库存现金。存放中央银行款项是指各金融企业在中央银行开户而存入的用于支付清算、调拨款项、提取和缴存现金、往来资金结算以及按吸收存款的一定比例缴存于中央银行的款项和其他需要缴存的款项，主要包括三项即法定存款准备金、超额存款准备金以及财政性存款等。

2. 客户贷款及垫款

该科目主要包括按规定因办理承兑汇票、开出保函、开出信用证以及其他业务而发生的各项垫款，按规定发放的各种客户贷款，本行办理商业票据的贴现、转贴现等业务所融出的资金等资产。它可分为企业贷款、个人贷款和票据贴现三大类。企业贷款一般包括流动资金贷款和固定资产贷款；个人贷款主要包括信用卡及透支、个人住房贷款、个人消费贷款、个人经营贷款等。

3. 金融投资

金融投资指银行运用通过发行负债取得的资金来购买资产，从而形成金融资产的活动。这种投资活动本质上代表了银行的资金运用方式，通过这种方式，银行获得利润收入。银行进行的金融投资包括购买债券、基金、信托等有价证券，以及握有有关方面的债权等。这种投资能够充分利用银行的财务实力，发挥现有资金的作用，同时不影响银行自身资金的调度和运用。

4. 存放同业及其他金融机构款项

该科目主要用来核算本行存放于非央行的境内、境外银行和非银行金融机构的款项。从期限上来看，它以活期款项和一年以内的定期款项为主。

5. 拆出资金

由于银行之间经常发生资金拆借业务来调剂资金头寸，因此该科目主要用来核算本行拆借给非央行的境内、境外银行和非金融机构的款项，相当于资金拆出行向资金拆入行提供的一种短期贷款。

6. 买入返售款项

该科目核算本行按返售协议约定先买入再按规定价格返售给卖出方的票据、证券、贷款、应收租赁款等金融资产所融出的资金，也包括本行因证券借入业务而支付的保证金。

7. 固定资产

该科目主要包括使用期限在一年以上的房屋、建筑物、机器、机械、运输工具和其他与经营有关的设备、器具、工具等资产。

（三）基本经营活动

概括地说，银行出售具有一些特点（流动性、风险和收益的特殊组合）的负债，再使用由此筹得的资金去购买具有另一些特点的资产，从而谋取利润。这个过程通常被称作“资产转换”。一个人无须向其邻居直接提供抵押贷款，他可以持有银行的储蓄存款，而银行就能利用这笔资金向其邻居提供抵押贷款。实际上，银行是将储蓄存款（存款者持有的资产）转换成了抵押贷款（银行持有的资产）。资产转换还有另外一种说法，即银行“借短贷长”，因为银行通过发行短期存款来发放长期贷款并为贷款提供资金。

知识窗

什么是非法集资?

非法集资是指法人、其他组织或者个人，未经有权机关批准，向社会公众募集资金的行为（《最高人民法院关于审理诈骗案件具体应用法律的若干问题的解释》）。

非法集资形式多样，主要有以下 12 种。

(1) 利用民间“会”“社”等组织或者地下钱庄进行非法集资，例如农村合作社。

(2) 以发行或变相发行股票、债权、彩票、投资基金等权利凭证或者以期货交易、典当为名进行非法集资。

(3) 通过认领股份、入股分红进行非法集资。

(4) 通过会员卡、会员证、席位证、优惠卡、消费卡等方式进行非法集资。

(5) 以商品销售与返租、回购与转让、发展会员、商家加盟与“快速积分法”等方式进行非法集资。

(6) 借种植、养殖、项目开发、庄园开发、生态环保投资等名义进行非法集资。

(7) 利用现代电子网络技术构造的“虚拟”产品，如“电子商铺”“电子百货”投资委托经营、到期回购等方式进行非法集资。

(8) 对物业、地产等资产进行等份分割，通过出售其份额的处置权进行非法集资。

(9) 以签订商品经销合同进行“代加工”等形式进行非法集资。

(10) 利用传销或秘密串联的形式进行非法集资。

(11) 利用互联网设立投资基金的形式进行非法集资。

(12) 利用“电子黄金投资”的形式进行非法集资。

资料来源：防范非法集资宣传月丨“非法集资”知多少?.（2024 - 06 - 12)[2024 - 06 - 14]. https://m.thepaper.cn/baijiahao_27711468.

个别银行危机尤其是大银行的危机常常引发社会各界强烈关注，也是财经媒体绝佳的报道题材。

案　例

2019 年第 19 期《财经》推出封面文章《汇丰：巨狮临危》，评述百年银行汇丰面临的危机和成因：高层震荡、股价连跌、裁员数千……汇丰危情并非单纯肇始于某一特殊事件，而是在当下复杂局势中，其所表现出来的立场、基于自身战略定位和风控管理所做出的判断与市场和民意错位所致。整篇报道有丰富的细节描述和全球宏观环境对汇丰银行经营环境的影响，其报道角度和思路或可为同类报道提供样本参考。

第二节　中国的商业银行

近年来，我国商业银行数量获得了长足的发展。截至 2023 年 12 月 31 日，全国共有银行网点 221 544 个，其中国有大型商业银行 105 572 个，股份制商业银行 15 242 个，城市商业银行 20 059 个，农村商业银行（含农村合作银行、农村信用社）72 941 个，其他银行（含村镇银行、民营银行、外资银行等）7 730 个。

一、我国商业银行的分类

我国的商业银行大致可以分为大型国有控股商业银行、全国性股份制商业银行、城市商业银行、农村商业银行、外资银行、村镇银行、民营银行等七类。

（一）大型国有控股商业银行

我国大型国有控股商业银行具体包括中国工商银行、中国建设银行、中国银行、中国农业银行、交通银行、中国邮政储蓄银行等六家。六家大型国有控股商业银行的共同特点是资产规模大、经营地域广、业务品种和组织管理较为复杂，在我国银行业金融机构中占有特殊重要地位。

（二）全国性股份制商业银行

我国全国性股份制商业银行主要包括中信银行、中国光大银行、华夏银行、平安银行、招商银行、上海浦东发展银行、兴业银行、中国民生银行、广东发展银行、恒丰银行、浙商银行和渤海银行等。这些银行的特点是可以在我国大陆区域范围内设立分支机构、在全国范围内经营业务。

（三）城市商业银行

城市商业银行是定位于我国特定区域的城区范围内经营的地方性金融机构。虽然也有一些资产规模较大、经营管理水平较高的城市商业银行，比如北京银行、上海银行等，获准在其他城市开设分支机构，但是大多数城市商业银行的经营地域还是限于其所在城市区域范围内。

城市商业银行在经营方面受地方经济发展的影响较大，不同机构之间的业务经营、风险管理、公司治理和组织结构均差异巨大。

（四）农村商业银行

农村商业银行是在我国特定地域的范围内为农村和农业经营提供金融服务的地方性金融机构。与城市商业银行类似，不同地区的农村商业银行在业务经营、风险管理、公司治理和组织结构方面的差异也非常大。但多数农村商业银行以经营存款和贷款业务为主。

（五）外资银行

外资银行是指依照中华人民共和国有关法律、法规，经批准在中华人民共和国境内设立的下列机构：

（1）1 家外国银行单独出资或者 1 家外国银行与其他外国金融机构共同出资设立的外商独资银行。

（2）外国金融机构与中国的公司、企业共同出资设立的中外合资银行。

（3）外国银行分行。

（4）外国银行代表处。

目前我国对外资银行执行“分行与法人并行，法人导向政策”，取消对外资银行经营人民币业务在地域和客户对象上的限制，外资银行，特别是法人机构外资银行在我国快速发展。

总体来看，目前我国境内外资银行无论是资产规模还是机构规模，在银行业金融机构中的比重都较小。外资银行在业务经营、风险管理、组织机构等方面各有特色，某些方面的业务具有特殊的竞争力。

（六）村镇银行

村镇银行是近年来发展起来的新型金融服务机构，主要为当地农民、农业和农村经济发展提供金融服务。目前来看，村镇银行的规模还很小，业务经营也以存款和贷款业务为主。目前，全国共组建村镇银行超过 1 600 家，已经实现全国 31 个省份村镇银行的全覆盖。

（七）民营银行

2014 年年底以来陆续成立了 19 家民营银行，其中有 4 家是允许跨区域经营的互联网银行——网商银行、微众银行、吉林亿联银行和四川新网银行。其余 15 家民营银行均遵循“一行一店”的监管要求，在总行所在城市仅可设一家营业部，不能跨区经营。此外，持有独立法人直销银行牌照的百信银行，也可以互联网为业务拓展渠道在全国展业。

二、我国银行体系的变革

随着我国政治经济形势的变化，我国银行体系也不断变化和调整。大致说来，我国银行体系经历了以下几个时期的变革。

（一）第一阶段（1948—1978年）：“大一统”的银行体制

从中华人民共和国成立初期到 1978 年间，我国所实行的是“大一统”的银行体制。

1948 年 12 月 1 日，中国人民银行在河北省石家庄市宣告成立。1949 年

2 月，中国人民银行总行随军迁入北京。中华人民共和国成立初期，我国银行体系是在接管四大家族官僚资本、取消帝国主义在华银行特权以及改造民族资产阶级银行的基础上建立起来的。同时，进行币制整顿，发行了自己的货币——人民币。至 1949 年年底，人民币基本上成为全国统一流通的货币。“大一统”的银行体制逐渐形成。

在“大一统”的银行体制下，没有中央银行和商业银行的分别，甚至在很长一段时期内社会上只有中国人民银行一家金融机构。作为唯一的一家银行，中国人民银行既承担了“中央银行”的职能，即制定和执行货币金融政策、对金融活动实施监督管理和提供支付清算服务，又从事着“商业银行”的经营活动，负责吸收存款和发放贷款。当时的中国人民银行集现金中心、结算中心、信贷中心为一身。

应该承认，中华人民共和国成立初期，百废待兴，只有通过“大一统”这种形式，国家才能够掌握财政金融物资，才有足够的财力来开展必不可少的基本建设项目。据统计，当时全国有 156 项建设项目，构成了中国工业化的基础。

随着时间的推移，特别是改革开放政策的确立，这种“大一统”的银行体制已不能适应我国经济发展的现实需求，弊端逐渐显现。从银行机构设置来看，国家对中央银行和商业银行完全没有区分，更不存在银行间的竞争关系；从银行业务来看，在党的十一届三中全会之前，所有基本建设投资都由财政拨款，连定额流动资金也靠财政拨款。银行只承担产品周转中所需流动资金贷款。银行还代管财政收支款项，几乎成为财政部的出纳机构。

金融体制的全国“大一统”，实质上是完全用国家的计划分配来取代市场经济，取代原来的城乡互助交流。银行的信贷制度完全受政策和计划的限制，而且出于监督企业的资金，所有资金使用都要通过银行有关部门同意。在这种体制下，企业失去了应有的活力，经济效率变得低下。

（二）第二阶段（1979—1993年）：从“大一统”到专业银行体制

从 1979 年开始，中国农业银行（简称“农行”）、中国银行（简称“中行”）、中国建设银行（简称“建行”）、中国工商银行（简称“工行”）先后从中国人民银行中分离出来，形成了当时的四大专业银行，随后又进一步发展了一批信托投资公司、城市信用合作社、农村信用合作社等，逐步发展形成了一个较为完整的专业银行体系。

在这个体系下，四大专业银行各有分工。中国农业银行主要办理广大农村地区的农业金融业务；中国银行作为外汇专业银行则限于外汇业务及与此相关的人民币业务；中国建设银行则专门从事基础建设方面的固定资产贷款和中长期投资业务；中国工商银行主要办理工商信贷和储蓄业务。这四家银行的独立经营以及以上分工的形成标志着我国金融机构体系的重大变革，即中央银行体制的正式建立。至此，传统的中国人民银行“大一统”的金融体制被打破，以中国人民银行为核心、四大专业银行为主体的金融机构体系正式形成，这是我国国有商业银行发展的真正起点。在明确专业化银行身份之后，国家对银行机构施行了一系列以扩大经营自主权为主的企业化改革措施。银行开始从僵化的计划经济制度向企业化、商业化、市场化的道路过渡。

回顾这一阶段，尽管国家专业银行有了一定的经营自主权，但在计划经济体制下，专业银行运用信贷资金的权力有限，在信贷计划“笼子”内不能越雷池半步。但不管怎样，这一阶段的改革还是宣告了几十年“大一统”的银行体制的结束，二元银行体制成为中国银行业的基本制度框架，并延续至今。

（三）第三阶段（1994—2002年）：从企业化向商业化的转变

1993 年 11 月，党的十四届三中全会提出建立社会主义市场经济体制的目标。12 月，国务院《关于金融体制改革的决定》明确提出了建立以国有商业银行为主体、多种金融机构并存的金融组织体系，实施由国家专业银行向国有商业银行的战略性转变。

1994 年，国家组建了 3 家政策性银行，即国家开发银行、中国进出口银行和中国农业发展银行，划转了 4 家专业银行所承担的政策性金融业务。这标志着政策性金融和商业性金融的分离。

1995 年，国家颁布了《中华人民共和国商业银行法》，从法律上确立了国家专业银行的国有独资商业银行地位，明确国有独资商业银行要以效益性、安全性、流动性为经营原则，实行自主经营、自担风险、自负盈亏、自我约束的经营模式。但由于当时整个国家处于转轨阶段，仍存在政府对银行的干预问题，国有独资商业银行很难真正做到自主经营。

四大国家专业银行从企业化向商业化的转变是市场经济发展的必然结果，它是商业银行与社会主义市场经济制度相适应的产物。然而，这样的转变却是困难的。改革的困境在于旧有体制难以同市场兼容，它深刻反映在政府、专业银行同国有银行业已存在的连带关系上。国有企业的自有资金不足，使其依赖于政府的扶持和资助，尤其是专业银行的“输血性贷款”和扶贫政策。而专业银行则依赖于对金融业务的高度垄断和中央银行的扶助。政府则通过对企业和专业银行的干预和控制保持其对经济活动的支配和调控。这样的三角关系足以显现商业银行经营管理制度的转变所要面临的巨大困难。

1997 年亚洲金融危机之后，国有企业陷入大面积的瘫痪，商业银行的不良贷款剧增，潜在的风险管理问题大面积爆发。为应对这次金融危机，国家又出台了一系列的改革措施，主要是充实商业银行的资本实力，改善商业银行的财务状况，并对商业银行风险管理、资产评估等方面提出了更高的要求。经过这次冲击之后，商业银行的资本金已基本消耗殆尽，而单独依靠商业银行自身的经营来化解不良资产、充实资本金几乎是不可能的。

20 世纪 90 年代末，国家开始通过注资、核销、剥离等手段对国有商业银行进行财务重组。

1998 年，财政部发行 2 700 亿元特别国债用于补充国有商业银行资本金。由于国有商业银行的呆坏账多由历史原因的政策性负担所致，国家还核销了一部分不良资产。1999 年，国家先后成立信达、华融、长城、东方等 4 家金融资产管理公司收购国有独资商业银行不良贷款，管理和处置因收购国有独资商业银行不良贷款形成的资产，分别接收从中国工商银行、中国农业银行、中国银行、中国建设银行剥离出来的不良资产。经过财务重组以后的国有商业银行，提高了资本充足率。由于核销、剥离、注资等方式都是由政府提供资金，这种状况是不可持续的。至此，国有银行股份制改造已提上日程。

2000 年 5 月 9 日，《人民日报》发表中国建设银行行长周小川的文章《国有商业银行如何充实资本?》，该文对国有商业银行的改革路径进行了前瞻。

（四）第四阶段（2003—2010年）：国有商业银行股改上市

在这一阶段里，国有商业银行经历了股改、引进战略投资者、上市等措施，进行了国有商业银行改革的积极探索。

国有银行的股份制改革之旅始于 2003 年，当时国务院专门成立了国有商业银行股改领导小组，以一种坚决而高效的姿态来主导整个改革。

为了改革当时的银行业监管体制，国务院决定设立中国银行业监督管理委员会（简称“银监会”），并于 2003 年 3 月由十届全国人大一次会议审议通过。同年 4 月 28 日，中国银监会正式挂牌；12 月 27 日，《中华人民共和国银行业监督管理法》由十届全国人大常委会六次会议审议通过。

2003 年 12 月 16 日经国务院批准组建的国有独资投资公司成立了中央汇金投资有限责任公司（简称“中央汇金公司”），代表国家对中国银行和中国建设银行等重点金融企业行使出资人的权利和义务，分别向股份制改革试点的两家银行中行和建行各注资 225 亿美元。用外汇储备向两家银行注资不是财政拨款，而是一种资本金投入。

2005 年 10 月 27 日，中国建设银行在香港联合交易所正式挂牌上市，至 2010 年 7 月 16 日，中国农业银行成功在香港挂牌上市，工行、农行、中行、建行等中国大型国有商业银行全部完成在香港和上海两地上市，标志着我国国有商业银行的股份制改革已基本完成。

案　例

2005 年第 22 期《财经》三篇封面文章《建行 IPO 洗礼》《中行引资未了局》《工行设定航标》以及《建行为何不能发 A 股》是一组聚焦中国资本市场重大事件的优秀之作。其中《建行 IPO 洗礼》整合了在北京和特派香港的一共 5 名记者的报道，梳理出建行上市过程中战略投资者的选择和定价等关键问题，引述建行高管以及多方专家观点，得出令人信服的结论：无论如何，作为自 2003 年以来启动的国有商业银行改革的第一个阶段性成果，作为第一家真正经历了市场洗礼的国有银行，建行在引入战略投资者的谈判技巧、承销商与上市地点选择、上市定价技术把握等诸多方面积累的经验与教训，都足以对后来者乃至整个银行业改革进程产生深远影响。

股份制改革使国有商业银行的产权关系明晰化，真正实现了银行资产在法律上的所有权与银行的法人财产权的分离，有助于国有商业银行成为真正的独立市场主体。通过股份制改革，国有商业银行的主要财务指标已接近世界先进银行的水平，现代商业银行制度也在我国初步建立，中国国有商业银行已具备了可持续发展的基础。与此同时，在股改过程中，银行的治理架构不断细化清晰，各部门有了更为明确的分工和职责。股东大会、董事会、监事会和高级管理层之间各司其职又相互制衡。所有权和经营权的分离也使得银行的经营管理更加专业化和规范化，银行的经营效率大幅度提高。

国有商业银行用引进战略投资者的方式，充分学习其带来的先进的管理模式和经营理念，使银行的内部控制和风险管理制度更加完善，应对危机的能力有大幅度提升。与此同时，结合引进的战略投资者，国有商业银行不断开拓新的业务渠道，加强金融创新，提高金融服务质量，与飞速发展的经济和社会需求有效协调统一，不断满足了居民日益增长的投资和业务需求。

从银行资金的角度来看，由于股票发行和上市工作基本完成，国有商业银行从各资本交易市场筹得大量的资金，建立起市场化的资本金补充机制，财务状况有了明显好转，也给国有商业银行的经营带来了更大的发展空间和更多的发展机遇，国有商业银行抗风险的能力显著增强，这些都使得我国资本市场的国际地位在一定程度上有所提升。

（五）第五阶段（2011年至今）：商业银行与金融科技公司竞合阶段

本阶段的主要特点是互联网金融崛起，一些互联网平台企业利用大量的客户资源和大数据技术具备了与商业银行竞争的优势，并且陆续拿下了相关牌照。

2011年，央行向首批27家企业颁发第三方支付牌照，包括支付宝等。这表明金融科技公司的崛起。2013年下半年，余额宝横空出世，短短几年间，吸引了6亿多用户，在很大程度上改变了国人的理财习惯。以余额宝为代表的互联网理财蓬勃兴起，银行存款开始向互联网理财“大搬家”，传统银行遭遇了前所未有的挑战。

2013年开始P2P行业蓬勃兴起，从最初的几十家网贷平台发展到数千家，网贷成交量也从几百亿元的规模飙升到最高时的2万多亿元。在P2P诞生之初，既为小微企业带来了融资渠道，又为民众提供了理财途径。自2014年12月腾讯等企业发起设立的国内首家民营银行微众银行到2022年6月，已陆续成立19家民营银行。

2015年以来，利率市场化改革迈出历史性一步，央行放开银行存款的利率浮动上限，但仍由银行业协会自律机制设置一定的上浮限制。

2015年5月1日开始施行《存款保险条例》，其中明文规定在银行倒闭后，单人储户50万元以内的本息由存款保险100％兑付。

根据实体经济的需求和互联网科技的发展，管理层一方面鼓励金融创新，另一方面针对银行业出现的新问题特别是互联网金融业加强了监管。以2017年第五次全国金融工作会议召开为标志，管理层开始强化监管，防控金融风险。

2018年以来，P2P平台开始大规模倒闭清盘，加之监管层面要求P2P退出或转型，P2P平台开始进入快速消亡期。根据央行的数据，截至2020年上半年，P2P平台仅剩29家。到了2020年11月中旬，P2P平台全部清零。

被强力监管的还有网络小贷。2020年11月2日，央行和中国银行保险监督管理委员会（简称“银保监会”，现为国家金融监督管理总局）发布《网络小额贷款业务管理暂行办法（征求意见稿）》。因为监管环境发生重大变化，所以2020年11月3日，蚂蚁集团的上市被紧急暂停。

银行业市场化改革的脚步仍未停歇。2019年8月份以来，央行进一步完善贷款利率市场化改革，公布了新的LPR（贷款市场报价利率）形成机制。截至2023年12月20日，一年期LPR从4.31％下降到3.45％。

三、我国商业银行面临的主要挑战和应对

我国国有商业银行的股份制改革还远没有结束，股份制改革并不能包治百病。鉴于中国国情和诸多历史遗留问题，我国国有商业银行与世界一流的商业银行之间还存在着较大的差距，公司治理机制还不够完善，内控制度仍

不健全，基础管理比较薄弱，风险控制能力有待提高，经营管理水平亟待提升。在监管机制方面，监管部门的监管水平和监管效率还有待进一步提高。在市场环境方面，全社会的信用和诚信体系建设刚刚起步，金融法制建设尚待完善之中。

具体来说，当前我国国有商业银行面临的主要挑战表现为以下几点。

（一）市场化程度有待提高

我国商业银行的存贷款利率长期以来都实行利率管制，各商业银行以央行指定利率进行存贷业务。近些年，我国逐渐放开利率管制。自 2013 年 7 月 20 日起全面放开金融机构贷款利率管制，取消金融机构贷款利率 0.7 倍的下限，由金融机构根据商业原则自主确定贷款利率水平。这被认为是 2013 年以来在金融领域推出的重大改革举措。然而，由于存款利率上限没有放开，整个中国银行业的自主经营权还十分有限。

（二）银行业的全球化竞争加剧

中国加入 WTO 后，不可能继续依靠对外资银行的限制来保护国内银行，国内银行业将越来越多地直接面对资金实力充足、管理先进、服务高效的国外金融机构，国有商业银行要在日趋激烈的竞争中生存发展，只能尽快提高自身的竞争力。花旗、汇丰、渣打等外资银行已抢滩登陆拟打造国际金融中心的上海，外资银行和本土银行的竞争势必日趋激烈。中国目前已是世界第二大经济体和世界最大的贸易国之一，中国经济的发展已深深地融入了全球经济之中，随之而来的是中国金融的全球化，跨境资本流动和人民币的国际化不可避免。中国银行业势必走出国门，向全球提供相关的金融服务。同时，中国银行业也要遵循国际银行业惯例，接受国际协议如《巴塞尔协议》的监管。

知识窗

《巴塞尔协议》简介

《巴塞尔协议》又名《资本充足协议》(Capital Accord)，是国际清算银行巴塞尔委员会成员，为了维持资本市场稳定、减少国际银行间的不公平竞争、降低银行系统信用风险和市场风险推出的资本充足比率要求。巴塞尔委员会在 1988 年首次订立了《巴塞尔协议Ⅰ》，之后进行了修订，2004 年 6 月 26 日公布了《巴塞尔协议Ⅱ》。2008 年金融危机爆发后，2010 年 9 月 12 日公布了《巴塞尔协议Ⅲ》。该协议要求银行的一级资本率自 2013 年起从当时的 4%提高到 4.5%，到 2019 年进一步提高到 6%。加上 2.5%的银行资本缓冲，银行的全部储备资本比例将达到 8.5%。

在中国金融全球化道路的过程中，有几件事情需要考虑：第一，了解西方世界在金融监管和运作方面的经验以及教训；第二，思考中国的金融改革如何借鉴其经验，避免其教训；第三，在此基础上展望中国金融业未来的发展机遇和全球化挑战。

案 例

2014 年 7 月 9 日，中央电视台播出关于中行公然“洗钱”的报道，称中国银行涉嫌提供洗钱服务。央视报道称，中国银行旗下多家分支行有一项偷偷摸摸似乎见不得光的跨境人民币结算业务——优汇通业务，这是一项无限额的换汇业务。专家表示，跨境人民币结算并不允许个人投资移民，银行绕开监管，实现超额汇兑，已经涉嫌违法。报道播出后引起轩然大波，中行坚称此项业务仅是众多试验性的外汇业务之一，且受到央行支持。

这则报道表明，在中外银行的激烈竞争下，我国国有商业银行求新求变，努力开拓新业务，同时也透露出我国在外汇监督管理机制方面还存在一些问题。如何既能进行金融创新、开拓境内外新业务，又能有效实施金融监管、打击洗钱活动，不仅是我国商业银行必须面对的课题，也是我国外汇监管部门应该持续思考的问题。

（三）信贷风险控制能力较弱

与花旗、渣打、摩根大通等西方银行相比，我国银行在信贷风险控制方面经验不足，风控能力较弱。目前我国大部分商业银行设有股东大会、董事会、监事会以及独立董事等内部架构，但一些银行尤其是中小银行内部并未形成有效的监管制衡机制，控股股东、大股东权力很大。银行违规发放贷款，为大股东控股股东关联企业提供担保，银行内外勾结，掏空银行资金，套取国家专项资金，银行官员贪腐、外逃事件时有发生。海南发展银行、齐鲁银行、广西北部湾银行、包商银行以及河南、安徽村镇银行等银行相继暴露的信贷风险和破产事件不仅殃及银行自身，而且波及诸多企业和个人。

中国银行业在市场化过程中必须提高风险控制和化解危机的能力。

（四）金融科技公司崛起带来的市场分割

2012 年，由于智能手机的逐渐普及，P2P 信贷和其他网络信贷在全国铺开。互联网企业突入金融领域，与银行争抢传统的存贷业务。经过若干年的大浪淘沙，蚂蚁金服、微众银行成为科技金融公司中的佼佼者，与银行展开直接的竞争，在银行业务蛋糕上切去了一块。

与金融科技公司相比，银行的优势主要在于以下方面：（1）资金实力较为雄厚，可用资金较多。（2）银行已有大量的基础客户，而金融科技公司还需要花大价钱去获取客户。（3）银行能在各种业务之间互相补贴，而金融科技公司一般业务都比较单一，且规模不经济。（4）银行的政治影响和客户信任不可忽略（银行一般不会倒闭）。（5）银行的资金成本低（存款利率低）。（6）银行的客户的质量高。

在与金融科技公司的竞争中，如果银行改善灵活性和服务水平，加大金融创新力度，利用互联网和大数据的信息优势，未必会失败。

延伸阅读

个人储蓄存款如何规避风险?

首先，存款存在参加存款保险的金融机构比较安全。2015年出台的《存款保险条例》中明文规定，在银行倒闭后，单人储户50万元以内的本息由存款保险100%兑付。只要控制存款的本息在50万元内，是不用担心银行的经营风险的。从2020年11月28日起，全国参加保险的金融机构都开始使用存款保险标识。如果看到有使用存款保险标识的金融机构，就代表它已经参加了存款保险，存款受到国家法律保护。参加存款保险的金融机构也可在央行官网查询。其次，存款在国有商业银行最安全，中、农、工、建、交、邮储综合实力最强。然后是股份制银行中，招商、平安、光大等上市银行。部分城商行、农商行、民营银行、村镇银行、县级农信社等资金实力弱，呆坏账多，管理较差且有一些漏洞，若遇到储户集中提款会存在流动性风险，显示个人账户上有钱但提取不出来。谨记本金安全第一原则，不要受高息诱惑。再次，注意纸质和电子等原始凭证的保存和截图保存等。即便有银行手机App，也最好办理并保管好对应银行卡。最后，要特别关注银行卡交易信息提示短信。在司法实践中，大量被盗刷的持卡人正是在接收到交易信息提示短信后，在合理的时间内采取报警、挂失、进行自动柜员机交易等措施保存证据，才在其后的民事诉讼中以保存的证据初步证明相关交易非其本人所为。

报道提示

银行会因坏账倒闭的原因

财经记者应记住，银行会因坏账而倒闭有几个原因：

- 政府定向贷款/政策贷款。
- 不以金融规律为基础的贷款和腐败的贷款。

- 对“泡沫”行业的贷款。
- 银行的资产配置不当，有潜在风险。

关于银行业与实体经济应思考的问题

- 一个国家的银行业是否在为实体经济服务？
- 某个“大到不能倒”的银行发生信贷风险后，会因此倒闭从而引发社会危机吗？政府会采取哪些救助措施？
- 地下钱庄和影子银行为什么会存在？

关于银行风险信息的获取渠道

- 上海票据交易所票据信息披露平台、中国人民银行以及国家金融监督管理总局官网可以查到企业商业汇票承兑逾期、贷款核销等信息。

问题与思考

判断题

指出下列说法正确还是错误，并说明理由。

1. 与一般企业相比，商业银行的自有资本金比例较低。
2. 商业银行的基本经营模式是吸收存款、发放贷款。
3. 我国商业银行总行与分行的关系是总公司与子公司的关系。
4. 中信银行属于大型国有控股商业银行。

第五编

通货膨胀与金融危机

如果说温和的通货膨胀像小偷一样让你的钱财蒙受不易察觉的损失，那么严重的通货膨胀则像强盗一样迅速掠夺走你的大部分财富。某个国家发生严重的通货膨胀通常意味着这个国家发生了金融危机。开明政府都会采取各种措施竭力避免发生严重的通货膨胀。当一国中央银行出于某种原因（例如防止经济衰退）而开闸放水造成流动性泛滥时，产品和服务的增加速度赶不上货币的增加速度，就会造成货币真实购买力下降。储蓄者和固定收入者尤为遭受打击。

通货膨胀、主权债务危机和银行危机都是金融危机。当一国政府发生债务违约时，主权债务危机大概率会出现。银行危机是指银行过度涉足或贷款给企业从事高风险行业（如房地产），从而导致资产负债严重失衡、呆账负担过重而使资本运营呆滞以致破产倒闭的危机。一国发生银行危机还经常伴随其他危机，包括汇率危机、国内外债务危机、通货膨胀危机等。

第十一章
通货膨胀

最重要的是要记住，通货膨胀不是天意；通货膨胀不是自然灾害或者瘟疫暴发。通货膨胀是个政策——是那些认为它不如失业有害的人们蓄意实行的政策。但事实是，长远看来（不用太长远），通货膨胀并不能克服失业。

——路德维希·冯·米塞斯

案　例

2022 年 3 月 17 日凌晨，美联储 FOMC 会议决议甫一公布，新浪财经就第一时间推出国盛证券研究人员的述评文章《美联储加息：历史对比、未来推演、市场影响》，公布会议主要内容并对美联储加息的决定进行解读。此文与 2020 年 10月出版的《财经》杂志的《货币狂欢与财富幻象》解释彼时疫情暴发以来，美联储开启无限量化宽松“货币大放水”政策，深度解析了西方央行特别是美联储货币政策造成的后果——美国严重的通货膨胀及其现在的加息逻辑。事实上，美联储每一次加息或减息决定都会引起包括中国媒体在内的全球媒体关注。作为专业财经媒体，新浪财经与《财经》杂志的首发文章比央视新闻频道、中国网等综合媒体的报道信息量更大也更有说服力。

通过本章的学习，你可以了解：

- 通货膨胀的含义、类型和原因。
- 货币数量论、现代货币理论以及理性预期学派的通货膨胀相关理论。
- 谁是通货膨胀的受害者、受益者?
- 当严重通货膨胀发生时，政府应该如何应对?

第一节　通货膨胀的衡量指标、种类及原因

在政府所有统计指标中，最受关注的是消费者价格指数或消费者物价指数。因为消费者价格指数与人们真实的货币购买力和生活水平息息相关，同时消费者价格指数也是政府相关部门密切关注的指标。持续走高的消费者价格指数也是货币政策从宽松到紧缩的调整依据。

一、通货膨胀的概念及其衡量指标

通货膨胀是一定时间内大多数商品价格的持续上涨。“通货”是指流通中的货币。几种商品的价格上涨或者因为偶然因素使得大部分商品短期价格上涨通常不被认为是通货膨胀。通货膨胀通常以消费者价格指数为衡量指标。

消费者价格指数（consumer price index，CPI）是一个反映居民家庭一般所购买的消费品和服务项目价格水平变动情况的宏观经济指标。它是在特定时段内度量一组代表性消费商品及服务项目的价格水平随时间而变动的相对数，是用来反映居民家庭购买消费商品及服务的价格水平的变动情况，是一个月内商品和服务零售价变动系数。将食物及能源去除后剩下的部分，称为“核心 CPI”（core CPI）。核心 CPI 能够正确判断物价的真正走势。这是由于食物及能源价格一向受到季节及供需的影响，波动剧烈。

不同国家的 CPI 构成不尽相同。由于发展中国家人们用于食品消费的支出大于发达国家，因此发展中国家的食品消费权重在 CPI 构成中占比较高。同一个国家不同历史时期的 CPI 构成也有差异。例如，随着我国居民消费水平的提高，用于交通、通信、医疗保健的支出逐年扩大。国家统计局会根据变化调整 CPI 权重，以期真实反映居民消费水平。

衡量某一国家或地区的物价整体水平的指标不仅包括消费者价格指数，还包括生产者价格指数。生产者价格指数（producer price index，PPI）又称为“批发价格指数”，是反映一国各个时期零售市场以外的商品价格水平变动程度的相对指标。各国编制的生产者价格指数包括的范围有所不同，大致有下列几种：（1）一般指数或所有产业部门；（2）制造业；（3）国内产品和进口产品；（4）农产品。

由于在通常情况下，上游产品价格上升会传导到下游商品，导致消费品价格上升，同时居民对消费品价格上升更为敏感，因此 CPI 通常成为衡量通货膨胀的主要指标。然而，在某些时期，PPI 与 CPI 的变动趋势并不一致。

例如，2021 年上半年虽然国际石油、煤炭、钢铁等大宗商品价格飙升导致我国 PPI 走高，然而同一时段我国 CPI 并未同步走高。这是因为同期猪肉价格大幅下跌和新冠疫情对生活用品消费的抑制。在报道通货膨胀时，媒体常犯的错误是把生产者价格指数当作消费者价格指数的预测依据。

除此之外，由于广义货币（M2）是用来反映一个国家或者地区货币量的重要指标，包括流通中的货币，以及各种活期、定期存款，但不包括各类金融债券等，因此如果某个经济体 M2 增速相对国内生产总值（gross domestic product，GDP）过快，则通货膨胀的压力会增加。

二、通货膨胀的种类

按照不同的角度，通货膨胀可以划分为不同类型。

（一）按通货膨胀与物价上涨程度划分

按照通货膨胀与物价上涨程度，通货膨胀可以划分为如下类型。

1. 爬行式

爬行式通货膨胀又称“温和的通货膨胀”，即允许物价水平每年按一定的比率缓慢而持续上升的一种通货膨胀。

2. 跑马式

跑马式通货膨胀又称“小跑式通货膨胀”，即通货膨胀率达到两位数。在这种情况下，人们对通货膨胀有明显感觉。如果预期收入的涨幅远远落后于物价的涨幅，那么人们就不愿保存货币，而是抢购商品，用以保值；如果预期收入的增长与物价的增长水平相当，则不会发生抢购商品、囤积生活物资的现象。

3. 飙升式

飙升式通货膨胀又称“恶性通货膨胀”，即货币急剧贬值，物价指数甚至可达到天文数字。恶性通货膨胀又称“超速通货膨胀”（galloping inflation，runaway inflation），是三位数以上的通货膨胀。一般将年通货膨胀率 40%或更高作为严重通货膨胀危机发生的标志。

恶性通货膨胀表现为流通货币量的增长速度大大超过货币流通速度的增长，货币购买力急剧下降，物价水平加速上升，整体物价水平以极高速度快速上涨的现象，使民众对货币价值失去信心。当货币的流通量增加快速，使货币变得没有价值时，人们会急于以货币换取实物，人心惶惶的结果只会加速通货膨胀的恶化，整体经济濒临崩溃边缘，甚或引发政府危机。德国魏玛时代的马克和中国国民党时期的金圆券甚至导致了政府的倒台。

恶性通货膨胀一般是社会处在战争或政治变革的特殊时期，政府不得不以大量印制钞票方式弥补开支时才会发生。例如，主要为了支付第一次世界大战失败后的巨额战争赔款，德国央行超过国内总产出需求大量发行货币，终致 1920 年、1923 年发生了恶性通货膨胀。如果 1922 年 1 月的物价指数为 1，那么 1923 年 11 月的物价指数则为 100 亿。假如一个人在 1922 年年初持有 3 亿马克债券，两年后，这些债券的票面价值早就买不到一片口香糖了。中国 1948—1949 年期间国民党政府滥发钞票曾造成过恶性通货膨胀，货币贬值达到无法统计的程度，许多商品的物价一天之内能翻一倍。苏联解体后，俄罗斯国内出现恶性通货膨胀，卢布贬值超过万倍。

（二）按通货膨胀与就业率、工资的关系划分

按照通货膨胀与就业率、工资的关系，通货膨胀可以划分为如下类型。

1. 需求拉动性通货膨胀

即便是在充分就业的情况下，由于劳动力市场存在的矛盾（例如，信息不对称、失业者的非就业因素考虑等），失业现象也是存在的，因此很难使工人和雇主恰当地对应起来。一个身处底特律的失业汽车工人可能对加州有一个电子业的工作机会一无所知，即使有所知晓，也许并不想前往或在另一领域里重新接受培训。因此，充分就业情况下的失业率（自然失业率）将大于零。如果政策制定者制定的失业率目标过低，低于自然失业率，就会为货币增长率过高创造条件，由此引发通货膨胀。

如果政策制定者所制定的失业率目标（例如 4%）低于自然失业率（例如 5%至 6%之间），他们将尽力实现大于自然生产率水平的产出目标。如果经济处于自然生产率水平，但低于产出目标，政策制定者为了实现 4%的失业率目标，则必须颁布政策以扩大总需求。

2. 成本推进性通货膨胀

假设工人决定要求增加工资，不管是出于增加实际工资（即能够购买多少商品和服务的工资）还是他们预期通货膨胀会加重因而希望工资能保持与通货膨胀相对应的目的，工资的增加势必导致总供给的扩大（这类似于供给的被动震荡）。如果政府的财政和货币政策维持不变，总供给和总需求就会发生变化，产量将降低到自然生产率水平以下，价格水平则上升。

由于产量的下降以及引发的失业率的上升，政策制定者将会实施相关政策以扩大总需求，以回到产量的自然生产率水平和价格水平上，因此得到更高工资的工人们情况并非很糟。政府介入以确保失业率不会过高，工人们又实现了增加工资的愿望，政府实际上对工人增加工资的要求做出了让步。以

高就业率为目标的积极政策通常被称作“适应性政策”。

工人也许会继续要求更高的工资。一些工人也许会意识到与别人相比，他们的工资水平已经落后了，然而他们不愿被抛在后面，也会要求增加工资。其结果就是总供给又一次扩大，失业率又有了增加，积极政策又会被用来扩大总供给，使经济恢复到充分就业的水平。这一过程的持续会导致价格水平的持续上升，进而发生成本推进性通货膨胀。

成本推进性通货膨胀的发生以总需求的持续扩大为前提。按凯恩斯主义的观点来分析，总需求的第一次扩大是通过政府支出的一次性增长或税收的一次性减少来实现的。政府支出的最大限度和税收的最低限度决定了不能长期采用扩张性财政政策，但是总需求可以通过不断增加货币供给即高货币增长率得到扩大。因此，成本推进性通货膨胀是一种货币现象，没有政府金融部门采取高货币增长率的适应性政策就不可能发生成本推进性通货膨胀。

3. 结构性通货膨胀

在充分就业或非充分就业的情况下都可能发生的通货膨胀即结构性通货膨胀。当对产品的需求从某些产业转向某一产业时，这种重大转移就导致结构性通货膨胀。这一情况的前提假设是生产要素具有一定的弹性和非流动性。具体来说，鉴于价格控制和工会压力，假设工资和价格具有向下的刚性和向上的弹性。

举例来说，如果产品需求很大程度上由产业 Y 向产业 X 移动，这将推动产业 X 的生产力达到或接近最高水平。由于劳动力和资源的稀缺和缺少流动性，产业 X 为了增加产量不得不为工资和材料成本付出更高的价格。这样，增加的需求将会引起产业 X 内部价格的上升，这是需求拉动性通货膨胀。既然假设由于刚性原因产业 Y 的价格不会下降，这样一来，总体价格水平就会上升。

如果这一通货膨胀的后果外溢到其他产业，这种情形就会更加严重。总体价格水平的上涨会鼓动产业 Y 内部工资的增加以及接踵而来的价格的上扬。尽管由于需求转移出产业 Y 使得产业 Y 的产量和就业量下降，但雇主仍然不得不为了留住经验丰富、技术娴熟的工人而付出高薪以抵消生活成本的上升。事实上，结构性通货膨胀兼有需求拉动性通货膨胀和成本推进性通货膨胀的特点。

这三种通货膨胀的共同解决办法在于提高生产率。一方面，对于需求拉动性通货膨胀，如果生产率的提高可以满足额外的商品和服务需求，那么通货膨胀的压力就会消除。另一方面，可以通过减少货币供应量或减少可支配收入以降低商品和服务需求。如果工资的增长与生产率的提高保持同步，那么成本推进性通货膨胀和结构性通货膨胀就会得到缓解。如果工资的增长与生产率的提高保持一定比例，收入就会与生产的商品量平衡，高水平工资才能得到充足的商品和服务。

4. 社会性通货膨胀

社会性通货膨胀源于对政府服务不断增长的需求，其表现为更多的社会保障支出，改善失业待遇，分配更多福利，扩大医疗保险范围，提高租金补助以及改善其他许多社会服务。私营企业由于附加福利，如为员工延长假期、增加假日、缩短工时、增加养老金、扩大医疗和保险范围等而带来成本不断增加，进一步激化了社会性通货膨胀。而且，无论是政府还是私营企业使用昂贵的防污染设备用以保护自然环境而带来的花费给价格水平更是增加了压力。社会性通货膨胀可能会在充分就业的情况下发生，增大需求拉动性通货膨胀的压力，有时会增大成本推进性通货膨胀的压力。

5. 输入性通货膨胀

对开放经济体来说，还存在着输入性通货膨胀。输入性通货膨胀是指由于国外商品或生产要素价格的上涨引起国内物价持续上涨的现象。输入性通货膨胀与开放经济有密切的关系，开放的程度越大，发生的概率越大。输入性通胀的特点是非本国内部因素导致的价格水平快速上涨，一般有两种：一种是重要进口原材料价格上涨，通过价格传导机制，导致物价普遍上升。另一种是资本流动造成的。1973年和1979年石油价格上涨引起了美国普遍的通货膨胀，因为那时它是石油进口国。随着全球经济一体化程度的加深，输入性通货膨胀在很多经济体发生的频次越来越高。输入性通货膨胀往往使得经济体保持货币政策独立性愈加困难，货币政策的有效性也大打折扣。

案　例

如果说2021年《财新周刊》第12期的通讯《通胀来袭?》侧重分析了美国通胀预期及对全球的影响，那么第18期封面报道《通胀解剖》则聚焦了2021年以来全球大宗商品价格暴涨及通胀预期加剧对中国的影响。它们通过呈现多位专家学者对本轮价格上升驱动因素的分析，指出本轮国内通胀的特点。国内生产资料价格暴涨不仅由于输入性通货膨胀，而且大宗产品出口国因疫情减产、碳中和战略等都对国内生产资料价格暴涨叠加影响。同时给出这次货币政策的应对措施作用有限的原因："在此前数轮通胀中，货币政策收紧是重要抓手。但由于此次通胀的成因不同于以往，受访人士普遍认为，货币政策能做的有限。"

以上两篇报道的共同点是作者紧密关注中美等大经济体的通胀数据以及两国央行的不同举措，较为全面地呈现了专家分析、预测和对策建议。事后我国央行与美联储施行截然不同的货币政策验证了专家的预判。这是两篇数据翔实、分析透彻、很具有决策参考价值的报道。

三、通货膨胀成因的理论阐释

面对通货膨胀的发生，经济学家以货币数量论、现代货币理论以及理性预期学派的相关理论等阐释其成因。

（一）货币数量论

货币数量论有古典论、近代论和现代论之分。古典论认为，货币数量决定商品的价格。货币数量多了，商品价格就上升；货币数量少了，商品价格就下降。在这种货币数量理论中，货币只是一种工具，人们得到这种工具就会到市场上去购买商品。得到货币的数量多，用于购买商品的货币就多，商品价格就上涨；得到的货币数量少，用于购买商品的货币少，商品价格就下降。由于这种理论有许多生活的直观经验支持，因而理解起来比较容易。

近代货币数量论除了注重对货币流通量与商品价格及货币价值关系的质的认定外，还注重对它们关系的量的分析。其主要代表人物有英国的休谟、A. 马歇尔、A. C. 庇古、凯恩斯，美国的欧文·费雪。

他们认为在货币数量变动与商品价格及货币价值变动之间存在着一种因果关系的理论。其核心思想是：假定其他因素不变，商品价格水平涨落与货币数量多少成正比，货币价值的高低与货币数量的多少成反比。

20 世纪初，美国耶鲁大学教授费雪提出了交易方程式，也被称为“费雪方程式”，即 $MV=PT$ 或 $P=MV/T$，其中 M 指货币数量，V 表示货币流通速度，P 表示物价水平，T 表示各类商品的交易总量。这一方程式考察了商品流通过程中物价水平与货币数量的关系。根据这一方程式，P 的值取决于 M、V、T 三个变量。费雪分析，在这三个经济变量中，M 是一个由模型之外的因素决定的外生变量；V 是由制度因素决定的，而制度因素变化缓慢，因而可视为常数；T 与产出水平保持一定比例，也是大体稳定的。因此，只有 P 和 M 的关系最重要，而 P 的值完全取决于 M 数量的变化。换言之，物价水平取决于货币数量。因此，要使价格保持既定水平，货币数量与交易总量必须保持一定的比例关系。

费雪方程式表明，名义利率必须包含一个通货膨胀溢价，以弥补预期的通货膨胀给贷款人造成的实际购买力损失。当实际利率保持稳定时，名义利率就会随着预期通货膨胀率的提高而提高。

现代货币数量论的代表是芝加哥经济学派领军人物米尔顿·弗里德曼。弗里德曼在理论上有三大贡献。

第一，弗里德曼提出现代货币数量论，即通货膨胀起源于“太多的货币追逐太少的商品”。政府可以通过控制货币增长来遏制通胀。这被视为现代经济理论的一场革命。弗里德曼认为，通货膨胀是一种货币现象。对提供公共服务的中央政府和地方政府来说，支出大于收入从而出现财政赤字并非罕见的问题。如何解决这一问题，常常有两种观点。一种观点主张增收节支，减少政府开支，增加税收。另一种观点倾向于财政赤字货币化，即政府在财政入不敷出的情况下，不是通过“借钱”（如向市场发债）的方式来为其财政赤字提供融资，而是靠自己“印钱”来为财政赤字融资。后者比前者较容易获得当前民意支持，解决各种“燃眉之急”，但从中长期来看会产生各种负面效应。

第二，弗里德曼创立消费函数理论，对凯恩斯经济理论中的边际消费递减规律进行驳斥。凯恩斯认为，随着社会财富和个人收入的增加，人们用于消费方面的支出呈递减趋势，与此同时储蓄则越来越多，因此政府可以通过增加公共支出来抵消个人消费的减少，从而保证经济的持续增长。弗里德曼指出，这一理论站不住脚，因为人们的欲望实际上永无止境，原有的欲望得到满足后，新的欲望随即产生。

第三，1968 年，弗里德曼与美国哥伦比亚大学经济学家菲尔普斯同时提出自然率假说。他们发现，从长期来看，失业率与通货膨胀并没有必然联系。自然失业率永远存在，是不可消除的。因此政府的宏观调控政策长期来看是不起任何作用的。弗里德曼主张在通货膨胀与货币供给之间存在着一个紧密而稳定的联结关系，亦即通货膨胀的现象应该是以联邦储备银行对全国经济提供的货币数量为基准。他强烈反对以金融政策作为需求管理的手段，并且主张政府在经济上扮演的角色应该被严格限制。弗里德曼认为，政府应该按一个不变的比率扩大货币供给，而不是根据某种经济事件或状态来调节货币供给。例如，货币供应量的增长与 GDP 的增长应当保持一个合适的比例。

（二）现代货币理论

现代货币理论（modern monetary theory，MMT）认为货币是公共垄断，政府不应试图每年平衡财政预算，政府的目标应该是根据老百姓的就业情况而调整财政政策，并在需要的时候通过故意的财政赤字支出来刺激总需求，购买真实资产，促进全面就业。通俗而言就是拥有本国货币（和中央银行）的主权政府财政不会受到限制，政府支出不是由税收和国债收入，而是通过发行自己的借据（货币、纸币）来支持，征税使政府获得了对应当缴税的实体的信用。

只要政府的债务是以本国货币发行的，债务就无所谓上限，因为政府总是可以通过大量印钞票来还清本国的债务。当下的金融系统是一套复杂的电子记账系统，只需要在电脑键盘上敲击几下，电子化录入借方与贷方金额，钱就被创造出来了。

因此，现代货币理论的支持者认为其实是消费者的需求创造出了货币（贷款），并不是存款创造了贷款。比如，A 消费者去银行贷款，银行不会等到 B 消费者把钱存进银行后再贷款给 A；相反，银行会根据 A 的信用情况，直接把 A 所需的贷款借入其账户。

在现代货币理论下，商业银行无须先有存款或准备金才能放贷，银行在放贷的同时就创造出了货币。当还清贷款时，钱（以及存款代表的消费能力）被破坏。

反对 MMT 的人则认为无限印钞票会带来通货膨胀，但 MMT 支持者却持相反意见。MMT 支持者认为政府在支出方面的唯一限制是对实际资源的可用性，例如工人、资源等。当总需求超过经济中实际资源（包括商品、工厂和工人）的生产能力时，政府应遏制财政赤字支出，并减少需求，例如征收更高的税收以及颁行更严格的商业和金融法律法规。

（三）理性预期学派

理性预期学派是在 20 世纪六七十年代西方国家经济普遍陷入滞胀、凯恩斯主义陷入困境时从货币主义学派中分化出来的一个自由主义学派，其主要代表人物是 1995 年诺贝尔经济学奖获得者卢卡斯。1972 年卢卡斯发表了《预期与货币中性》一文，首次将理性预期假说引入宏观经济问题分析。之后，“理性预期”概念被广泛运用到各种经济问题分析中，一些崇尚自由主义的经济学家卢卡斯、萨金特、华莱士、巴罗等人发表了一系列论文。他们以理性预期和市场出清为假设，从微观个体最优化行为出发，试图建立与微观经济学相一致的宏观经济学。卢卡斯及其追随者也因此被称为“理性预期学派”。

理性预期学派的基本观点是，人们在经济活动中根据过去价格变化的资料，在进入市场之前就对价格做出预期，这样，他们的决策是有根据的。市场会发生一些偶然情况，成为干扰因素，但可以事先计算它的概率分布，因此可以选出最小风险的方案，以预防不利后果的侵害。例如，在确定房租、债券利息、议定工资、规定供给价格时，都可把未来价格波动估计进去，定得高一些，以防止因通货膨胀而降低实际收入，因此合理预期起到了加速通货膨胀的作用。同时，由于政府对经济信息的反应不如公众那样灵活及时，所以政府的决策不可能像个人决策那样灵活，因此政府的任何一项稳定经济的措施都会被公众的合理预期所抵消，成为无效措施，迫使政府放弃施行。因此，理性预期学派认为，国家干预经济的任何措施都是无效的。要保持经济稳定，就应该听任市场经济的自动调节，反对任何形式的国家干预，所以，一般认为理性预期学派是比货币学派奉行更彻底的经济自由主义。

第二节　通货膨胀的后果与应对

人们通常认为通货膨胀无声无息地剥夺了消费者的现有购买力，并且使人们的储蓄贬值。并且，通货膨胀破坏利润，使得企业不得不为流动资产付出更高的价格，为机械、设备和厂房等付出更高的替代成本。通货膨胀还削弱了我们的国际收支平衡能力。再者，由于通货膨胀增加了政府的服务成本，不管是投资者还是消费者都不得不缴纳更高的税额。但通货膨胀的实际情形非常复杂，其具体影响不能一概而论。

第一种情形，如果政府每多印一批钞票，都用直升机在整个国家里面平均撒下去，每一个人得到的货币增量都一样，而且所有商品和服务的标价也同时灵敏地做出调整，那确实货币增发对我们的真实生活不会有影响。

第二种情形，政府多印的钞票，首先流入特定的机构和群体，则这些机构和群体就会因通货膨胀而获益。

实际情况通常是第二种情形。从货币超发到物价的全面上涨有一个时间间隔，特定机构和群体受益。通货膨胀也会使债务人因实际负债减少而获益，持有固定资产的人则因资产价格上涨而获益。

一、通货膨胀的受害者

如前所述，在通货膨胀发生时，人口中的不同群体以不同的方式受到通货膨胀的影响。债权人、纳税人、现金持有者、固定收入者等成为通胀的受害者，因为增发货币很晚才到达他们手中，这些人群处于不利地位。

（一）债权人

通货膨胀上升意味着债权人从债务人那里收回的钱不如他们贷出去的钱值钱。许多人把他们用于退休的大部分储蓄投入债券或其他固定收入有价证券。如果通货膨胀出现，这些人就将受害。他们受害的状况在很大程度上取决于能否预测价格变动。第二次世界大战后许多美国人购买了年收益率3%～4%的债券。他们没有预见到会出现这么严重的通货膨胀。当 20 世纪 70 年代后期通货膨胀达到两位数水平时，他们得到的收益率甚至还不足以补偿他们投入的美元的价值减少。从实际价值看，他们从储蓄中得到了负收益。

（二）纳税人

投资的全部收益都要纳税，包括那些只抵消了通货膨胀的收益。结果，实际税后收益往往是负数。假设通货膨胀率是10%，而一种资产的税前收益率是12%。如这个人必须对这种收益支付33%的税收，那么，他的税后收益率是8%——还不足以补偿通货膨胀。如此一来，他的税后实际收益率是−2%。

（三）现金持有者

通货膨胀也使人们持有现金代价高昂，因为当他们持有现金时，现金失去了其价值。由于现金便利于各种交易，所以通货膨胀通过不鼓励持有现金而干扰了经济的效率。通货膨胀侵蚀了货币的价值这一事实意味着，通货膨胀是对持有货币收税，经济学家把这种扭曲效应称为“通货膨胀税”。

（四）固定收入者

例如，那些收入没有与通货膨胀同比例增加的退休者，那些领取薪酬的工薪族通常由于薪酬的涨幅赶不上 CPI 的涨幅而蒙受货币真实购买力的损失。

二、通货膨胀的政府应对

在市场经济国家，一般奉行非干预政策。按照凯恩斯的观点，适度温和的通货膨胀有助于扩大就业。但如果广义货币量（M2）以及 CPI 等指标增长过快，譬如，M2 同比增速远远超过 GDP 同比增速，CPI 增加连续两个季度超过了5%，货币政策决策者就要考虑是否采取措施防止 CPI 继续攀升。政府在制定经济政策时必须小心翼翼，它必须避免失业增加和价格上涨，必须考虑付出最小的代价治理通货膨胀。由于会同时打击供给，政府实行管价限购被认为是有违市场规律且收效甚微之举。同样，某国央行直接大幅度加息也会加大与其他未同步加息国家的利息差距，导致资金大量流入该国从而加剧通胀。处理通胀的重点是收回市场里过多的货币。具体办法如下：

（一）加大商品和劳务供给

针对需求拉动性通货膨胀，政府可以通过给企业减税以及解除管制等财政措施刺激总供给上升，也可以通过技术革新提高劳动生产率、增加产量以及扩大进口，同时控制货币供给总量加以抑制。因为页岩气等新能源的开发以及技术进步导致的能源利用效率的提高，美国 21 世纪初期以来能源自给率不断攀升，20 世纪 70 年代因国际石油价格飙升导致的输入性通货膨胀再未重演。

（二）控制货币总量

中央银行通常通过货币政策三大工具来间接调控利率从而控制货币总量。具体而言，当中央银行实施紧缩性货币政策时，它可以通过公开市场操作如回购央票、提高贴现率和法定准备金率来回笼流通中过多的货币。

例如，面对 20 世纪 70 年代的高通胀，时任美联储主席的沃克尔采取了紧缩性货币政策。1979 年 10 月 6 日美联储一致通过了货币供应量目标的新体制，接着在开放的市场上，联邦基金利率从 12%攀升到 18%，然后落在 13%～15%。商业银行的优惠利率因此被推高。然后，利率在平静的氛围里持续上升，1981 年夏秋之际攀上了顶峰：联邦基金利率 19.1%，商业银行优惠利率 21.5%。美国通胀率应声而落：1981 年降为 6.5%，再过两年又降到 4%以下。[①]

知识窗

什么是基准利率？

基准利率是具有普遍参照作用的利率，其他利率水平或金融资产价格均可根据这一基准利率水平来确定。一般来讲，基准利率包括存款基准利率和贷款基准利率。在我国，以中国人民银行对商业银行和其他金融机构规定的存贷款利率为基准利率。

（三）设立资金池

由于货币是在中央银行、商业银行和企业居民三者流转过程中共同创造出来的，除了实行紧缩性货币政策控制货币总量之外，政府还可以通过各种资金池吸收流动性。据《陈云文选》记载：“一九六二年货币流通量达到一百三十亿元，而社会必需流通量只要七十亿元，另外六十亿元怎么办？就是搞了几种高价商品，一下子收回六十亿元，市场物价就稳定了。”[②] 我国 20 世纪 90 年代以来，虽然由于外汇占款导致人民币被动超发，但是基本没发生恶性通货膨胀，原因是资本市场设立、国有土地拍卖、城镇居民房改、农民工大规模离乡进城，加上土地转包和山林权转让吸收了大量被动超发的货币。

① 周其仁．货币的教训．北京：北京大学出版社，2012：196.

② 陈云．陈云文选：第 3 卷．北京：人民出版社，1995：377.

延伸阅读

米塞斯．通货膨胀的真相揭秘．(2021－06－08)［2024－03－01］．https：//www.163.com/dy/article/GC04VG740519953A.html.

报道提示

在信用货币时代，通货膨胀日益成为全球各经济体频繁发生的现象。政府公共政策如何选择——使通货膨胀率保持在很低的水平上从而加剧失业还是反之，普通民众的储蓄如何保值以及企业生产计划的制订，都必须把通货膨胀作为重要的权衡变量。自从有了信用货币以后，各国通货膨胀的时间远远大于通货紧缩的时间。由于增长、失业和通货膨胀这三大宏观经济问题彼此联系，财经记者不仅要关注通货膨胀现象，还必须了解通货膨胀的相关理论以及通货膨胀的历史与现状，必须思考包括但不限于这些问题：各主要经济体现在是否存在和在多大程度上存在通货膨胀？通货膨胀的原因何在？货币政策是否引起或加剧了通货膨胀？政府采取了何种措施力求获得稳定的经济增长从而增加就业，同时竭力避免不可预期的通货膨胀？

具备通货膨胀相关知识的财经记者可以更好地解读政府的财政政策和货币政策，也有助于拓展民生新闻报道的深度。

问题与思考

单项选择题

1. 通货膨胀发生时，持有下列哪种资产是最差选择？（　　）

A. 现金　　B. 黄金　　C. 股票　　D. 债券

2. 在下列人群中，谁最可能成为通货膨胀的最大受害者？（　　）

A. 房地产商　　B. 士兵　　C. 个体工商户　　D. 退休工人

第十二章

金融危机

历史不会重复自己，但会押着同样的韵脚。

——马克·吐温

案 例

2008年“百年一遇”的金融海啸从洗劫华尔街开始。为此，中央电视台经济频道制作了6集大型直播节目《直击华尔街风暴》，以现场主持人和嘉宾讨论加一线记者现场播报的形式全面追踪和呈现这场“风暴”的走势、探讨其发生原因和对中国等国家的影响。这档电视节目由于题材重大、现场感强以及重量级嘉宾参与吸引了大量观众，是不可多得的电视深度报道。

罗伯特·希勒在《非理性繁荣》中辟专章考察了新闻媒体对资本市场的报道情形，尤其是1929年和1987年股市崩盘时的新闻。他注意到新闻媒体在宣传投机性泡沫中所起的作用：新闻媒体在股市中的作用与人们所想象的并不一样，通常人们简单地认为媒体是投资者的一种方便的工具，投资者会对重要的经济新闻做出反应。媒体能积极地影响公众的注意力和思考方式，同时也形成股市事件发生时的环境。……媒体在使大众对新闻更感兴趣的同时，也成了投机性价格变动的主要传播者。它们通过报道公众早已熟知的股价变动来使公众对媒体更感兴趣，以此提高公众对这些变动的关注程度，或者提醒公众注意过去市场上发生的事件和其他可能采取的交易战略。因此，媒体的参与能够导致更强烈的反馈，使过去的价格变化引起进一步的价格变化，它们也能引起其他一连串事情的发生（这里指的是注意力的连锁反应）。简言之，财经新闻记者并不比金融专家高明，能够预测到股市崩盘，新闻报道也不会直接影响股价变动，但在议程设置方面，新闻记者和新闻报道的作用无可替代。

通过本章的学习，你可以：

- 了解金融危机的含义和危害。
- 了解欧洲主权债务危机的成因及表现。
- 了解银行危机的成因及表现。
- 了解金融监管对金融危机的防范与化解所起的作用。

第一节　主权债务危机与银行危机

2008 年金融危机表明，金融危机永远不会成为过去的历史篇章。正如经济学家海曼·明斯基的著名论断，长期的稳定可能导致过度自信从而产生不稳定性。在经济繁荣时期，流动性似乎是无限的，资产价格似乎注定会继续上涨，风险开始过度增长，造成的危害可能已经远远超出冒险者的可承受范围。

一、金融危机概说

金融危机指的是金融领域的危机。当金融危机从金融领域蔓延至实体经济领域时，就会对实体经济造成损害。严重的金融危机很少不波及他方。金融危机不仅会引发衰退，更是成为一个放大机制，产出的下滑、财富的缩水会导致一系列银行贷款违约，造成银行信贷萎缩，这样一来，产出下滑、债务违约进一步加剧，如此周而复始，循环不断。这使得人们对经济的未来更加悲观，整个区域内的货币出现贬值，经济总量和经济规模在很大程度上出现了缩减，经济增长受到严重打击，往往会有企业倒闭、失业率高、经济萧条，严重的话还会出现国家政局动荡。发达国家和新兴市场国家在危机的发生以及危机的后果方面都很相似。它们在房价、股价、失业率、政府收入和负债等方面的变动模式都大体相似。从本质上看，世界上所有的金融危机都是次贷危机。次贷是个相对的概念：违约风险较大、利率也较高的贷款，就叫“次贷”。

金融危机开始于疯狂的借贷，在过度自信时期表现为信贷繁荣，当信心消失时就出现崩溃。金融危机包括主权债务危机、银行危机、恶性通货膨胀、汇率危机和货币危机等类型。近年来的金融危机越来越呈现出某种混合形式，住房价格波动是近年来金融危机的核心元素。

知识窗

什么是投机性泡沫?

什么是投机性泡沫?《牛津英语词典》对泡沫如是定义：“那些易碎、不坚实、空洞或者无价值的东西，并以一种蒙蔽性的形态呈现。自 17 世纪以来，常用于形容那些迷惑性的商业或者金融模式。”必须指出的是，类似于“呈现”“模式”等词语有着“刻意为之”的含义，而金融市场中的泡沫实则是一种不被任何中央机构所指导的蔓生性社会现象。我将投机性泡沫定义为这样一种情形：价格上涨的消息刺激了投资者的热情，并且这种热情通过心理的相互传染在人与人之间扩散，在此过程中，被夸大的故事使得股票价格增长显得合理，有关价格增长的消息又不断被放大，撩拨了一波又一波的投资者扎堆到市场中。这些投资者尽管可能对资产的真实价格有所疑虑，但可能出于对其他投资者发迹的羡慕，抑或因为“赌徒”的兴奋感，不自觉地卷入市场中。

资料来源：希勒．非理性繁荣：第 2 版．北京：中国人民大学出版社，2014.

本章关注两种最普遍的危机：主权债务危机和银行危机。在现代，新兴市场发生的主权国家外债违约危机比银行危机要多得多，不过在从新兴市场经济体发展到成熟发达经济体的过程中，主权国家外债违约一直是各国普遍发生的现象。

二、主权债务危机

当政府无法偿还其外债或内债，或者两种债同时无法偿还时就会发生主权债务危机。主权债务危机源远流长。1902 年，英国、德国、意大利向委内瑞拉海岸线派出了一支联合远征队，他们封锁了港口，并夺取了委内瑞拉的舰队。阿根廷外交部部长德拉戈提出：“国家债务不能成为武装干涉的理由，而美洲国家的领土更是绝对不能为欧洲列强所占领。”1907 年，德拉戈主义的修正案在海牙会议上得到通过。1915 年，美国向海地出兵，因为海地政府没有偿还贷款。20 世纪 80 年代发展中国家受到债务严重困扰，集中在拉丁美洲和非洲。全部发展中国家里受债务困扰严重的主要是巴西、墨西哥、阿根廷、委内瑞拉、智利和印度等国。

主权债务危机若是孤立地发生在一个较小的经济体国家中，问题不是很严重，这是因为，单个小国的主权信用危机，可通过国际货币基金组织或其他大国的援助渡过难关。而一旦全球普遍存在主权信用风险，则就意味着全球性“借贷现象”再次出现。

正因为如此，有必要对主权债务进行评估，被称为“信用评级机构”的公司承担了这样的角色。在通常情况下，债务违约是由标准普尔、惠誉、穆迪这类华尔街债券评级机构宣布的。尽管对国际三大信用评级机构在希腊等国主权债务危机中的表现有不同评价，但目前其作用无可替代，并将进一步对全球金融市场产生重大影响。

（一）主权债务与主权违约

主权债务（sovereign debt）是指一国以自己的主权为担保向外——不管是向国际货币基金组织、世界银行还是向其他国家借来的债务。

主权违约（sovereign default）是指一国政府无法按时对其向外担保借来

的债务还本付息的情况，例如，债务重组，当期本金、利息未如期如数支付，债务总额超过国际货币基金组织贷款协议所规定的最高上限。

主权违约既可能是对国外借款人的债务违约，也可能包含对国内借款人的债务违约。例如，俄罗斯上一次的外债违约是在 1918 年；它的内债违约则是在 1998 年，当时，叶利钦领导的俄罗斯政府遭受了金融风暴和卢布危机，未能偿还部分国内债券。

当一国政府充当该国主权债券的债务人时，由于政府自身在司法体系中的角色使其很难出现在他国的破产法庭上，因此政府可能会在这种缺少法律约束的情况下宣布其主权债务违约。除少数国家如澳大利亚、新西兰、加拿大、丹麦和美国能够避免中央政府外债违约外，大多数国家一次又一次发生系列违约事件。

当一个国家外债清偿能力下降时就会发生对国外借款人的债务违约。衡量一个国家外债清偿能力有多个指标，其中最主要的是外债清偿率指标，即一个国家在一年中外债的还本付息额占当年或上一年出口收汇额的比率。一般情况下，这一指标应保持在 20%以下，超过 20%就说明外债负担过高。

此外，标准普尔公司单方面评估的国家债信等级表明，通常在主权债务违约发生前，其主权债券市场利率会显著高于同期的无风险利率。过高的债券市场利率将增加政府的偿债压力，迫使该国进一步通过发行新债偿还旧债，此时市场对其偿债能力的质疑将以要求更高的贴现率体现出来。当这一循环达到一国债务总额上限或者偿付能力上限时，债务的违约将可能因政府无力支付下一期债务的本息，或大量债权人要求提前清偿债务而引发。

自 20 世纪 80 年代起，主权债务危机发生频繁，较为重大的主要如下：

（1）拉美主权危机（20 世纪 80 年代）。

（2）墨西哥经济危机（1994）。

（3）俄罗斯金融危机（1998）。

（4）阿根廷债务重建（2002）。

（5）冰岛危机（2008）。

（6）迪拜债务危机（2009）。

（7）欧元区债务危机（2009—2018）。

债务违约是对一个国家信用的重大打击。某个国家主权债务违约乃至欧洲主权债务危机意味着这个国家或地区在国际上借贷成本提高或者借不到钱。

（二）主权债务违约的原因

1. 金融投机过度，缺乏实体经济支撑

冰岛和迪拜一夜间从暴富到赤贫，从富翁到负翁，根源如出一辙：炒金

融，搞投机，只有资产泡沫垫底，没有实体经济撑腰。以2008年冰岛的主权债务危机为例。2008年年初，冰岛GDP达194亿美元，人均收入排名全球第四，还长期跻身“世界最幸福国家”之列，多次被联合国评为“最宜居国家”。好景不长，2008年金融海啸爆发，银行业首当其冲受到影响，最终冰岛全国最大的三家银行全部宣布破产，被政府接管。这三家银行所欠外债已达1 380多亿美元，几乎达到冰岛GDP的7倍，再加上其他负债，冰岛的总外债高达GDP的9倍！2010年3月7日，冰岛通过全民公决，否认了原来政府所达成的向英国和荷兰赔偿巨额损失的协议——人民选择了让国家信用破产的道路！这意味着冰岛将拒绝偿还其所有欠款，欠款不还，以后将不能在国际上得到借款，冰岛成了金融危机爆发以来第一个倒在债务面前的国家。

2. 经济规模较小，产业结构不合理和财政政策出现失误

阿根廷2001年和2014年的主权债务危机以及2009年希腊的债务危机都与此有关。

以2009年的希腊主权债务危机为例。在欧盟经济体中，希腊属于经济欠发达国家。由于经济基础比较薄弱，特别是工业制造业比较落后，希腊主要以海运、旅游和侨汇这三大外需型产业作为自己获取外汇收入的支柱产业。作为世界前15个旅游目的地国家之一，希腊的旅游业占到了其GDP的18%。不过，希腊的游客主要来自欧美，尤其是以美国人为主。因此，在欧美民众因金融危机失去工作或者收入急剧减少的情况下，希腊旅游业所受到的影响就不难想象。

在财政收入无法支撑金融危机期间刺激经济的所需开支后，希腊政府不得不大量对外举债，从而导致其原有的债务窟窿越来越大。观察发现，希腊债务危机的恶化其实与其短期主权债务的增加直接相关。由于短息远低于长息，希腊在救市过程中所发行的短期债券持续增加。数据显示，在希腊2009年新发行的债券中，五年期以下的债券占71%，三年期以下的占27%，一年期以下的占12.3%。因此，希腊在此后1年至5年的还债压力异常沉重。

值得反思的是，即使在金融危机爆发前，希腊政府也将举借外债作为增加其外汇收入的重要渠道。加入欧元区后，希腊以低至1%的利率从欧洲央行借钱，再用借来的资金买入利率高达5%的政府债券以赚取息差。这种财政运作方式在经济繁荣时期也许有效，一旦遭遇经济萧条则难以为继。一方面，流动性紧缩导致欧元区资金供给不足和拆借利率的上升；另一方面，金融危机导致政府债券收益率的下降和债务息差的缩小。数据显示，仅举借外债而购买政府债券这一项就使希腊产生了高达5%的财政赤字。

实证研究证明，引发主权违约的关键因素通常是债务人——政府在主权债务危机出现时的意图和行为，而非债权人。

对于私人债务而言，当债务人已无力偿还其债务时，即便债务人的全部资产可能都无法偿还所有债务，债权人还可以通过法律条文的规定申请明确的求偿，这一特点被认为是私人债务关系和市场存在的关键。然而对于主权债务而言，其用于担保的资产往往属于国家财富，在其国内法律体系中属于豁免部分。即便那些不属于豁免部分的资产，债权人也很难找到一家合适的法庭申请执行债务契约。这些技术上的问题使得主权债券的所有者往往难以在主权违约事件发生后进行程序性追索，也使得主权国家较之于私人部门更愿意违约。因此主权国家的代表政府对即将到期的债务的态度对违约是否发生存在显著影响。

3. 战争冲突

俄罗斯由于与乌克兰的冲突遭到西方制裁而未能如期偿还利息，堪称“一次特殊的主权债务违约”事件，引发国内新浪财经等媒体纷纷转发述评。

案　例

当地时间2022年6月27日，俄罗斯卫星通讯社报道，美国彭博社宣布称，俄罗斯于6月26日夜间违约，俄罗斯外债违约是自1918年以来的首次。报道称，俄罗斯财政部本应该在5月27日偿还2026年期、2036年期两笔主权欧元债券的利息，一份以美元计价，另一份以欧元计价，宽限期为30天，但在周日（6月26日）到期时，持有人并没有收到这两笔债务的利息。债券文件显示，如果发生违约，不会有官方声明，一旦投资者在截止日期前没有收到资金，周一（6月27日）将发生违约事件。

而此次俄罗斯违约的主要原因是，美国等国家的制裁导致俄罗斯无法进入国际银行网络SWIFT的渠道。据彭博社报道，俄罗斯的在岸国家结算存管处（NSD）已经收到了支付2026年期7 125万美元债券、2036年期2 650万欧元债券利息的资金，但是，由于俄乌冲突致俄罗斯遭受制裁的原因，这些资金目前滞留在欧洲清算银行，不太可能流向许多国际上的持有人。事实上，由于巨额石油和天然气收入，俄罗斯拥有大量的外汇。一般正式宣告国家违约的声明，都是由国际评级机构发出的，但欧盟对俄罗斯的制裁迫使这些机构撤出了涉及俄罗斯的业务，即制裁导致评级机构撤销了对俄罗斯实体的评级。根据周日宽限期结束的债券的相关文件，如果25%的债券持有人认同发生了“违约”事件，那么持有人也可自行做出宣告。

俄罗斯上一次外债违约可以追溯到1918年，当时列宁领导的布尔什维克政府拒绝偿还沙俄时代累积下的巨额债务。

三、银行危机

尽管发达国家和发达经济体的外债违约（或重组）发生的频率要显著低于新兴市场经济体，但银行危机对二者都是机会均等的威胁。

（一）银行危机的含义及分类

银行危机是指银行过度涉足或贷款给企业从事高风险行业（如房地产），从而导致资产负债严重失衡，呆账负担过重而使资本运营呆滞以致破产倒闭的危机。银行危机还经常伴随其他危机，包括汇率危机、国内外债务危机、通货膨胀危机等。

在典型的银行危机中，一国的大部分银行部门在投资巨亏后破产，或者出现银行业恐慌挤提，抑或二者兼具。发达国家战后出现了五大银行危机：1977 年的西班牙、1987 年的挪威、1991 年的芬兰和瑞典以及 1992 年的日本。这些经济衰退都由资产价格崩溃引发，导致银行业大规模损失，而且所有这些国家的经济都陷入深度衰退且恢复都十分缓慢。

银行危机根据不同的判断标准可以划分为不同的类型：第一，按危机的性质可分为银行体系危机和单个银行危机；第二，按危机的成因可分为内生性银行危机和外生性银行危机；第三，按危机的程度可分为以流动性紧张为特征的银行危机及以丧失清偿力为特征的银行危机。

（二）银行危机的成因

外生性银行危机并非由于银行自身的管理经营出现了问题，而是由国内政府违约造成的。发生外生性银行危机的国家把金融抑制作为主要的征税方式。在金融抑制下，银行除货币以外，还垄断了所有的存款和支付系统，它们成为政府间接强征税收的工具。政府强制要求本地居民把钱存到银行，几乎不给他们其他选择，然后通过准备金要求和其他工具让银行负债并购买公共债务，从而使政府以很低的利率成本筹集资金。由此，金融抑制变相成为征税手段。大众之所以把钱存到银行，是因为几乎没有其他安全之所。政府通过规章和禁令强制银行拿钱为公共债务融资。当然，如果银行是官办的，中央政府就直接要求银行向其贷款。此类危机常见于非洲等贫困的发展中国家。

内生性银行危机是由于银行自身的管理经营出现了问题。银行发挥着期限转换的功能，即依托短期存款发放长期贷款，这样的做法使其非常害怕存款人挤提。银行借的短期资金一般都是储蓄和活期存款（原则上可以随时支取）。同时，银行的贷款期限较长，既直接向企业放贷，也投资于长期的、高风险的证券。在正常情况下，银行持有流动性资产，足以应对存款提取需求。但是当发生挤提时，即存款人对银行丧失了信心，大规模提款撤离，银行只能被迫变现资产，通常会引发低价抛售。如果银行持有的是流动性很差且不具有标准化特征的贷款（如其他人并不了解的本地区企业的贷款），情况就更严重。在系统性银行危机下，低价抛售行为会波及更多的资产。不同的银行通常持有的资产组合都是类似的，如果所有银行都试图在同一时刻抛售，市场流动性就会彻底干涸，那些正常时期流动性较高的资产也会突然在银行最需要之际丧失流动性。因此，即便银行的清偿力充足并无挤提之虞，其资产负债表也可能会因低价抛售资产遭受毁灭性打击。

引发银行危机的原因往往是商业银行的支付困难，即资产流动性缺乏，而不是资不抵债。只要银行能够保持资产充分的流动性，就可能在资不抵债、技术上处于破产而实际上并未破产的状态下维持其存续和运营。银行危机具有多米诺骨牌效应。因为资产配置是商业银行等金融机构的主要经营业务，各金融机构之间因资产配置而形成复杂的债权债务联系，使得资产配置风险具有很强的传染性。一旦某个金融机构资产配置失误，不能保证正常的流动性头寸，则单个或局部的金融困难就会演变成全局性的金融动荡。

美国经济学家海曼·明斯基承认银行脆弱性、银行危机和经济周期发展的内生性，银行和经济运行的周期变化为市场经济的自我调节，认为政府干预不能从根本上消除银行的脆弱性。

第二节　金融危机的防范与化解

要想彻底避免金融危机的再次发生是不可能的，但金融危机没有发生前还是要尽量加以防范，在金融危机发生以后要尽量及时化解，以避免社会失序和社会动荡。

一、强化金融监管

流动性宽裕和经济实体的有效需求不足，金融监管相对滞后于金融创新，以及政府、企业和个人超出偿还能力的大规模举债等都可能造成金融危机。金融监管的适度及时有助于防范金融危机的爆发。

适度及时的金融监管既鼓励必要的金融创新，以满足金融市场需求，又能防止金融风险的发生。适度意味着充分发挥市场机制作用，凡是市场可以解决的问题都让市场来解决，国家不做过多干预。例如，美国银行业大部分是私企，由于市场优胜劣汰的作用，每年都有一些经营不善的银行倒闭破产。中国对“草根金融”包括农村信用合作社、小额贷款行业以及民间借贷的监管宽严适度也很必要。及时意味着金融监管要建立具有预警作用的关键指标，能及时发现问题隐患。在次贷危机爆发前夕，美国各种标准化指数的表现，例如资产价格泡沫、攀升的杠杆率、长期高企的经常项目赤字，以及缓慢的经济增长轨迹，显示了一国濒临金融危机（实际上是一次严重金融危机）的几乎所有迹象。

2007—2008年的美国金融危机发生的原因在于，在传统受到监管的银行机构外，有很多金融企业借来短期资金投资于缺乏流动性的产品。在现代金融体系中，不仅银行会招致挤提，用短期融资支持高杠杆投资组合的其他类型金融机构也有挤提风险。正如危机通常所表现的那样，信贷繁荣起到了主要的推动作用，许多家庭与金融机构一样成为危险的过度杠杆者，它们自身已是债务缠身。其实质是金融监管没有跟上金融创新的步伐。华尔街金融危机过后，2010年美国参众两院通过了《多德-弗兰克法案》。该法案引进了对银行业的新的监管举措，包括要求更严格的信息披露、增强金融工具交易的透明度等。该法案被认为是20世纪30年代以来美国改革力度最大、影响最深远的金融监管改革。该法案旨在通过改善金融体系问责制和透明度，以促进美国金融稳定、解决“大而不倒”问题、保护纳税人利益、保护消费者利益。

二、金融危机的防范与化解

银行危机的影响之大超过主权债务危机。主权债务违约平均持续的时间大大长于金融危机。一个国家可以迟迟拖欠不向境外债权人还债，但让国内银行危机迁延不绝却代价过于高昂，因为这会对本国贸易和投资造成巨大的负面冲击。曾任美联储主席的经济学家本·伯南克曾把银行倒闭视作20世纪30年代大萧条持续时间如此之长、打击如此严重的重要原因。

（一）银行危机的防范与化解

银行危机的防范重点在于防范系统性金融风险，个别银行的经营管理不善、倒闭清算是市场机制优胜劣汰的自然结果。为了防范和化解由单个银行破产倒闭引发的系统性金融风险，各国央行和其他监管机构建立了多种制度，银行业内部风险防控和防火墙机制也比其他行业更加严格。其中最重要的就是存款保险制度和将央行作为最后贷款人的最后贷款人制度。所谓存款保险制度，是指银行等存款类金融机构按照一定比例标准向特定机构缴纳一定保险金，当自身发生危机（如兑付风险、破产等）时，由存款保险机构通过资金援助等方式来保障其清偿能力的一项制度。在这一制度下，一旦银行发生破产倒闭等事件，储户存放在银行的资金不至于颗粒无收。

存款保险制度并不是新生事物。1929—1933 年的金融危机中，美国先后有近万家商业银行受冲击而倒闭，存款人损失严重。1933 年，美国通过《银行法》，据此设立了联邦存款保险公司，为已投保银行和储蓄机构的存款人提供保护，为大多数存款账户提供 10 万美元全额保险，部分退休账户达到 25 万美元，超出限额的按比例赔付。在 2008 年的金融危机中，美国有数十家商业银行轰然倒下，如果没有联邦存款保险公司“兜底”，必定引发更大的恐慌。

最后贷款人制度是中央银行的一项职责，是指在银行体系由于遭遇不利的冲击引起流动性需求大大增加，而银行体系本身又无法满足这种需求时，由中央银行向银行体系提供流动性以确保银行体系稳健经营的一种制度安排。

中央银行在扮演最后贷款人角色时必须非常审慎。例如，美国联邦储备系统最重要的作用是作为最后借贷银行。当没有其他机构愿意介入时，为了防止银行倒闭失控，美联储就会向银行提供准备金，由此防止银行和金融恐慌。在银行系统陷入危机时，贴现是向银行系统提供准备金的一个特别有效的方法，因为准备金可以立即被那些最急需的银行所利用。如果一家银行预料到当它遇到困境时，美联储会向它提供贴现贷款帮助，那么它就会冒更大的风险，因为知道美联储总会前来挽救危机。作为最后借贷银行，美联储面临类似存款保险所造成的道德风险问题：银行冒更大风险致使存款保险机构也就是纳税人遭受更大损失。当美联储考虑用贴现这一办法阻止恐慌时，它必须权衡作为最后借贷银行所包含的道德风险代价和阻止金融恐慌所带来的好处。这一权衡说明了为什么作为最后借贷银行的美联储如此谨慎行事。

对监管机构而言，最大的挑战是对“影子银行”的监管。“影子银行”是美国次贷危机爆发之后所出现的一个重要的金融学概念。它是通过银行贷款证券化进行信用无限扩张的一种方式。这种方式的核心是把传统的银行信贷关系演变为隐藏在证券化中的信贷关系。这种信贷关系看上去像传统银行但仅是行使传统银行的功能而没有传统银行的组织机构，即类似一个“影子银行”体系存在。一般认为，普通银行除了存贷业务以外的所有金融业务都是“影子银行”，如银行的信托业务，小额贷款公司、经营民间借贷的地下钱庄和典当行等也属于“影子银行”。

知识窗

什么是影子银行、ABS及MBS?

影子银行有几个基本特征：第一，资金来源受市场流动性影响较大；第二，由于其是负债不是存款，不受针对存款货币机构的严格监管；第三，由于其受监管较少，杠杆率较高，说白了，它具有和商业银行类似的融资贷款中介功能，却游离于货币当局的传统货币政策监管之外。

影子银行的业务也是在拿时间来变戏法。举个例子：有种很传统的资产证券化产品，叫作“资产支持证券”（ABS），就是将未来的现金流打包起来放到现在卖。我做小生意，一年能赚一万块，五年有五万块入账，那么资产支持证券的发行者就可以找到我说：“给你四万块，未来五年的现金流都流到我口袋里好了。”这就是把未来的预期收益一下子挪到现在来买卖。而发行者可以把买回来的收益权打包成证券，找到其他的投资者，你五块我十块，购买这样的证券并许诺投资回报。

这样的套路类似于银行面向公众吸收存款，发放贷款，赚取存贷款利息差。以资产支持证券这种基本款的产品为蓝本，还可以衍生出很多其他的变体，例如住房抵押贷款支持证券（MBS），这就是将未来贷款的还款现金流打包成证券来发行。甚至连投资这类证券的预期收益，也可以继续打包成资产，在上面一层一层叠上去。也就是说，不仅做生意的预期收益可以作为资产来做成证券化产品，就连投资证券化产品的预期收益也可以再次打包成证券。

不管怎么挪，期限错配问题和随之而来的流动性风险依然存在。以美国次贷危机为例，住房抵押贷款支持证券的收益来源于贷款买房者在未来的还款。当这笔还款落空的时候，就无法向投资者支付投资收益。这就类似于银行的长期贷款出现了坏账。然而，银行有了一笔坏账，还可以用自有资金去满足偿付的需求，而资产证券化产品则缺乏这样一个安全垫（这也就是为什么后来的《多德-弗兰克法案》强调发行者自己持有一部分产品，目的就是要像银行的准备金一样，为违约影响提供缓冲）。

这样说来，经营民间借贷的地下钱庄、小额贷款公司、担保公司等都可以是影子银行，信托业务也可以是影子银行。影子银行不一定是多么高大上的金融创新，有一种“影子银行”已经存在了几百上千年，那就是当铺。典当，就是一种原始的抵押贷款。

影子银行未必是坏的，它能提高资金配置的效率，降低获得资金的门槛。举个例子：在存在利率管制的情况下，银行无论是贷给大企业还是小企业，赚取的贷款利息不会有太大差别，但两者的风险和管理成本却有天壤之别。在不允许银行对两者分别制定不同利息的情况下，您说，银行会偏好贷款给谁呢？影子银行，则能够突破这样的限制，给风险水平不同的贷款定下不同的利息水平，这就是一种对分配效率的改善。

资料来源：知乎。

化解银行的具体危机可以根据情况采取三种措施：一是股权重组，增资扩股；二是坏账打包，切割剥离；三是注入资金，解决流动性。中国国有商业银行改革综合采取了上述三种做法，对已经存在严重资不抵债、严重信用风险的银行进行破产清算。如 2020 年，包商银行被央行和银保监会接管清产核资，资不抵债后宣布破产，其相关业务、资产及负债分别由蒙商银行和徽商银行接手。

自从第二次世界大战以来，面对系统性银行危机（无论是发达经济体还是新兴市场经济体）最常用的政策应对措施就是对银行部门开展救助（成败各异），救助手段包括购买问题银行的不良资产、让其他稳健的机构并购问题银行、政府直接收购问题银行，或几种手段的组合。在很多情况下，这些救助手段都会造成严重的财政后果，尤其是在银行危机发生之初。银行危机对资产市场特别是房地产价格和实体经济的影响是有滞后效应的，且迁延不止。毫无疑问，政府收入会受到严重的负面冲击。

（二）主权债务危机的防范与化解

为了防止外债违约，国际货币基金组织给出了避免主权债务危机的三项措施建议。

第一，需要更加努力确保主权债务的财务可持续性。借款人应仔细制订财政支出和赤字计划，以确保公共债务的可持续发展。借款人还应仔细考虑项目的潜在回报，以及是否有能力在背负新债务前通过增加税收收入偿还债务。针对新的贷款请求，贷款人须在贷款发放前评估新贷款对借款人债务情况的影响。这将避免贷款人和借款人签订会在未来引发财务困难的协议。

第二，需要确保所有国家坚持全面、透明地报告公共债务。在很多发展中国家，债务记录、监测和报告机构仍有很大的改进空间。例如，三分之一的低收入国家不报告公共部门提供的担保，而报告公共企业债务的国家不到十分之一。债权人可选择允许更加充分地披露其借款的条款和条件。提高公共债务的透明度有助于防止大量隐性负债的积累，而这些负债会在特定时间转化为显性政府债务。

第三，需要促进官方债权人之间的合作，为涉及非传统贷款人的债务重组做好准备。鉴于新债权人持有高额债务，需要考虑如何有效协调官方债权人，因为这通常对解决主权债务危机至关重要。

政府如何偿还国内债务？

早期在全世界，政府赖账的主要方式是通过缩减硬币的价值，要么混入较便宜的金属，要么就是缩小硬币尺寸，以同样面额发行更小的硬币。现代货币印制只不过是达到同样目的、技术更先进、更有效率的方式。结果，整个历史呈现出明显的通货膨胀倾向性。当一国政府掌握货币的发行权时，政府可以通过发行新的货币，以投放过量的货币来偿还本币债务，即内债。此时政府不会发生对国内债务的主权违约，这也是采用本币标记的主权债券在其国内享有最高信用评级的原因。但现实中由于政府超发货币会带来通货膨胀、本币币值波动等现象，因此其面向全部债权人的债务总额是有上限的；当一国全部主权债务超过上限时，主权信用风险就会增高。换言之，政府对国内公共债务的直接违约非常少见，因为政府可能通过持续的通货膨胀来稀释国内公共债务；然而，严重的通货膨胀会引发汇率危机，从而使外债偿还造成困难。

政府偿还国内公共债务可以通过发行新债偿还旧债。政府过去债务偿还表现的不确定性很可能提高新发行债券的风险溢价。当一国的债券（政府债券和企业债券）被评级机构给予差评的时候，该国的新发行债券往往会发行失败，募集不到所需资金。

由于资本流动和跨境贸易的日益频繁，金融危机往往会从一个国家蔓延到其他国家。例如，2007年美国爆发次贷危机以后，中国外贸受到巨大冲击。为此中国及时调整货币政策，促进货币流通。从2008年7月份起，中国就对货币政策进行了较大调整。调减公开市场对冲力度，相继停发三年期中央银行票据、降低一年期和三个月期中央银行票据发行频率，引导中央银行票据发行利率适当下行，保证流动性供应。实行宽松的货币政策。当年9月、10月、11月连续四次下调基准利率，三次下调存款准备金率，存款准备金率的下降、贷款基准利率的下降，目的是增加市场货币供应量，扩大投资与消费。

主权债务危机难以防范的原因是国家、银行、个人和企业在好年景时总是一再过度负债，而不考虑衰退不可避免来临时会出现什么风险。此外，政府债务数据的不透明也增加了防范的难度。政府和政府担保债务（由于有存款保险，也通常包括银行债务）的问题显然过大，因为它可以累积到规模很大，而且长期无须经受市场检验。尽管私人债务在许多金融危机中扮演着重要角色，但政府债务通常是各类金融危机中普遍遇到的问题。对于一些国家而言，基本国债数据不透明和难以获得的事实足以促使其政府在情况不妙时尽其所能地隐藏账目，就如同金融机构在金融危机中的所作所为一样。在强化政府债务透明度方面，诸如国际货币基金组织这类机构的国际政策可发挥主要作用，它可以推动政府债务账目提高比现在的要求高得多的透明度。

延伸阅读

1. 希勒．非理性繁荣：第2版．李心丹，陈莹，夏乐，译．北京：中国人民大学出版社，2014.

2. 莱因哈特，罗格夫．这次不一样?：800 年金融荒唐史．綦相，刘晓峰，刘丽娜，译．北京：机械工业出版社，2010.

3. 林毅夫．全球金融经济危机的原因与教训．中国市场，2012 (37).

4. 孙立平．金融危机的逻辑及其社会后果．社会，2009 (2).

《 报道提示 》

金融危机虽然不是财经媒体的常规报道题材，但其先兆事件一旦发生，就会为大众媒体所普遍关注。财经记者不见得能如耶鲁大学教授罗伯特·希勒那样成功预测世纪之交美国股票市场的互联网泡沫与危机以及预警 2008 年的经济危机，但是通过研读《非理性繁荣》《这次不一样? ——800 年金融荒唐史》等书，可以获取很多金融危机报道所需储备的知识。

《 问题与思考 》

问答题

下列投资建议有道理吗? 为什么?

1. 任何时候，永远要投资高增长的行业。行业决定一切，至少决定 80%的成功。

2. 最优秀的公司很少跟投资银行打交道。它们生意不错，现金流稳定增长，不需要老是发行债券，不需要（也不愿意）配股或者增发。投资银行几乎很难找到跟它们做生意的机会。

3. 买股票最好买处于行业垄断地位公司的股票。

4. 把自己的投资圈划定在自己熟悉的行业和公司。

5. 在成熟和规范的资本市场，秉持价值投资的理念，不宜做频繁的短线操作。

6. 在资产升值时拥有资产。

7. 运用“组合保险”工具进行投资。

8. 运用生命周期理论进行个人投资以及资产配置。

第六编

外汇管理与资本管制

多年前，中美两国就人民币汇率问题争执不休。经济学者、金融学教授和财经专业机构人士就人民币汇率问题的观点和文章常常见诸报刊，一度成为财经热点问题。

汇率是两种货币的交换比率。汇率由外汇市场决定。一定的外汇储备对发展中国家尤其重要，例如拥有外汇才能进口急需的设备物资。发展中国家外汇管理的方向是防止外汇流失，同时也制定政策鼓励外汇流入。汇率稳定有利于一国进出口贸易。

外汇管理的重点是资本管制。大量资金的快进快出往往会造成一个国家房地产市场、资本市场的剧烈震荡，严重影响金融体系的正常运行。也因此，我国对资本账户施行一定程度的管制，逐阶段开放。

洗钱的活动每天都在进行着。洗钱手法多种多样。洗钱是国际社会关注并共同打击的行为。洗钱离我们并不遥远。在日常生活中，有人向你借入银行卡，就可能用于洗钱。反洗钱的国际合作一直存在并逐渐加强。

第十三章

汇率与外汇管理

货币与财政政策的最终目标是实现经济增长和提高人民生活水平，本质上不是为了汇率稳定和经常项目余额。尽管如此，合理稳定的汇率水平和可长久维持的外部余额是正常经济运行的重要表现，特别是，当这些变量偏离它们的合理水平时，它们就应该成为政策制定者关心的对象。

——美国经济顾问委员会，1990 年

案　例

2010 年第 7 期《财经》聚焦中美争论焦点的人民币汇率问题，刊登了《汇改重启》《美国施压“双面胶”》及《破解汇率政策僵局》三篇述评文章，梳理了中国 32 年来汇率改革的历程，展现了中美两国对人民币汇率的分歧所在及其原因。事实上，人民币汇率问题成为当时大部分媒体的报道热点。而人民币汇率变动一直是财经媒体的常规报道题材之一。财经记者不懂汇率相关知识，就无法透彻理解我国的货币政策、资本管制以及国际贸易等方面的相关举措。

通过本章的学习，你可以：

- 了解汇率是什么，影响汇率变动的主要因素有哪些。
- 了解为什么要进行外汇管理。
- 了解我国外汇储备规模大体变动状况是怎样的。
- 了解我国的外汇管理对个人和机构有何影响。

第一节　汇率概述

如果全球只有一种货币，就不会存在汇率、外汇储备以及外汇管理等相关问题。即便目前欧洲许多国家使用单一货币欧元，还是有很多国家有自己的货币，如美国的美元、中国的人民币、英国的英镑、印度的卢比、俄罗斯的卢布等。各国之间在进行贸易时，双方需要在不同的货币之间进行兑换

（更为通常的情况是指定的外币存款）。如一家美国公司要购买外国货物、服务或金融资产，美元（通常是指定的美元银行存款）就需兑换成外币（或其他指定外币银行存款）。

外汇交易实际上是不同货币的银行存款在外汇市场进行交换。每天全世界的外汇交易量平均达到数万亿美元以上。外汇市场的交易决定着货币兑换的比率，该比率又决定着购买外国商品和金融资产的价格。

一、外汇及两种主要的汇率制度

外汇，英文名是 foreign currency，是货币当局（中央银行、货币管理机构、外汇平准基金及财政部）以银行存款、财政部库券、长短期政府证券等形式保有的在国际收支逆差时可以使用的债权，包括外国货币、外币存款、外币有价证券（政府公债、国库券、公司债券、股票等）、外币支付凭证（票据、银行存款凭证、邮政储蓄凭证等）。

汇率亦称“外汇行市或汇价”，是国际贸易中最重要的调节杠杆。一国货币兑换另一国货币的比率，是以一种货币表示另一种货币的价格。由于世界各国货币的名称不同，币值不一，所以一国货币对其他国家的货币要规定一个兑换率，即汇率。通俗地讲，汇率就是价格。一斤大米能换 2 斤小麦，那么大米和小麦的汇率就是 1∶2。1 000 斤大米能卖 1 000 元钱，1 000 元钱可以买一台手机，那么大米和手机的汇率就是 1 000∶1。人民币兑美元，若从 6.5∶1 跌到 7.5∶1，意思就是以前 1 美元只值 6.5 元人民币，现在值 7.5 元人民币了，人民币贬值了。

按国际货币制度的演变划分，有固定汇率和浮动汇率两种主要的汇率制度。

固定汇率是指由政府制定和公布，并只能在一定幅度内波动的汇率。

浮动汇率是指由市场供求关系决定的汇率。其涨落基本自由，一国货币市场原则上没有维持汇率水平的义务，但必要时可进行干预。

汇率为什么重要？因为它影响着国内外商品的相对价格。对一个美国人来说，法国商品的美元价格是由以下两个因素的相互作用而决定的：法国商品的法郎价格以及法郎和美元之间的汇率。

案　例

一个美国人想买一瓶 1961 年生产的品牌为拉菲（Château Lafite-Rothschild）的法国葡萄酒，酒的价格在法国是 2 000 法郎，汇率为 1 法郎兑 0.193 6 美元，那么这瓶酒就值 387.2 美元（=2 000 法郎×0.193 6 美元/法郎）。但如果这位先生两个月后去买这瓶酒，此时法郎升值，汇率为1法郎兑换0.2美元，而酒的国内价格仍是2 000法郎，那么这瓶酒的美元价格就升至400元。

此外，同样的货币升值却可使本国的进口商品的价格降低。在汇率为1法郎兑0.193 6美元的情况下进口一台价值2 000美元的美国“康柏”计算机，需花去约10 331法郎；可如果汇率变为1法郎兑换0.2美元，那么只需花去10 000法郎。

法郎的贬值降低了法国商品在美国的价格，提高了美国商品在法国的价格。如果汇率降到1法郎兑0.10美元，那么一瓶法国酒就仅值200美元而不是387.2美元；而“康柏”计算机的进口价格就要高达20 000法郎而不仅仅是10 331法郎。

综上所述，可以得出以下结论：如果一个国家的货币升值（相对其他国家货币的升值），此国的出口商品的价格就会上升而进口商品的价格则会下降（两国的国内价格不变）。相反，如果一个国家的货币贬值，那么它的出口商品的价格就会下降而进口商品的价格就会上升。

货币的升值不仅会给国内制造商出口商品带来巨大困难，也会使进口商品在国内市场有更大的竞争压力，因为它们更便宜。例如，在美国虽然美元的升值损害了国内的某些行业，但美国消费者由于进口商品的价格下降而受益。

二、影响汇率的因素

一国外汇供求的变动要受到许多因素的影响，这些因素既有经济的，也有非经济的，而且各个因素之间又有相互联系、相互制约，甚至相互抵消的关系，因此汇率变动的原因极其错综复杂。

（一）影响汇率的长期因素

从长远看，影响汇率的因素主要有四种：相对价格水平、关税和配额、对国内外商品的偏好及生产率。

下面我们以美国和日本为例介绍一下当其他因素保持不变时，具体每一个因素是如何影响汇率的。其基本的推理如下：如果国内商品的需求量大于进口商品的需求量，则往往会导致本币升值，在这种情况下，虽然本币价值很高，国内商品的销路仍然会很好；同样，如果进口商品的需求量大于国内商品的需求量，本币就会贬值，在这种情况下，只有降低本币价值，国内商品的销路才会保持得很好。

1. 相对价格水平

有关汇率决定因素的著名理论之一是购买力平价理论。这一理论认为任何两种货币之间汇率的调整都反映了两国价格水平的波动。按照购买力平价理论，如果美国商品的价格提高（出口商品价格不变），美国商品的需求量就会降低，美元也会随之贬值，所以美国商品的销路仍会很好；相反，如果日本商品的价格提高，而美国商品的相对价格下降，其需求量上升，美元就会升值，这样即使本币价值较高，美国商品的销路仍然会很好。因此，从长远看，一个国家价格水平的提高（相对国外价格水平）会导致本币的贬值，而一个国家相对价格水平的降低则会导致本币的升值。

知识窗

巨无霸汉堡指数的引入

购买力平价理论认为，在没有考虑交易和运输成本的情况下，相同的一篮子商品应该在不同国家具有相同的价格或者说任何一单位货币能在所有国家买到等量的商品。这一理论为我们提供了一个理解货币相对价值的视角，也为后续的实证工具奠定了基础。巨无霸汉堡指数是由《经济学人》杂志创造的一个趣味性的指标，它通过比较全球各地巨无霸汉堡的价格来评估货币的相对购买力。

2023 年 7 月的巨无霸汉堡指数调查中，通过比较中美两国的巨无霸汉堡价格，可以揭示人民币汇率背后的一些有趣现象。根据调查显示，在中国购买一份巨无霸汉堡的价格为 25.00 元，而在美国同样的巨无霸售价为 5.58 美元。通过简单的计算，我们得到了一个隐含的汇率：4.48（25 除以 5.58）。这个汇率在理论条件下成立，即没有交易和运输成本的情况下，使得两国巨无霸的购买力相等。

2. 关税和配额

自由贸易的壁垒例如关税（对进口商品所征收的税）和配额（对进口商品数量的限制）都能影响汇率。假如美国对日本钢材征收关税或规定限额，这些贸易壁垒就会增加对美国商品的需求量，美元趋于升值，这是因为即使美元价值很高，美国钢材的销路仍然很好。从长远看，关税和配额会造成一个国家的货币升值。

3. 对国内外商品的偏好

如果日本人喜欢美国商品，譬如佛罗里达的橙子或美国的电影，美国商品的出口量就会增加，美元随之升值，这样即使美元价值较高，美国商品销路仍然很好；同样，如果美国人喜欢日本汽车而不购买本国汽车，对日本商品的大量需求就会导致美元贬值。从长远看，一个国家出口量的增加会使本国货币升值；相反，进口需求的增加会使本国货币贬值。

4. 生产率

如果一个国家的生产率高于其他国家，那么此国的商品价格就可以低于进口商品，而且仍会有盈利。如此一来，国内商品的需求量就会增加，本币升值，即使货币价值较高，国内商品的销路仍会很好。但是如果它的生产率落后于其他国家，它的商品的价格就要高于其他国家的，货币就会贬值。从长远看，当一个国家的生产率高于其他国家时，它的货币就会升值。

有关汇率长期变动的理论见表 13－1。我们按照惯例将汇率用 E 表示，这样货币的升值与汇率的上升相一致。以美国为例，此处汇率即每一美元可兑换的外币额（譬如一美元兑换多少日元）。

表 13－1　影响汇率变动的长期因素

因素	因素的变化	汇率的反应 E*
相对价格水平＋	↑	↓
关税和配额＋	↑	↑
进口需求	↑	↓
出口需求	↑	↑
生产率＋	↑	↑

*（一美元兑换的外币）：↑指的是货币升值；↓指的是货币贬值。

＋：表示相对于其他国家。

注意：表中（↑）只显示各因素增长对汇率的影响。各因素下降对汇率的影响与“汇率的反应”栏中的指示相反即可。

（二）影响汇率的短期因素

影响货币汇率的政策因素主要有两个方面，一个是中央银行对外汇市场的干预，另一个是各国政府之间的协调失衡。

中央银行对外汇市场的干预分为不改变现有政策的干预和改变现有政策的干预。不改变现有政策的干预是指中央银行认为外汇价格的剧烈波动或偏离长期均衡价格是一种短期现象，希望在不改变现有货币供应量的条件下，改变现有的外汇价格。也就是说，一般认为利率变化是汇率变化的关键，而中央银行试图通过不改变国内的利率而改变本国货币的汇率。改变现有政策的干预是指中央银行直接在外汇市场买卖外汇，而听任国内货币供应量和利率朝有利于达到干预目标的方向变化。它实际上就是中央银行货币政策的一种转变，只有在本国货币的汇价长期偏离均衡价格时，中央银行才会采取这种干预措施。

各国经济政策的协调就是要求政策的同步性，即所有国家在经济衰退时采取较一致的扩张性刺激措施；在通货膨胀发生时，采取较一致的紧缩性政策；而在需要采取混合政策时，各国也能配合一致。这样，就可以做到既稳定外汇市场，又不影响利率、贸易条件和供求关系的水平稳定。但这种政策只能在短期内实行，由于各国经济上的差异性，完全同步的货币政策和财政政策不可能维持很长时间，因此经常可能观察到的是经济政策的共同协调而不是完全同步，它的目的并不是经济政策完全趋同，而是为了稳定外汇市场的剧烈波动。

在国际金融市场上，外汇价格在很大程度上是受投资者对汇率走势的期待影响的，尤其是一些短期资金投资者和投机者。当交易者预测某种货币的汇率将会上涨时，他们会大量买进；而当他们预测某种货币的汇率将会下降时，就会大量抛出。也就是说，如果人们期待外汇有某一个长期的均衡价格，那么他们就会采取相应的投资策略，而这种大进大出的投资策略的变动往往会影响外汇的现货价格向这个方向移动。人们预期心理的产生主要取决于其对一国的经济增长、货币供应、通货膨胀、外汇储备、政府政策、国际政治经济形势的预测和估计等，在外汇市场上，短期流动资金的数额非常巨大，它们的投机性很强。这种短期投机资金对各国的政治、经济、军事形势等都十分敏感，有一点风吹草动，就会改变资金的流向。所以市场任何一点信息都可能改变市场心态和人们的市场预期，从而影响外汇行情。

那么，中央银行为什么要对外汇市场进行干预呢？知乎上有人做了个极端假设：假如人民币兑美元跌到100亿∶1，即1美元可以兑换100亿元人民币。假设其他条件不变，这件事意味着什么？这意味着，1美元就可以购买我们100亿元人民币才能买到的东西，只需要5 400美元即可买下整个上海（上海2021年资本存量总和约为54万亿元）。美国人乐开了花，因为任何一个普通家庭都可以轻易拿下整个上海、拿下深圳……从此吃喝玩乐，潇洒人生。中国人为了赎回来，就得加倍辛苦工作，争取早点挣到54万亿元。

事实上，任何一个国家都不希望汇率波动过大。如果人民币短期内对美元的汇率过高或过低，都会影响我国的进出口贸易。从根本上来说，汇率作为重要的价格变量和政策工具，能够引导资源要素的配置，改变一国的资源要素供给状况，提供新的生产要素结合机会。汇率作为重要的价格信号，影响该国参与国际分工的成本，改变一国生产要素的相对价格，引导国内资源的重新配置，对一国产业结构的调整产生重要影响。从资源配置的角度来说，一国产业结构升级就是对国内外各种资源优化配置的过程。

第二节　外汇管理与中国的外汇管理

当一个国家没有外汇储备时，也就无所谓外汇管理。外汇储备（foreign

exchange reserve）又叫“外汇存底”，指一个国家的货币当局所持有的可随时兑换成外国货币的资产。说白了就是一国央行持有的外国资产，包括外国货币、外国债券、黄金、国际货币基金组织中的普通提款权和特别提款权。对一个国家而言，充足的外汇储备可以满足国内进口需求，也有助于本国抵御金融风险。一项受到密切关注的衡量外汇储备充足程度的指标即一个国家可以用其持有的外汇储备支付多少个月的进口额。

外汇管理，广义上指一国政府授权国家的货币当局或其他机构，对外汇的收支、买卖、借贷、转移以及国际结算、外汇汇率和外汇市场等实行的控制和管制行为，简言之，就是指一国政府对居民和非居民的涉及外汇流入和流出的活动进行限制性管理；狭义上是指一国政府对居民在经常项目下的外汇买卖和国际结算进行限制，简言之，就是对本国货币与外国货币的兑换实行一定的限制。

一、外汇管理的目的和类型

（一）外汇管理的目的

1. 扩大本国的商品生产

通过外汇管理限制外国商品的输入，促进本国商品输出，以扩大本国的商品生产。通过外汇管理来限制威胁本国幼稚产业存在与发展的同类廉价商品大量进口，同时鼓励本国商品出口，可以使国内幼稚产业在国内市场通过规模扩张而迅速成长起来，以促进民族经济的提升和发展。

2. 保持国际收支平衡

通过外汇管理限制资本外逃和外汇投机，以稳定汇率和保持国际收支平衡。保持汇率稳定是发展对外经济的先决条件，平衡国际收支是任何国家始终坚持的经济政策目标之一。国际收支一旦恶化，本币汇率下跌，就会导致资本外流，加剧国际收支逆差。运用外汇管理可以限制资本外逃和外汇投机，达到稳定汇率和改善国际收支状况的目的。

3. 稳定国内物价

通过外汇管理稳定国内物价，避免由于国际市场价格变动对国内经济造成冲击。外汇管理可以阻断国际通货膨胀的输入。国际通货膨胀可以通过商品贸易传入国内，引发输入性通货膨胀。货币趋于坚挺的国家常面临外国资本的冲击，通过外汇管理，限制商品的进口和资本流入，可以阻断国际通货膨胀的传入，维护国内物价水平的稳定。

（二）外汇管理的类型

外汇管理主要有三种类型：第一种是严格型外汇管理，即对经常项目和资本项目都实行管制，实行这种外汇管理的国家通常经济比较落后，外汇资金短缺，市场机制不发达，因而试图通过集中分配和使用外汇以维持稳定的汇价、保障国际收支平衡、维护民族经济的发展；第二种是部分型外汇管理，即对经常项目的外汇交易原则上不加限制，但对资本项目的外汇交易进行一定的限制，如日本、丹麦、挪威、法国、意大利等发达国家；第三种是完全自由型外汇管理，即对经常项目和资本项目的外汇交易均不进行限制，外汇可自由兑换、自由流通、自由出入国境，实行金融自由化，这类国家有美国、英国、瑞士、荷兰、新加坡和外汇储备较多的石油输出国（如科威特、沙特阿拉伯等）。

二、中国的外汇体制改革

总的来说，中国外汇管理以外汇体制改革为核心，其过程可分为四个阶段：计划经济体制下统收统支、高度集中的外汇管理阶段（1949—1978）；改革开放后经济转型时期的外汇管理阶段（1979—1993）；社会主义市场经济体制初步建立时期的外汇管理阶段（1994—2001）；社会主义市场经济调节机制进一步完善时期的外汇管理阶段（2002 年以来）。

（一）计划经济体制下统收统支、高度集中的外汇管理阶段

从中华人民共和国成立到改革开放之前，我国与所有发展中的社会主义国家一样，面临“双缺口”即储蓄缺口和外汇缺口大的资金困境。由于经济建设资金严重匮乏，生产力相对落后，商品出口能力较弱，加之资本主义国家对我国的经济封锁，造成我国外汇资金缺口很大，在组织进口物资及参与国际交往等方面都显得支付力量不足，对外投资更是无从谈起。

在这种背景下，为保障有限外汇资金的重点使用，我国实行高度集中的计划经济外汇管理体制，对外汇的收支进行集中管理、统一经营。国务院授权中国人民银行行使外汇管理职责，该银行是国家唯一的外贸外汇专业银行。简言之，企业所有的外汇收入，都必须卖给国家，需要使用外汇时，再由国家统一分配。同时，限制对外借款和外商来华直接投资。所以，在一段时间内，我国既无外债也无内债。国家每年制订外汇收支计划，“以收定支，以出定进”，以指令性计划和行政手段维护外汇收支平衡，并且实行固定汇率制，严格盯住汇率安排。

(二)改革开放后经济转型时期的外汇管理阶段

从1978年改革开放到1993年，对于中国的社会与经济发展来说是一个非常重要的阶段。为配合改革开放，作为市场经济体制改革的有机组成部分，我国逐步在外汇分配领域引入市场机制，实行计划分配与市场调节并存的双轨制原则，在保留原有的计划收支制度的基础上，引入市场分配机制，汇率以双轨制为特征。

为统一管理外汇，做好外汇收支的计划管理和检查监督，1979年3月，国务院批转中国人民银行《关于改革中国银行体制的请示报告》，决定成立国家外汇管理总局。在汇率上，国家实行官方汇率和外汇调剂市场汇率并存的双重汇率制度，为调剂汇率逐步发挥作用提供了基础条件。1981年1月1日，我国贸易内部结算价为1美元兑2.80元人民币，而官方牌价为1美元兑1.53元人民币。实际上，按照当时的官方牌价很难买到美元，造成了“有价无市”的局面。此后，随着美元的不断升值，官方汇率不断贬值，直到1984年12月，官方牌价才逐渐追平了贸易内部结算价。1985年1月1日，贸易内部结算价被取消。

同时，为鼓励企业出口创汇，国家实行外汇留成制度，即外汇由国家集中管理、统一平衡，同时留给创汇企业一定比例的外汇，以解决进口物资所需的资金。在此基础上，国家开始建立有形的外汇调剂市场。如果企业留成的外汇有富余，可通过这个市场卖给需要用汇的企业。至此，市场机制开始被引入外汇分配领域。

1985年11月，深圳经济特区成立了境内第一家外汇调剂中心。至1993年年底，全国陆续成立了108个外汇调剂中心，其中18个为公开调剂市场。当时，全国进出口收付汇中的80%已采用外汇调剂市场价格结算。可见，外汇调剂市场已在外汇供求中发挥重要作用，反映出当时中国外汇制度的改革及时地适应了经济改革开放的需要。

为适应我国经济对外开放对金融服务的需要，国家及时地放松了银行外汇业务的准入条件，允许办理外汇结算业务的银行从原来的一家扩大到其他商业银行。在引进外资方面，国家制定并且执行鼓励利用外资政策，放宽对外资使用的限制，鼓励外资进入中国，对进入中国的外资企业根据有关政策分别实行免税、低税、退税等一系列优惠政策。同时，允许境内居民个人持有外汇，允许其在银行开立外汇储蓄账户，并且发行了外汇兑换券。在资本管制方面，对资本对外输出给予限制。

总体而言，为克服长期存在的外汇短缺问题，这一时期国家制定的整体策略包括四个方面。

第一，在进出口方面实行“奖出限入”政策，即制定一系列奖励出口的政策，比如企业出口创汇1美元，政府给予奖励1分钱人民币的政策；另外，对出口采取补贴、外汇留成和退税政策等。同时对进口用汇实行一定的限制，确保外汇用于国家重点扶持的行业和项目。

第二，在资本项下实行“宽进严出”政策，即积极利用外资，通过举借外债、引进外商直接投资来弥补境内外汇不足的缺口；对外直接投资则限制较严。

第三，在外汇收支方面实行“增收节支”政策。

第四，在产业政策方面实行“填平补齐”政策，鼓励国内企业通过消化吸收国外先进技术，生产相应的机器设备以替代进口，从而减少外汇支出。

（三）社会主义市场经济体制初步建立时期的外汇管理阶段

1993年11月，中国共产党第十四届三中全会通过了《中共中央关于建立社会主义市场经济体制若干问题的决定》（简称《决定》），《决定》中明确要求：“改革外汇管理体制，建立以市场为基础的、有管理的浮动汇率制度和统一规范的外汇市场。逐步使人民币成为可兑换的货币。”按照这个要求，中国人民银行于1994年进行了一系列外汇管理体制改革。

1994年1月1日，人民币官方汇率与外汇调剂价并轨，官方汇率由1993年12月31日的5.80元人民币/美元大幅贬值至1994年1月1日的8.70元人民币/美元，并实行单一的有管理浮动汇率制；取消外汇上缴和留成，实行银行结售汇制度；汇率并轨，实行以市场供求为基础的、单一的、有管理的浮动汇率；建立全国统一规范的银行间外汇市场；放宽人民币经常项目的限制，为实行人民币经常项目有条件可兑换创造条件；继续重申禁止境内外币计价、结算和流通，停止发行外汇兑换券，已发行流通的则逐步退出流通。

1996年，我国宣布接受国际货币基金组织第八条款的规定，实现人民币在经常项目下的可兑换。这一系列的改革使中国的外汇管理体制进入了一个新的历史阶段。

1997年亚洲金融危机后，亚洲国家的货币竞相贬值，金融形势动荡。如果当时人民币也采取竞争性贬值的方式，就会对亚洲的经济造成很大的冲击。因此，党中央、国务院综合考虑当时的国际、国内形势，做出人民币不贬值的决定，从而稳定了亚洲国家的信心，提升了中国的国际形象，提高了人民币的国际地位。随后，中国采取一系列稳定汇率的金融措施，人民币的汇率一直稳定在1美元兑8.3元人民币的水平上，直到2005年，我国汇率一直浮动不大。

（四）社会主义市场经济调节机制进一步完善时期的外汇管理阶段

2001 年我国加入世贸组织之后，贸易顺差急剧扩大，外资大量流入，国际收支大额顺差，国际收支不平衡的矛盾日益突出。特别是 2002 年之后，我国外汇储备大幅增加，对央行发行货币造成较大压力。与此同时，我国经济发展状况良好，经济实力增强，国际影响扩大，国内进一步改革外汇管理体制的条件日趋成熟。为适应社会主义市场经济改革发展的需要，中央决定再次进行外汇体制改革。

2005 年 7 月 21 日，我国再次宣布进行人民币汇率形成机制改革，从单一盯住美元改为实行以市场供求为基础，参考一篮子货币进行调节、有管理的浮动汇率制度。同时，实施一系列配套外汇管理政策，包括提高经常项目外汇账户限额，提高个人因私购汇指导性限额和简化手续凭证，扩大银行为客户办理远期结售汇业务和开办人民币与外币掉期交易，调整银行挂牌汇率管理，加强外汇政策的宣传和培训，等等。这些举措为改革开放后新时期的企业、银行逐步适应市场汇率波动的变化创造了条件。

2005 年 9 月 23 日，中国人民银行决定，即日起扩大银行间即期外汇市场非美元货币对人民币交易价的浮动幅度，从原来的上下 1.5%扩大到上下 3%。

2006 年 1 月 3 日，中国人民银行宣布自 2006 年 1 月 4 日起在银行间即期外汇市场上引入询价交易方式，同时保留撮合方式。

2007 年 5 月 18 日，中国人民银行宣布自 2007 年 5 月 21 日起，银行间即期外汇市场人民币兑美元交易价浮动幅度由 0.3%扩大至 0.5%。

但在 2008 年金融危机中，人民币汇率实际上回到了对美元波动相对狭小的局面。

2015 年 8 月 11 日，中国人民银行宣布完善人民币汇率中间价报价机制，当天中间价一次性贬值近 2%，是历史上人民币汇率第三次改革，金融市场称之为“8・11”汇改。

三、中国现阶段外汇管理体制的特征

中国现阶段外汇管理体制的特征包括以下几个方面。

一是人民币经常项目实现可兑换，资本和金融项目部分实现可兑换。企业可以将经常项目下交易所取得的外汇卖给银行，也可以开立外汇账户，自主支配。同时，我国在服务用汇、个人用汇方面的限制也基本放开了。考虑到现阶段的国情和金融安全的需要，目前在资本和金融项目下还实行一定的限制，我国对外投资尚处于逐步扩大阶段，特别是在金融投资方面，迄今为止的投资规模还是较有限的，这也正是我国在2008年金融危机中受冲击较小的原因之一。

知识窗

什么是现汇和现钞？

现汇是指在国际金融市场上可以自由买卖、在国际上得到偿付并可以自由兑换其他国家和地区货币的外汇。简单地说，现汇是指由境外汇入或从境外携入的外币票据，通过转账的形式，存入个人在银行的账户中。

现钞是指外币现金或以外币现金形式存入银行的款项。

现汇和现钞是外汇资产的两种不同形式、各有优势，并可通过银行相互转换，但需要支付一定的费用。在境外使用时，现汇必须在指定银行转换成现钞才能使用，现钞可以直接在流通的国家和地区使用；在转账方面，现汇可以直接通过银行进行转账，但需要缴纳一定的手续费，现钞需要先到银行转换成现汇，再进行转账，费用一般更高。

近些年来，我们加大了资本和金融账户开放的力度，尤其是证券项目的开放力度较大。过去，我国居民是不可以到境外证券市场进行投资的，境外的资金也不可以在中国证券市场进行投资。2002年以来，QDII和QFII制度的实施（见图13-1）为国外证券资本走进来、国内证券资本走出去建立了渠道。同时，在对外直接投资方面，步伐也明显加快，一些国内企业已成为国际市场的重要参与力量。中石油、中铝、中国投资公司等企业在海外的投资不断扩大。这种局面都与近年来国家逐步放开资本和金融项目外汇管制政策有关。

2018年6月12日，中国人民银行、国家外汇管理局宣布对QFII、RQFII实施新一轮外汇管理改革，以进一步简化管理、便利操作、扩大对外开放。其中主要的三大改革措施包括：取消QFII每月资金汇出不超过上年末境内总资产20%的限制；取消QFII、RQFII本金锁定期要求，将现存的QFII投资三个月锁定期、RQFII非开放式基金投资三个月锁定期全部取消，境外机构投资者可以根据需要办理资金汇出；明确合格机构投资者外汇风险管理政策，允许QFII、RQFII对其境内投资进行外汇套保，对冲其汇率风险。

二是人民币汇率实行以市场供求为基础的、参考一篮子货币、有管理的浮动汇率制度。我国在人民币汇率的安排上，始终坚持“主动性、可控性、渐进性”的原则，力求保持国家经济、金融的平稳发展。作为一个负责任的

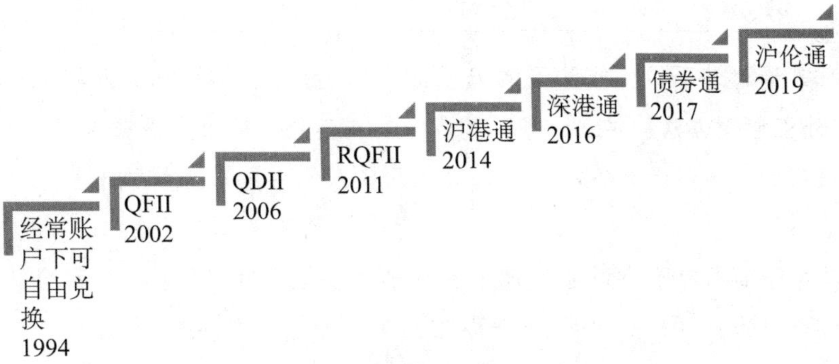

图 13－1　我国资本和金融账户的开放时间表

大国，中国在汇率问题上是非常谨慎和务实的。我国汇率改革的目的是让人民币汇率形成的基础越来越坚实，逐步提高汇率弹性，让更多的市场主体参与汇率形成，使汇率不断贴近市场合理均衡的水平。

三是实行统一规范的全国银行间外汇市场。目前，中国外汇市场的网络交易平台日趋发达，产品工具日益增多，交易机制和交易方式不断创新，市场参与主体大幅度增加并更加多元化。2006 年之前，我们的交易方式只有一种，即竞价交易；从 2006 年开始，我们引入了询价交易方式等制度，并逐步增加交易的品种，开展远期、掉期产品的交易，使市场价格发现的功能增强。与此同时，我们培养、锻炼了一批具备自主定价能力的中资做市商银行以及熟悉国际、国内规则的优秀本外币交易员。

四是实行与国际接轨的收支统计申报制度。国际货币基金组织一直重视国际收支相关数据报表的编制质量和公布频率。我国国际收支相关数据报表从无到有、从少到多，报表质量不断提高，公布频率加大。目前，我国的国际收支相关数据报表已与国际接轨，其中国际收支平衡表、国际投资头寸表每季度公布一次，外债数据也是每季度公布一次。

五是实行金融机构外汇业务监管。对于外汇业务，我国仍然采取市场准入的监管制度。国家外汇管理局与相关金融监管机构对所有金融机构的外汇业务实行监管。其中，银保监会对其所管辖的银行业金融机构以及信托公司等非银行金融机构实行本外币统一监管，但证券经营机构和保险经营机构的外汇业务市场准入仍然由国家外汇管理局按照中国人民银行的授权来实施监管。此外，国家外汇管理局通过各种制度和电子技术手段，对金融机构及企事业单位的跨境收付行为实行监测。

六是外汇管理法规体系不断完善。近年来，我国修订完善并发布了《中华人民共和国外汇管理条例》《境内机构境外直接投资外汇管理规定》《银行执行外汇管理规定情况考核办法》等一系列法律法规，外汇管理框架和法律法规进一步健全。

案　例

黄某通过地下钱庄非法买卖外汇20笔，金额合计350.9万美元。该行为违反《个人外汇管理办法》第三十条，构成非法买卖外汇行为。根据《中华人民共和国外汇管理条例》第四十五条，处以罚款295.3万元人民币。处罚信息纳入中国人民银行征信系统。

某电子商务有限公司通过地下钱庄非法买卖外汇14笔，金额合计130.1万美元。该行为违反《个人外汇管理办法》第三十条，构成非法买卖外汇行为。根据《中华人民共和国外汇管理条例》第四十五条，处以罚款110.3万元人民币。处罚信息纳入中国人民银行征信系统。

总体而言，我国外汇管理体制基本上属于部分型外汇管理，对经常项目实行可兑换，对资本项目实行一定的管制，对金融机构的外汇业务实行监管，禁止外币境内计价、结算、流通，保税区实行有区别的外汇管理，等等。这种外汇管理体制基本适应中国当前市场经济的发展要求，也符合国际惯例。

四、我国外汇储备的规模与构成

随着经济的发展与对外交往的扩大，我国的国际收支也相应地发生了巨大的变化。中华人民共和国成立初期到1982年，国际收支规模很小，外汇储备一直维持在较低水平。1950年，我国外汇储备仅有1.57亿美元，直至改革开放前的1978年，外汇储备也仅有1.67亿美元，人均仅为0.17美元。改革开放后，1982—1993年，经常项目顺差与资本和金融项目顺差交替出现，外汇储备先降后升。1994—1996年，国际收支“双顺差”格局基本形成。1997—2000年，受亚洲金融危机影响，我国资本和金融项目顺差大幅下降，外汇储备增速减慢，外汇储备总额不足2 000亿美元。

外汇储备增速缓慢的情况从2001年开始发生转折。在这一年，经常项目与资本和金融项目顺差均大幅增长，外汇储备规模迅速扩大。从2002年开始到2008年，我国的外汇储备基本上每两年接近翻一番。到2009年9月，我国外汇储备达到22 726亿美元。与中华人民共和国成立之初相比，我国的外汇储备增长了14 475倍。分析我国近年来外汇储备增加的渠道，主要有三个：一是贸易渠道结汇，二是外商投资企业资本金结汇，三是个人结汇。2008年8月，国际金融危机爆发以后，我国国际收支出现了一些新动向，外汇流入势头有所减缓，这使外汇储备增长过快的情况得到了一定的缓解。然而总趋势是外汇储备量不断攀升，至2014年年中达到高点，此后趋于减少

（见图 13-2）。国家外汇管理局公布的外汇储备规模数据显示，截至 2022 年 8 月末，中国外汇储备规模为 30 549 亿美元。

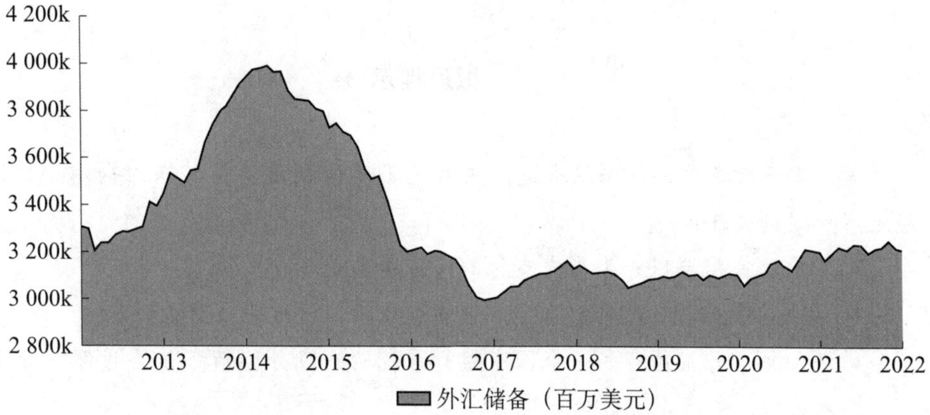

图 13-2　2013 年 1 月到 2022 年 7 月期间中国的外汇储备

影响外汇储备规模变动主要有四个因素：中国人民银行在外汇市场的操作；外汇储备投资资产的价格波动；相对美元的汇率变动；外汇储备在支持"走出去"等方面的资金运用。而其中，央行稳定人民币汇率是外汇储备规模下降的最主要原因。

我国的外汇储备构成主要有美元、欧元、日元、英镑及其债券、黄金等。

延伸阅读

索罗斯攻击泰铢

1997 年的泰国之战，因为泰国实行的是固定汇率，所以给索罗斯抓到了空子。

索罗斯的玩法就是：假设泰铢换美元是 1∶25，索罗斯首先就以抵押的方式向泰国银行借入 250 亿泰铢，然后将这 250 亿泰铢换成 10 亿美元，拿在手上。

接下来，索罗斯要做的事就是让泰铢贬值。那怎么让固定汇率的泰铢贬值呢？就是不停地向泰国银行借泰铢，再抛泰铢，最后买美元。重复好几次之后，民众一下子就恐慌了，怎么各个银行和市场上都在抛售泰铢？而美元一下子大热，于是大家都一起去买美元。

因为是固定汇率，不管泰铢怎么跌，始终都能换这么多美元。这一下子不得了，泰国政府不得不宣布，我们没有美元了。可这样也不行啊，政府信用不就破产了？于是泰国管钱那哥儿们就出来说，还是改为浮动汇率吧，让泰铢贬值好了，只有泰铢贬值了，美元才够卖。

然后泰铢大幅贬值，假设从 1∶25 一下子贬值到 1∶50。这下子好了，索罗斯把手上的 10 亿美元换成 500 亿泰铢，还掉欠着银行的 250 亿泰铢，还有 250 亿泰铢，也就是 5 亿美元。在整个狙击泰铢的过程中，伴随着铺天盖地的舆论渲染、精准的时间点进出，普通市民和泰国政府被玩弄于股掌之间。

资料来源：知乎。

报道提示

关于汇率相关问题的深度报道，主要是汇率变动趋势及其原因揭示。为此，财经记者应跟进关注：

- 一个国家需要以外汇形式支付的债务额度是多少？
- 一个国家对其货币实行怎样一种管制手段，这种手段有效吗？
- 关注短期外汇债务。一个国家银行系统的短期外汇债务是否过度？如果出现大的资本动作，银行是否会受到影响？
- 关注外汇直接投资水平。与投机性质的间接投资相比，这个国家的外汇直接投资水平达到多少？
- 人民币在岸汇率和离岸汇率的变化。
- 中国人民银行和国家外汇管理局相关政策的重大变化。
- 美联储货币政策的重大调整。
- 专家学者对中美外汇政策调整的解读。

问题与思考

问答题

1. 外汇储备对一个国家重要吗？为什么？请举例说明。
2. 一个国家实行固定汇率好还是浮动汇率好？为什么？
3. 有人说“本币贬值有利于出口是好事”，你如何看待这种说法？

第十四章
资本管制与反洗钱

历史上，货币一直这样困扰着人们：要么很多却不可靠，要么可靠但又稀缺，二者必居其一。

——J. K. 加尔布雷斯

案　例

2017年8月，《中国新闻周刊》重磅推出财经述评《管住资本外逃“灰犀牛”》，文中指出“2014年6月至2017年1月，中国外汇储备由39 932亿美元下降至29 982亿美元，跌破3万亿美元大关，缩水了25%”。这篇财经报道运用权威数据、直观图表、专家分析、海外并购明星企业等元素呈现出我国外汇储备迅速减少的状况并分析了原因。此文先后被多家媒体转载，引发监管部门的重视。几乎同时，《财经》刊发了题为《外储下降与资本外逃关系密切》的文章，明确提出“即便外储的减少正好等于居民对外净资产的增长，也不能得出‘藏汇于民’的结论。更何况使用外储和增持海外资产两者的动因并不相同”。两篇文章为随后国家相关监管部门明确监管方向、细化监管举措提供了有益的参考。

通过本章学习，你可以：

- 辨析“经常项目”与“资本项目”、“资本外流”与“资本外逃”。
- 理解资本管制的含义和作用。
- 了解洗钱的含义、危害与基本手法。
- 了解我国反洗钱的制度与国际合作。

第一节　资本管制

如何既能鼓励金融创新，开拓境内外新业务，又能有效地实施金融监管、打击洗钱活动，不仅是我国商业银行面对的课题，也是我国外汇监管部门持续思考的问题。

一、资本管制及其相关概念

资本账户，或称“资本项目”，是国际收支平衡表中的贸易项目（又称“经常项目”，包括物品与服务的进出口）之外的账目，主要是资金的进出口。

对资本项目的管制简称“资本管制”，包括对跨境资本交易（包括转移支付）和汇兑活动的限制。简言之，资本管制就是对资本输出输入的管制。

资本项目外汇是指国际收支中因资本输出和输入而产生的资产与负债的增减项目资本，包括直接投资、各类贷款、证券投资等项目。因此，进一步开放资本项目，主要的开放内容是短期资本流动。

资本项目可兑换与资本项目管制是两个相对的概念。资本项目可兑换指取消对跨境资本交易（包括转移支付）和汇兑活动的限制。从这个意义上说，资本项目可兑换不仅涉及金融、外汇管理部门，还涉及其他有关经济管理部门。

在汇兑环节，依据管制放松程度的不同，可分为可兑换、基本可兑换、部分可兑换和不可兑换四类。其中，可兑换是指对汇兑基本没有管制，经过主管部门或银行真实性审核后可以做的项目，如境内商业银行向国外发放贷款、中国居民从境外继承遗产等交易，可以直接办理，无须外汇管理部门审批；基本可兑换是指整个项目受限不多，经过核准或登记后可以做的项目，如对外直接投资，在汇兑环节没有前置性审批，只需要做境外直接投资外汇登记；部分可兑换是指经审批后部分交易可以做的项目，如境内商业银行从境外借入资金，不能超过有关部门事先核定的外债指标；不可兑换是指明文禁止的项目，包括法律上无明确规定但实际操作中不允许做或者没有发生的项目，属于禁止类管制，如居民个人不能向非居民提供贷款等交易。

二、资本管制的作用

正是由于资本项目是国际收支的一个重要内容，所以无论是发达国家还是发展中国家都非常重视资本的输出输入，并根据不同的需要对资本输出输入实行不同程度的管理。

与资本管制相反的是资本项目开放或资本账户开放。所谓资本项目开放是指自由跨境资本交易，解除与资本交易相关的外汇自由兑换管制，对外开放本国金融市场。

资本管制的作用主要在于以下几个方面。

（一）现实经济中存在着各种各样的扭曲因素，需要资本管制来抵消其不利影响

一般认为，与贸易障碍相联系的实际汇率的扭曲，可贸易部门与非贸易部门、受保护部门与竞争性部门间相对价格的扭曲等，都会影响外国投资者和利用外资的国内投资者的投资决策，使资金流向不恰当的部门与行业，从而造成资源配置的低效，并引起公众消费的变化。通过资本管制可以限制有关资金的流向和用途，从而减少资源的浪费，减少公众跨时期消费的波动。

（二）增强国内政策效果，确保宏观调控的有效性

资本管制的放松引起的资本流动还可能削弱国内经济政策的效果，增加宏观调控的难度。

首先，当一国为了抑制通货膨胀实行紧缩性货币政策时，抽紧银根，提高利率以此减少货币供应量，但是利率提高却会招致国际资本的大量流入，迫使该国增加货币供应量；相反，当一国需要采取扩张性货币政策刺激经济增长时，银根放松、利率降低、货币量增加，但利率下降又会引起资本外流，不仅减少货币供应量，而且还会产生本币汇率下浮压力，使货币当局的宏观调控措施难以奏效。

其次，资本项目的开放也将增加避税的可能性，因而也会限制某些政策的效果。比如，资本项目开放限制了政府对资本或金融资产征税的能力，因为居民可以通过国际资产组合来逃避税收。尽管在封闭经济体系中也可以通过把财富转移到生产或消费领域而避税，但是资本项目的开放毕竟提供了更多的选择机会。与发达国家相比，资本项目开放导致发展中国家征税更加困难，为了降低税收风险，资本管制在一定时期也是必要的。

最后，开放的资本市场将使固定汇率下的货币政策效力受到严重削弱，因为国内利率水平在国际资本流动下会受世界利率水平的影响，而不仅仅受到国内信贷政策的影响。资本管制在这种情况下是恢复货币政策有效性的一种工具。

（三）实现经济稳定

资本项目开放后，利用国际资金可以减缓暂时性冲击的不利影响。而对于持久性冲击而言，国际资本流入本身不能代替本国自身的经济调整。资本项目的开放短期内甚至可能放大冲击，金融危机中许多国家的经历表明了这一点。中国能够成功地应对 1997 年亚洲金融危机的冲击，一个重要条件是资

本项目未开放。与之相反，1997 年泰国无外汇管制，造成股市、楼市崩溃，供需失衡，泰铢兑美元汇率失衡，泰铢贬值。这个例子也说明一定历史时期资本管制的必要性。

发展中国家由于外汇资金短缺，一般对资本输入都实行各种优惠政策，以吸引有利于本国经济发展的外资。例如，对外商投资企业给予税收减免的优惠并允许其汇出利润等。为保障资本输入的效果，有些发展中国家主要采取了如下措施：(1) 规定资本输入的额度、期限和投资部门；(2) 从国外借款的一定比例要在一定期限内存放在外汇银行；(3) 银行从国外借款不能超过其资本与准备金的一定比例；(4) 规定接受外国投资的最低限额。以前发展中国家都严格限制资本输出，一般不允许个人和企业自由输出（或汇出）外汇资金。

任何国家无论侧重对资本输入还是资本输出的管制，都是有成本的。资本管制是一把“双刃剑”。它既可能成为固化国内金融体系中的脆弱性，从而抑制中长期经济增长活力的拦路虎；也可能成为短期内保护落后的国内金融体系，使其少受国际金融市场动荡影响的保护伞。

三、我国的资本管制与资本账户开放

(一) 我国的资本管制

我国资本管制的措施主要是分类管制、直接控制，即依据我国法律法规对跨国资本流动采取审批、核准和一些具体操作过程的限制。其主要依据是《中华人民共和国外汇管理条例》和《境外投资外汇管理办法》及配套实施细则《境外投资外汇管理办法细则》。在这些法律法规的指导下，资本管制又分为对资本项目的交易环节和汇兑环节的管制。

资本管制有行政手段和市场化手段。行政手段主要通过政府立法，限制部分资本项目交易和汇兑。市场化手段主要通过干预市场，对利率、汇率等价格因素进行调节，引导资本流动。我国目前是以行政手段为主，辅以市场化手段。随着政府职能转变和监管能力的提升，对确需保留的资本项目的管制将越来越多地采用市场化手段进行监管。

外汇管制的一个重点是资本管制，资本管制的重点是对热钱的管制。热钱即短期流入流出的大额外汇，其流入通道如图 14－1 所示。

(二) 我国的资本账户开放

中国自 1996 年 12 月开始实现经常项目下的货币可兑换。目前中国对中

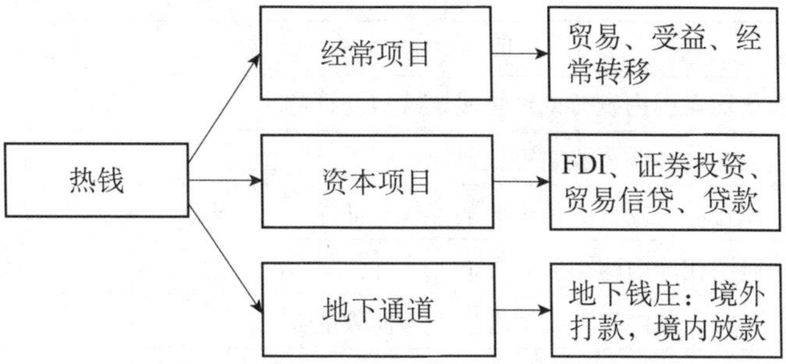

图 14－1　热钱流入的通道

长期性质的双向直接投资与贸易融资已经基本放开，但在证券投资、跨境借贷与衍生品交易等短期资本流动方面仍存在程度不同的管制。表 14－1 列出了我国资本账户不同的开放阶段。

表 14－1　我国资本账户开放阶段的选择

资本账户	风险性	开放阶段选择
货币市场工具	衍生的需求，风险大	Ⅳ
金融机构信贷	衍生的需求，风险大	Ⅳ
债券类证券	与真实的经济需求相关，风险中	Ⅲ
股票类证券	与真实的经济需求相关，风险中	Ⅲ
商业信贷	与真实的贸易需求相关，风险较低	Ⅱ
个人资本交易	监管难度大，风险大	Ⅳ
不动产交易	与真实经济需求相关，风险中	Ⅲ
直接投资及清盘	与真实投资需求相关，风险较低	Ⅰ
集合投资类证券（如基金、信托）	监管难度大，风险大	Ⅳ
担保、保证等融资便利		
衍生及其他工具		

根据国际货币基金组织《汇兑安排与汇兑限制年报》的数据，在其设计的 40 类资本交易项目中，中国在 20 世纪 90 年代末大约有 80%的资本交易项目存在严格管制；到 2004 年，这个比例下降到 50%左右。到了 2016 年年初，在所有 40 个子项中我国不可兑换的项目仅有 4 项，占 10%，换言之，部分可兑换和基本可兑换的项目合计达到了 90%（见表 14－2）。

表 14－2　我国资本账户开放情况一览

项目	可兑换性
一、资本和货币市场工具的交易	
1. 非居民在国内购买股票等权益证券	部分可兑换

续表

项目	可兑换性
2. 非居民在国内发行或销售股票等权益证券	部分可兑换
3. 居民在国外购买股票等权益证券	部分可兑换
4. 居民在国外发行或销售股票等权益证券	基本可兑换
5. 非居民在国内购买债券等债务证券	部分可兑换
6. 非居民在国内发行或销售债券等债务证券	部分可兑换
7. 居民在国外购买债券等债务证券	部分可兑换
8. 居民在国外发行或销售债券等债务证券	基本可兑换
9. 非居民在国内购买货币市场工具	部分可兑换
10. 非居民在国内发行或销售货币市场工具	不可兑换
11. 居民在国外购买货币市场工具	部分可兑换
12. 居民在国外发行或销售货币市场工具	基本可兑换
13. 非居民在国内购买集合投资证券（基金）	部分可兑换
14. 非居民在国内发行或销售集合投资证券（基金）	不可兑换
15. 居民在国外购买集合投资证券（基金）	部分可兑换
16. 居民在国外发行或销售集合投资证券（基金）	基本可兑换
二、衍生品和其他工具	
1. 非居民购买国内的衍生品	不可兑换
2. 非居民在国内发行或销售衍生品	不可兑换
3. 居民在国外购买衍生品	部分可兑换
4. 居民在国外发行或销售衍生品	部分可兑换
三、信贷工具交易	
1. 居民向非居民发放的商业信贷	基本可兑换
2. 非居民向居民发放的商业信贷	部分可兑换
3. 居民向非居民发放的金融信贷	基本可兑换
4. 非居民向居民发放的金融信贷	基本可兑换
5. 居民向非居民提供的担保和财务支持	基本可兑换
6. 非居民向居民提供的担保和财务支持	基本可兑换
四、直接投资	
1. 对外直接投资 ODI	基本可兑换
2. 外商直接投资 FDI	部分可兑换
五、直接投资清盘	基本可兑换
六、房地产交易	
1. 居民购买国外房地产	部分可兑换
2. 非居民购买国内房地产	基本可兑换

续表

项目	可兑换性
3. 非居民销售国内房地产	基本可兑换
七、个人资本交易	
1. 居民向非居民发放贷款	部分可兑换
2. 非居民向居民发放贷款	部分可兑换
3. 居民向非居民提供的赠予和遗产	基本可兑换
4. 非居民向居民提供的赠予和遗产	基本可兑换
5. 迁入移民的国外债务结算	部分可兑换
6. 迁出移民的资产向外转移	部分可兑换
7. 迁入移民的资产向内转移	部分可兑换
8. 博彩和奖金所得的转移	部分可兑换

资料来源：张礼卿．我国资本账户可兑换的历程：经验和前瞻．中国外汇，2019（7）：30－32.

实现人民币资本项目可兑换是我国外汇管理体制改革以至整个经济体制改革的长远目标。中国央行发布的《中国金融稳定报告》称，我国要建立健全宏观审慎管理框架下的外债和资本流动管理体系，完善跨境资本流动的监测和监管，渐进、稳健、有序地推动人民币资本项目开放。

四、当今全球资本管制现状和趋势

发展中国家多实行资本管制，发达国家放松资本管制。与发展中国家相比，发达国家对资本输出输入采取的限制性措施较少，即使采取一些措施，也是为了缓和其汇率和官方储备所承受的压力。例如日本、德国、瑞士等国在 20 世纪 60 年代中后期，由于国际收支连年顺差，货币汇率经常处于上升的状况，成为国际投机资本的主要冲击对象。长期的国际收支顺差也导致这些国家外汇储备大幅度增长，又加剧了这些国家的通货膨胀风险。因此这些国家便采取了一些限制外国资本输入的措施，如规定银行吸收非居民存款缴纳较高的存款准备金、银行对非居民存款不付利息或倒收利息、禁止非居民购买本国有价证券等以缓和本国货币汇率上升的局面。同时发达国家积极鼓励资本输出，例如日本从 1972 年起对于居民购买外国有价证券和投资于外国的不动产取消限制。这里应特别说明：虽然限制资本输入、鼓励资本输出是发达国家的一个总趋势，但根据当时国际收支和汇率变动情况，资本管制有时宽松、有时严格，不断在进行调整。

从长期来看，各国都趋向放松资本管制。经济的全球化使每个国家的经济对外联系日益紧密，商品、人口、资本和信息等的全球流动不可逆转，资本管制的成本愈加高昂，并且资本管制的有效性会大打折扣。因此，无论发展中国家还是发达国家都趋向放松资本管制。

国际社会限制国际投机资本，特别是对冲基金的投机活动。如索罗斯的量子基金曾先后攻击墨西哥比索、英镑、意大利里拉，都曾引起这几个国家金融市场的动荡，造成金融危机。

第二节　洗钱与反洗钱

在反洗钱活动中，金融机构居于重要的地位。当金融机构意识到卷入洗钱交易活动会使自己的声誉面临巨大风险并且必须付出高昂的代价时，金融机构就有动力去反洗钱。

以保密为由的瑞士银行，曾经保存了许多第二次世界大战时期纳粹战犯的黑金，如今已改变了做法，开始向国际和各国政府的反洗钱组织提供必要的信息。

洗钱行为并非只有离岸金融中心和发展中国家才有。事实上，大部分的洗钱行为发生在纽约或伦敦，而不是开曼群岛或巴拿马。

一、什么是洗钱

狭义的洗钱是指为了掩盖犯罪收入的真实来源和存在，通过各种手段使其合法化的过程。这些犯罪活动主要包括贩毒、走私、诈骗、贪污、贿赂、逃税等。

广义的洗钱除了狭义的洗钱含义外，还包括：把合法资金洗成黑钱用于非法用途，即把“白钱洗黑”，如通过洗钱将银行贷款用于走私；把一种合法的资金洗成另一种表面也合法的资金，以达到占用的目的，即把“白钱洗白”，如通过洗钱把国有资产转移到个人账户；通过洗钱让合法收入逃避监管，如外资企业通过洗钱将合法收入转移到境外。

在日常生活中，也许有亲友向你借用银行卡，你应该十分小心，因为你的银行卡可能被用于洗钱等不法目的。

案　例

林某、陈某等人利用15张伪造和两张真实注册登记的个体工商户营业执照在××市7家银行领了36台转账POS机，通过将转账POS机改装并移机至中国澳门使用，绑定了12个自然人名下的28张银行卡作为资金清算账户，非法协助他人跨境转移资金，资金交易量达50.67亿元人民币，共涉及上下游交易对手18 500个，分布在山东、广东、福建、江苏等 31 个省市地区。该案是一起典型的地下钱庄洗钱案件，涉及交易金额达 700 亿元，抓获犯罪嫌疑人 5 名，冻结涉案账户 266 个，冻结资金 1 200 余元。

二、洗钱的危害和主要手法

洗钱已经变得越来越国际化，而与犯罪活动有关的金融问题也由于科技的日新月异以及金融服务业的全球化而变得日益复杂化。据联合国估算，全球每年非法洗钱涉及的犯罪收益占世界 GDP 的 2%～5%，介于 1.6 万亿至 4 万亿美元之间。特别是在当前经济全球化、资本流动国际化的情况下，洗钱活动对国际金融体系的安全、国际政治经济秩序的危害极大。

洗钱的具体手法和渠道很多，例如：现金走私；将大额现金分散存入银行；向现金流量高的行业投资；购置流动性较强的商品；匿名存款或购买不记名有价金融证券；古董买卖；保险交易；海外投资、设立外资公司；制造显失公平的进出口贸易；实施复杂的金融交易；在离岸金融中心设立匿名账户；地下钱庄和各类赌场；等等。

其中，现金走私是最原始的洗钱手法之一，但目前仍是边境地区跨境洗钱的有效手段。不法分子通过雇用“马仔”分散携带、运输或者邮寄现金的方式出入境，即可实现黑钱的跨境转移。利用现金交易和发达的经济环境，可以掩盖洗钱行为。现金交易可以割断资金链条，从而给后期的调查带来巨大困难。地下钱庄手续费低、操作简单、收款快捷，对汇款人很有吸引力；对经营者而言，钱庄可以逃避银行、税务、工商等部门的监管，获取汇差、手续费和开户银行大额存款的奖励。由于地下钱庄无法判断汇款来源，目前常常成为犯罪分子洗钱的工具。

通过空壳公司买入高端物业是某些隐形富豪所钟爱的洗钱手段。美国、法国、澳大利亚都有某些贪腐官员的高端物业。

并非所有国家或地区都有反洗钱的意愿，其中的避税天堂往往成为洗钱行为的渊薮。避税天堂是指那些为吸引外国资本流入，繁荣本国或本地区经济，在本国或本地区确定一定范围，允许境外人士在此投资和从事各种经济、贸易和服务活动，获取收入或拥有财产而又不对其征直接税，或者实行低直接税税率，或者实行特别税收优惠的国家和地区。避税天堂大多是较小的沿海国家和内陆小国，甚至是很小的岛屿或“飞地”。它们自然资源稀缺、人口数量较少、经济基础薄弱。但由于它们具有某些“优越性”，因此吸引了大量国外公司来此注册。除列支敦士登外，还有安道尔、摩纳哥，以及开曼群岛、百慕大、巴哈马、荷属安的列斯等都属避税天堂。在美国的特拉华、内华达等州，开设幕后金主难以被追踪的空壳公司，较离岸天堂更为方便。

避税天堂的主要特点如下：金融信息及税收体制不透明，税率极低甚至不征税，为其他国家和地区的企业、组织和个人避税、洗钱提供方便，损害国际金融体系的稳定等。

在2009年二十国集团伦敦金融峰会上，各国领导人同意对拒不合作的避税天堂采取行动，实施制裁。

三、反洗钱

按照《中华人民共和国反洗钱法》（简称《反洗钱法》）的解释，反洗钱是指为了预防通过各种方式掩饰、隐瞒毒品犯罪、黑社会性质的组织犯罪、恐怖活动犯罪、走私犯罪、贪污贿赂犯罪、破坏金融管理秩序犯罪、金融诈骗犯罪等犯罪所得及其收益的来源和性质的洗钱活动，依照本法规定采取相关措施的行为。

由于金融机构在反洗钱机构中居于重要地位，因此各国都通过事先立法或事后严惩赋予其一定义务，并有具体监督举措。

我国《反洗钱法》第三条规定：在中华人民共和国境内设立的金融机构和按照规定应当履行反洗钱义务的特定非金融机构，应当依法采取预防、监控措施，建立健全客户身份识别制度、客户身份资料和交易记录保存制度、大额交易和可疑交易报告制度，履行反洗钱义务。

美国是世界上最早对洗钱进行法律控制的国家，它的反洗钱执法机关是财政部、司法部、税务总署、联邦调查局和美国邮政总局。现在美国有关反洗钱法律法规已形成了以《银行保密法》为核心、辅以一系列反洗钱法令在内的完备体系。其中，《银行保密法》要求所有的金融机构对于超过10 000美元的现金交易必须向政府提交报告；任何人运送价值超过10 000美元现金或货币工具进出美国的，应向美国海关报告；对于可能违反法律法规的可疑交易活动，银行必须向美国财政部及货币监理署提交可疑交易报告。当然美国的反洗钱法律法规也非尽善尽美。“9·11”事件后不久颁布的美国《爱国者法案》加强了对银行往来金融交易的监管，对物业交易却网开一面。这样，通过空壳企业在美国购置物业就成了洗钱的惯用手法。

昔日以金融自由著称的瑞士，在国际社会的压力下，也制定一些措施配合国际社会的反洗钱行动。瑞士的配合至关重要，因为该国为银行客户保密的传统由来已久，而且它的财富管理行业也很庞大，总共管理着2.2万亿美元的离岸资产。1987年瑞士银行家协会制定了一些反洗钱的行为规则。1992

年又将规则中规定的现金交易引起身份识别义务的最低金额标准由 10 000 瑞士法郎变更为 2 500 瑞士法郎，并要求金融机构特别注意客户有意进行的构建性交易，即将财产分散交易以避免身份证明的行为。此外，1991 年瑞士联邦委员会还发布了《反对与防止洗钱指南》，规定金融机构可以向主管当局报告有关的可疑情况，并认为这并不违反瑞士的《银行保密法》。2014 年 5 月 6 日，作为世界最大的离岸金融中心，瑞士承诺将自动向其他国家交出外国人账户的详细资料。这是全球打击逃税举措的最重大突破之一。消息公布后，在瑞士银行的中国客户账户信息是否会被公布出来，引起了众多国人的关注。由于瑞士银行被称为“避税天堂”，在媒体报道中关于偷漏税大户的资金，或者是贪官转移到海外的资产也引起了国人的猜测。瑞士告别《保密银行法》，对中国强劲反贪无疑是一大帮助。

为了回应西方国家对俄罗斯打击洗钱犯罪不力的指责，俄总统普京于 2001 年 8 月 7 日签署了自 2002 年 2 月 1 日起生效的《反洗钱法》。该法规定，银行以及其他金融机构必须对个人和法人超过 60 万卢布（相当于 1.95 万美元）的现金交易，包括外汇买卖、不同币值的货币兑换、法人资金注册等进行跟踪监控，如发现有疑点，必须向金融监控中心汇报，内容包括账户户主姓名、税款身份号和住址等。金融监控中心对有关信息进行分析后，如认为有必要，必须将有关材料移交司法机关。

目前，发达国家都已建立起高效、便捷的金融信息数据库，为本国反洗钱机构提供服务。

在英国负责反洗钱工作的机构有国家犯罪情报局、金融监管局、海关、司法部门国内事务部等。以国家犯罪情报局为例，它内设经济犯罪部，建有庞大的金融情报数据库，通过实施可疑交易报告制度，搜集、分析、调查交易信息十分方便。同时英国各个商业银行内部都设有反洗钱报告官，负责搜集、分析和报告银行内部各个部门报告的可疑交易信息，并将重要情况及时报告给国家金融情报局。反洗钱报告官不仅素质高，而且在银行中也有很高的级别。此外，在伦敦，十几家大银行还共同组建了自己的“金融特遣队”，成为反洗钱网络的重要组成部分。

在美国，反洗钱情报网络十分庞大和完善。美国财政部设立了金融犯罪情报中心，该中心建有庞大的金融数据库，与全美各金融机构数据库、金融监管机构数据库联网。借助该网络、调查人员能在几分钟之内查到某个人的金融记录、商业合同、雇主姓名、资产数额等数据信息。这些数据经过整理、分析，就可以勾画出调查对象所有经济交易的清晰脉络，从而为调查提供线索。另外，在相关执法机构也有相应的数据库，如美国国税局的底特律信息中心就储存着全美所有的货币交易报告，供执法机构检索。

四、我国的反洗钱

（一）国内反洗钱制度的建立

反洗钱制度建立的目的是发现可疑交易和可疑人员。反洗钱制度的第一核心是对客户身份的识别。存款实名制是维护国家经济和金融秩序的重要手段。

反洗钱法律制度是由两种不同但又互相联系的法律规范组成的：一是在刑法上将洗钱活动规定为犯罪，即对洗钱活动的治罪规定；二是以客户身份识别、记录保存和可疑交易报告制度为核心的预防性反洗钱措施。

在我国，制裁和打击洗钱犯罪由《中华人民共和国刑法》（简称《刑法》）做出规定，而《反洗钱法》主要规定预防性反洗钱措施。

在刑事立法方面，我国《刑法》经过数次修订，目前已经形成了以第191条“洗钱罪”为特定洗钱罪和以第312条“掩饰、隐瞒犯罪所得、犯罪所得收益罪”为一般洗钱罪以及包含“窝藏、转移、隐瞒毒品、毒赃罪”在内的核心洗钱刑法规定，基本覆盖了主要的洗钱行为，实现了与洗钱行为刑罚化国际标准的接轨。

在预防措施方面，全国人大常委会于2006年10月审议通过我国第一部关于反洗钱工作的专门法律《中华人民共和国反洗钱法》，确立了我国反洗钱行政管理体制，规定了金融机构的反洗钱义务。中国人民银行对2003年三个反洗钱行长令进行了修订，相继颁布了四个反洗钱规章，将反洗钱监管和义务主体范围由银行业金融机构扩大到证券、期货、保险业金融机构等，统一了本外币反洗钱管理，调整了大额和可疑交易报告的标准、路径、时间等内容。目前我国银行业金融机构建立健全了反洗钱工作组织体系，建立了反洗钱内控制度，普遍开展了客户尽职调查，基本落实了大额和可疑交易报告制度。

在制度安排方面，中国人民银行于2003年成立了反洗钱局，开始承担原由公安部负责的我国反洗钱工作组织协调职责。2006年，国家外汇管理局反洗钱职能、机构、人员和信息系统向中国人民银行划转，实现了反洗钱本外币的统一管理。2007年年初，中国人民银行所有36个副省级以上分支机构都设立了反洗钱处，为反洗钱工作提供了组织体系保障。

知识窗

个人银行卡仅限本人使用

银行卡卡主因将手机银行网银为他人提供转账牟利而被公安机关采取刑事强制

措施。个人银行卡仅限本人使用，出租、出售、出借或者通过手机网银让他人利用都将涉嫌帮助信息网络犯罪活动罪（简称“帮信罪”）。构成帮信罪的处以三年以下有期徒刑或拘役，并处或单处罚金，并受到暂停银行账户非柜面业务、支付账户所有业务，不得新开立账户的惩戒，影响个人征信。

（二）我国反洗钱的国际合作

随着经济和金融全球化程度的提高，跨国反追和相随的跨境洗钱活动有蔓延的趋势，洗钱活动自身也越来越具有国际性。在美国主导下，国际反洗钱监管网络扩展到全球各个角落，主要金融市场发达国家都建立和完善了反洗钱制度，督促一些国家建立反洗钱制度，并于 2000 年和 2001 年两次采取“点名批评”方式，将 23 个被认为在建立反洗钱制度方面不力的国家和离岸金融中心列为“不合作国家与地区”，威胁启动制裁措施。尤其是“9·11”事件之后，欧美发达国家已将反洗钱与反恐融资国际合作列为外交工作重点和利用金融制裁进行政治斗争的战略武器，通过行使境外司法权，将一些国家和金融机构列为反洗钱关注的对象，并采取相应制裁措施，对其他国家金融市场的稳定和金融机构、企业甚至个人利益带来一定程度的影响。这些国家纷纷采取立法措施，加强了反洗钱制度的建立和实施，以求改变国际不良形象。

目前，我国已经加入了《联合国打击跨国有组织犯罪公约》《联合国反腐败公约》等主要的涉及反洗钱的国际条约，这些条约是我国开展反洗钱国际合作的主要法律依据；没有条约的，则按照平等互惠原则开展反洗钱国际合作。

2004 年 10 月，中国与俄罗斯、哈萨克斯坦、塔吉克斯坦、吉尔吉斯斯坦、白俄罗斯共同成立欧亚反洗钱与反恐融资工作组（EAG）。

2005 年 1 月，我国成为国际反洗钱组织金融行动特别工作组（FATF）的观察员，2007 年 6 月成为 FATF 的正式成员，2019 年 7 月 1 日正式轮值为 FATF 主席。

在反洗钱信息交流方面，目前中国人民银行及中国反洗钱监测分析中心已与 41 个境外对口部门建立了业务联系，与韩国、俄罗斯、格鲁吉亚签署了反洗钱和反恐融资情报交流与合作《谅解备忘录》。

中美两国已于 2014 年 6 月 26 日就美国《海外账户税收合规法案》的实施达成一项初步协议。中国将把有关美国公民所有在华账户信息提交给美国国税局，而美国则会将中国公民在美国账户信息提供给中国政府。

近些年，中国掀起了反腐风暴，加大了对外逃贪腐官员追逃追赃的力度。

为此，必须加强反洗钱调查。目前，我国反洗钱的监管对象主要是金融机构。事实上，相当多的严重腐败分子通过洗钱转移资产是由会计师事务所、律师事务所等专业机构操作的，因此，应该效法某些国家把这些机构甚至房地产商纳入反洗钱义务人行列中。

延伸阅读

文章 1

克鲁格曼不可能三角

在现代金融理论中有一个非常著名的定理克鲁格曼不可能三角，即一个国家不可能同时实现资本流动自由、货币政策的独立性和汇率的稳定性。也就是说，一个国家只能拥有其中两项，而不能同时拥有三项。如果一个国家想允许资本流动，又要求拥有独立的货币政策，那么就难以保持汇率稳定。如果要求汇率稳定和资本流动，就必须放弃独立的货币政策。

在这三个目标之间究竟哪一个更为重要？如果放弃资本流动，将退回到闭关锁国的封闭经济体系，不利于经济增长。如果放弃汇率稳定性，对于任何国家来说都是一场灾难。“两害相较取其轻”，只有放弃独立的货币政策比较可行。放弃独立的货币政策也就是向单一的区域货币或世界货币过渡。于是，人们在贸易全球化的同时开始越来越多地考虑金融全球化，如果货币统一了，就不存在固定汇率、浮动汇率和资本管制的各种弊病了。一些中美洲的发展中国家例如巴拿马和萨尔瓦多的美元化（即美元成为本国流通货币）和欧元区的成立就是例子。

这样做的好处在于以下方面：首先，统一货币能够进一步发挥市场机制的作用，节约信息成本和交易成本，促进商品、资本、人员的流动，使得资源配置更加合理化。统一货币可以减少内部摩擦，促进投资，提高国际竞争力。其次，某个经济地区实现了单一货币，还可以提高货币体系的透明性。由于统一货币区内各国都放弃了独立的货币政策，不存在某个国家突然增发货币的可能性，从而大大提高了民众对货币政策的信任度。在货币市场上可以非常明显地观察到经济规模对稳定性的重要影响。经济规模越大，投机炒作的风险就越小。统一货币最大的好处，就是让渡部分货币主权，换取金融体制的稳定，能够防范和化解金融危机。诺贝尔经济学奖得主美国经济学家斯蒂格利茨认为，“小型开放经济就如同在狂风大浪中的小船一样，不论驾驶船的技术怎么样，虽然我们不知道船在什么时候被倾覆，但是，毫无疑问，船最终会被大浪打翻”。

文章 2

如何辨别正规外汇行为和地下钱庄？

2019 年 11 月，公安机关与外汇管理部门在甘肃联合破获一起特大地下钱庄案件，涉案金额高达756亿元，打击了地下钱庄犯罪团伙的嚣张气焰。地下钱庄运作方式有哪些？如何辨别正规外汇行为和地下钱庄？国家对地下钱庄的处罚力度如何？老百姓遇到相关情况如何举报或维权？11月24日，国家外汇管理局有关部门负责人详细回答了这些公众关心的问题。

该负责人指出，对于企业、个人等用汇主体，辨别正规买卖外汇行为和地下钱庄首先要了解我国外汇管理政策。根据外汇管理相关规定，企业、个人在境内购汇、结汇一般只能在银行进行，小额兑换也可以在批准的货币兑换特许机构进行；在上述场所以外办理结汇、购汇均为非法，涉嫌与地下钱庄交易。

外汇管理局有关部门负责人强调，为保护账户安全、防止财产损失，企业、个人等用汇主体要树立合法经营、合法用汇意识。不要对洗钱、逃骗税、跨境赌博等非法用汇行为抱有侥幸心理，也不要听信地下钱庄宣称的“便宜”“便利”谎言，当前合法交易的跨境汇兑渠道是畅通的、便利的，市场主体合法的用汇需求均可得到满足。

同时，保护好关系自身账户、财产安全的物件（信息）。妥善保管自身的银行卡、U盾、手机卡、身份证、私（公）章、社交账号、公司营业执照等，更不要贪图小便宜，出租、出借、出卖以上物件，否则轻则财产损失，重则陷入违法犯罪陷阱。社会公众发现地下钱庄线索，应及时向当地公安机关或外汇管理局举报，并提供证据信息。

文章3

地下钱庄有三大非法运作方式

外汇局有关部门负责人表示，“地下钱庄”并非一个确定、规范的法律概念。在我国，地下钱庄主要是指“一种特殊的非法金融组织，它游离于金融监管体系之外，利用或者部分利用金融机构结算网络从事非法买卖外汇、跨国（境）资金转移、资金存储以及借贷等非法金融业务”。

地下钱庄运作方式主要有三种。一是跨境“对敲”。这是当前最普遍的运作方式，即采用境内交割人民币、境外交割外币，资金形式上不跨境的汇兑方式，实现资金实质上兑换和跨境转移。如当境内客户需要资金出境时，将境内人民币转账至地下钱庄指定的境内账户；地下钱庄在境内收到人民币之后，通知其境外组织将相应的外币划至境内客户指定的境外账户。反之亦然。二是构造交易。即以虚假欺骗性手段，虚构或构造合法交易形式，掩盖其非法目的，实现非法跨境转移资金，如签订虚假贸易合同，利用道具商品进出口实现资金跨境等。三是其他非法经营模式。如黄牛换汇、非法改装移机境外的POS机刷卡、银行卡境外刷卡提现、非法分拆购付汇、现金走私等方式比较常见；为规避打击，近年来还出现了利用虚拟货币、非法平台跨境转移资金的情况。

地下钱庄的获利模式：一是通过低买高卖外币赚取差价。二是按照汇兑交易、资金拆借金额抽取“客户”一定比例的手续费或佣金。三是通过交易骗取政府奖励、出口退税等其他非法收益。

报道提示

- 关注跟踪我国外汇储备变动情况、关注国家外汇管理局和中国人民银行的最新政策和举措，搜集归总专家学者的相关评议，可以形成常规的述评新闻。
- 适当运用“华尔街日报体”故事化呈现解释目前我国资本管制、反洗钱方面的法律法规可以增强报道的趣味性。

问题与思考

问答题

如果你的同学借你的身份证、银行卡或手机卡，你会借给他吗？为什么？

第七编

国家与地区发展

解决国家和地区发展问题是发展经济学派、制度经济学派、福利经济学派等研究的重点领域，也是联合国、国际货币基金组织及世界贸易组织的中心议题和一直努力的方向。熊彼特强调技术创新的重要性，科斯、诺斯等新制度经济学派则认为制度在经济发展中起着关键作用，缪尔达尔提出了贫困的恶性循环理论，舒尔茨阐释了人力资本与经济发展的关系，论证教育投资是回报率最高的投资。这充分说明了消除贫困、促进国家和经济发展是一个十分复杂的问题。

虽然自遥远的年代开始，国家之间就存在着贸易往来，但只有到近现代，随着工业化的进程，大规模国际贸易才成为现实。按照什么规则进行国际贸易，是弱肉强食的丛林法则还是自愿、公平的精神，牵涉到一系列理论和政策问题，诸如贸易保护与贸易自由、经济全球化、可持续发展等。当前，主导国际贸易的规则与机制的是世界贸易组织体系。这是一个多边国际贸易体系。虽然在这个体系内部存在着发达国家与发展中国家之间、发达国家之间以及发展中国家之间就贸易问题的不断争论，其本身也屡屡遭受批评，然而作为这个全球最多国家参加的国际经济组织，它还是为国际贸易提出了最为切实的指引以及问题的解决机制。

国际贸易的理论基础源自古典经济学。亚当·斯密、大卫·李嘉图指出生产的专业分工可以促进生产效率的提高从而促进国民财富的积累。现代国际贸易遵循着这一基本原理，使得参与国际分工的国家和地区的经济得到了发展，整体居民的生活水平有了相应的提升。世界贸易组织是国际贸易的多边组织，加入该组织的成员进行国际贸易必须遵守一系列规则。

第十五章

贫困与消除贫困

世间大部分的贫穷都是一种病态，是不良生活、不良环境、不良思想的结果。

——奈利·萨克斯

案　例

在“中国新闻奖”获奖作品中，有一类脱贫攻坚题材的作品屡屡获奖。其中《老郭脱贫记》《杨叔的脱贫日记》《新闻特稿：十八洞村这五年》等都荣获中国新闻奖一等奖。在“普利策新闻奖”作品中也不乏这类题材的作品。关注贫困群体和弱势群体的处境乃记者和传媒的天职，即便有些作品并未获任何奖项，但一经发布，就会引起人们的极大关注，引发社会巨大的反响。2014 年，有媒体报道深圳一些工厂雇用来自大凉山彝族童工的情况，之后《21 世纪经济报道》发表的《突破童工现象的道德困境》以及 2016 年曝光于网络的《实拍常熟童工产业：被榨尽的青春》视频等都引发人们对贫困地区的弱势群体——儿童的关注及解决贫困问题的深刻思考。

在进行有关贫困问题的报道之前，财经记者必须了解如下背景知识：

- 贫困的含义、国际贫困线的划分标准。
- 基尼系数、恩格尔系数。
- 国家（地区）贫困的理论解释。
- 联合国、世界银行以及国际货币基金组织等国际组织为贫困国家提供了哪些帮助。

第一节　贫困的定义与划分标准

贫困问题和其他社会经济现象一样，不同的社会制度、不同的思想体系、不同的学科，对它的定义和看法是不同的。由于生产力发展水平和社会经济发展水平的差异，贫困的性质、表现形式和产生的原因也有很大的区别。因此，有必要从多维度阐释贫困的定义。

一、贫困的定义和分类

（一）贫困的定义

从国际上来看，关于贫困的定义有以下几种观点：

（1）传统意义上的贫困概念指的是收入，即家庭收入低于通常根据基本需求的开支而确定的贫困线即为贫困。

（2）1998 年诺贝尔经济学奖获得者阿马蒂亚·森突破了传统的收入贫困概念，提出了能力剥夺（即缺乏维持最低标准的体面生活的能力）和社会排斥所造成的贫困。首先，贫困是对基本的可行能力的剥夺。其次，贫困还包括社会排斥，如各种不平等所导致的排斥、劳动市场的排斥、信用市场的排斥、性别排斥、缺乏健康保护导致的剥夺等。

（3）联合国开发计划署在 1997 年《人类发展报告》中提出了人文贫困概念。它给人文贫困的定义是：人文贫困是指人们在寿命、健康、居住、知识、参与、个人安全和环境等方面的基本条件得不到满足，而限制了人的选择。

（4）世界银行在《2000/2001 年世界发展报告：与贫困作斗争》中指出，贫困不仅仅意味着低收入和低消费，而且还意味着缺少受教育的机会、营养不良、健康状况差。该报告还指出，贫困意味着无权、没有发言权、脆弱和恐惧等。

（5）2003 年联合国亚洲及太平洋经济社会委员会（简称“亚太经社会”）第 59 届年会部长级会议认为，贫困包含多种内容。贫困的多种方面可以归结为缺钱、缺少机会以及缺乏权利。

（二）贫困的分类

一般而言，贫困可划分为绝对贫困和相对贫困、狭义贫困和广义贫困。

1. 绝对贫困与相对贫困

（1）绝对贫困。“绝对贫困”这一概念最早由英国的西勃海姆·朗特里和查尔斯·布思提出，他们认为一定数量的货物和服务对个人和家庭的生存和福利是必需的，缺乏这些货物和服务的经济资源或经济能力的个人和家庭的生活状况，即为贫困。对绝对贫困的定义最具代表性的是西勃海姆·朗特里在 1899 年提出的。他认为“如果一个家庭的总收入不足以取得维持仅仅是物质生活所必备的需要，那么该家庭就处于贫困状态”。因此，绝对贫困也叫“生存贫困”，是指收入难以维持最低限度生活水准的状况。

绝对贫困的概念基础就是绝对性，即不能满足维持最低生存生理需要的收入水准和物品量，因而是一个人类学的概念，只不过是通过有关的经济指标来加以明确界定的。

绝对贫困包含三个要素：

其一，贫困线位于恰恰仅能满足人们维持生存的水平。若低于贫困线，则不能维持生存，更谈不上生活的享受、智能的发展。

其二，绝对贫困与社会经济发展水平和收入水平无关，而只与受地区气候和环境、家庭收入等因素的影响所形成的维持基本生存的物质需要量相匹配，因而具有客观的标准。

其三，绝对贫困在其计算和所指的生活模式上都有严格意义上的规定。可以列出一个人的生活必需品“清单”，这里的人是“自然人”，而不是“社会人”。

（2）相对贫困。相对贫困是指当一个人或一个家庭的收入比社会平均收入水平低到一定程度时所维持的那种生活状况。也就是说，相对贫困是根据低收入者与其他社会成员收入的差距来定义贫困的，是通过社会收入的比较来确定生活质量差距的一个概念。

相对贫困包含四个要素：

第一，贫困是相对的。它是与一定的变化着的参照系相比较而言的，比较的对象是处于相同社会经济环境下的其他社会成员。

第二，贫困是动态的。贫困的标准随着经济的发展、收入水平的变化以及社会环境的变化而不断变化。

第三，贫困具有不平等性。它描述的是社会不同成员的收入差距和分配上的不平等。

第四，贫困具有主观性。它依赖于一定的主观价值判断。

2. 狭义贫困与广义贫困

（1）狭义贫困。狭义贫困仅仅指经济上的贫困，反映维持生活与生产的最低标准。这种贫困概念只包括物质生活的贫困，而不包括精神生活的贫困。处于这种状况中的人所追求的是物质生活上的满足，希望得到的是与社会其他成员相等的收入、食物、燃料、衣着、住房及生存环境，他们注重这些东西在量上的满足。

狭义贫困包含三个要素：

其一，贫困是直观的。贫困可以用一定的食物量作为判断标准，主要反映生活水平而不是生活质量。

其二，贫困是绝对与相对的复合概念，既表现为经济需求量的绝对数量，又表现为这种需要量与社会其他成员的比较及其增长变化情况。

其三，贫困可以用一系列经济指标来衡量，不涉及非经济因素。

（2）广义贫困。广义贫困除包括经济意义的狭义贫困之外，还包括社会方面、环境方面、精神文化方面的贫困，即贫困者享受不到作为一个正常的“社会人”所应该享受的物质生活和精神生活。他们不仅处于收入分配的最底层，而且在一个社会中所处的地位低下、无权无力控制自己所处的生活环境，面临着来自社会上有权势的群体的压力，受到社会的歧视和不尊重；不仅在收入方面被“社会剥夺”，而且在就业、教育、发展机会、健康、生育、精神、自由等个人发展和享受方面的权利也被“社会剥夺”。

马尔科姆·吉利斯在其《发展经济学》中对广义贫困做了较全面的论述。他认为，“贫困不完全是对绝对意义上的生活水平而言的，它的真正基础在心理上。穷人指的是那些自认为是社会中的一部分但又感到被剥夺了与社会中另一部分人同享欢乐权利的人（用心理学术语来说是他们的‘参照群体’）。由于教育和通信的发展，参照群体会扩展。在早先，农民至多把自己的地位和村庄里的头面人物相比较。而现在，他们越来越向往他们本国城市上层人物的生活标准，甚至开始注意那些富强国家现代化的生活标准，因而这种失落感会愈加强烈起来”。可见，广义的贫困更多地强调精神贫困，这种精神上的贫困甚至比物质生活上的贫困、肉体上的贫困更痛苦，更难受，同时也是最容易被人们所忽视的一种贫困。

广义贫困包含四个要素：

其一，贫困是物质贫困和精神贫困的综合表现。衡量物质贫困的标准相对而言容易确定，而衡量精神贫困的标准是难以用具体指标表达的。

其二，贫困是一个动态的概念、相对的概念。一方面物质贫困和精神贫困都是与社会中大多数人的生活状况相比较而言的，另一方面贫困的标准是随着整个社会生活水平和意识形态的变化而变化的。

其三，贫困是继发性的。随着物质贫困的逐步改善，精神贫困就会逐渐出现，消除精神贫困比消除物质贫困的难度更大。

其四，贫困特别是精神贫困具有较大的隐蔽性，不容易被社会上的大多数人发现。

二、国际贫困标准及其变化

贫困线的划分标准为何重要？因为它直接影响着贫困人口的统计数量，进而影响国家与贫困问题相关的公共政策。

国际贫困标准（international poverty line standard）实际上是一种收入比例法。经济合作与发展组织在1976年组织了对其成员的一次大规模调查后提出了一个贫困标准，即以一个国家或地区社会中位收入或平均收入的 50%作为这个国家或地区的贫困线，这就是后来被广泛运用的国际贫困标准。

自世界银行在 1990 年《世界发展报告》中提出每人每天消费 1 美元的贫困标准以来，世界银行一直使用购买力平价（purchase power parity，PPP）——考虑各国相对价格差异的汇率——来推导国际贫困线并估算全球贫困人口。国际贫困线是指世界最贫困国家的代表性贫困标准。购买力平价被用来将不同国家的贫困线以及家庭收入与消费的价值（全球贫困衡量的支柱）转换为同一种货币。国际贫困线随着时间的推移而上升，这主要是因为价格水平趋于上涨。随着每次新一轮 PPP 的发布，世界银行也不断对国际贫困线加以调整：从每人每天 1 美元（1985 年 PPP）改为 1.08 美元（1993 年 PPP）、1.25 美元（2005 年 PPP）、1.90 美元（2011 年 PPP）以及当前的 2.15 美元（2017 年 PPP）。

三、恩格尔系数和基尼系数

恩格尔系数是食品支出总额占个人消费支出总额的比重。19 世纪德国统计学家恩格尔根据统计资料，从消费结构的变化中得出一个规律：一个家庭收入越少，家庭收入（或总支出）中用来购买食物的支出所占的比例就越大；随着家庭收入的增加，家庭收入（或总支出）中用来购买食物的支出比例则会下降。推而广之，一个国家越穷，每个国民的平均收入（或平均支出）中用于购买食物的支出所占比例就越大；随着国家的富裕，这个比例呈下降趋势。

基尼系数是反映社会贫富差距的主要指标。国际上，经济学家们通常用基尼指数来表现一个国家或地区的财富分配状况。这个指数在 0 和 1 之间，数值越低，表明财富在社会成员之间的分配越均衡。国际上通常把 0.4 作为收入分配差距的“警戒线”。倘若基尼系数大于这一数值，便有出现社会问题的潜在风险。

第二节 国家和个人贫困的原因及对策

全球 40%以上的贫困人口生活在受冲突和暴力影响的经济体中，在一些经济体中大多数贫困人口集中在特定地区。全球约有 1.32 亿贫困人口生活在洪水高风险地区。此外，许多穷人面临多重风险。在一些国家，很大一部分穷人生活在既受冲突影响又面临严重洪灾的地区。世界银行提供的数据表明，

1981—2010年期间，撒哈拉以南非洲仍是世界上唯一的贫困人数不断增加且增幅显著的地区。其原因在于政局不稳、战乱和疾病。

一、国家或地区贫困原因的理论阐述

造成国家或地区贫困的原因归结起来看主要是自然环境、制度、技术和文化等几大因素。

瑞典经济学家缪尔达尔在其所著的《亚洲的戏剧：对一些国家贫困问题的研究》中指出，贫困的原因多种多样。虽有自然环境的因素，但某个国家的经济落后更可能是历史、制度、政治、文化甚至习俗等原因造成的。如印度根深蒂固的种姓制度对人进行贵贱区别，这也给印度扶贫工作带来了很大障碍。公平和正义的社会制度安排对削减贫困人口数量意义特别重大。如我国城乡二元结构体制造成的就业、就学等不公平削弱和减少了一部分人应有的平等权利和发展机会。

大部分国家或地区陷入贫困以后往往很难摆脱，处于贫困的恶性循环。哥伦比亚大学教授罗格纳·纳克斯（又译讷克斯）在《不发达国家的资本形成问题》一书中提出了贫困恶性循环理论。纳克斯认为，资本匮乏是阻碍发展中国家发展的关键因素。由于发展中国家的人均收入水平低，投资的资金供给（储蓄）和产品需求（消费）都不足，这就限制了资本形成，使发展中国家长期陷于贫困之中。

麻省理工学院教授德隆·阿西莫格鲁特别强调经济制度对国家发展的重要性。他在《国家为什么会失败》一书中提出汲取性经济制度和包容性经济制度的概念，认为施行包容性经济制度的国家不断繁荣发展，而施行汲取性经济制度的国家社会财富不会集聚，最终国家治理失败。

主持联合国千年计划的哈佛大学国际研究中心主任杰弗里·萨克斯教授到过波兰、玻利维亚。在《贫穷的终结》一书中，他分析了非洲大陆贫困的现状，认为疾病与贫困之间存在着很强的双向因果关系。他指出，非洲最不利的地理条件与其极端贫困状况结合在一起，便形成了世界上最严重的贫困陷阱。

对个体而言，消极的思想观念是导致贫困的主要原因。消极的思想观念和悲观的人生态度只会带来贫穷的结果。这是因为：

（1）消极的思想观念会失去和放弃很多挣钱的发展机会。富裕的有钱人都有着积极上进的思想（最起码是曾经有过），他们善于捕捉有利于自己发展和挣钱的机会，有的富裕者不仅不会失去每一个机会而且还善于创造有利于自己发展的机会。

（2）消极的思想观念决定了消极的行为。如果一个人的行为消极，那他为社会所付出的积极有效劳动就少。一个不能为社会付出积极有效劳动的人自然也就不会得到社会劳动报酬——钱。

（3）消极的思想观念对于先进的科学技术和先进的管理办法也不容易接受和采纳。一个靠传统手工劳动、自给自足、封闭生产和经营的人与在市场经济条件下靠现代科学技术手段和先进管理办法进行生产和经营的人进行比较，谁的收益高不言而喻。

（4）消极的思想观念还有可能导致选择人生道路的错误，以致所作所为危害社会，最终导致贫困。

（5）消极的思想观念面对困难时总是容易退让和躲避。从贫穷到富裕是一个不断战胜各种困难的过程，如果没有战胜各种困难的信心、勇气和办法就会被困难所包围，贫穷也就随之而来。

贫困代际传递是指贫困以及导致贫困的相关条件和因素，在家庭内部由父母传递给子女，使子女在成年后重复父母的境遇——继承父母的贫困和不利因素并将贫困和不利因素传递给后代的恶性遗传链；也指在一定的社区或阶层范围内，贫困以及导致贫困的相关条件和因素在代际延续，使后代重复前代的贫困境遇。

二、中国的贫困问题

中国的贫困标准曾长期低于国际贫困线。世界银行发布的贫困标准是国际上最常采用的贫困标准。20 世纪 90 年代，世界银行首次发布每人每天消费 1 美元的极端贫困标准。到 2005 年 11 月，中国没有解决温饱的贫困人口还有 2 365 万人。如果按照每人每天消费 1 美元的贫困标准，中国的贫困人口总数仅次于印度，列世界第二位。到 2008 年，世界银行将贫困标准提升至每人每天消费 1.25 美元，按购买力平价换算，这相当于中国的每人每年收入 1 746 元人民币水平。直到这时，我国执行的农村贫困标准虽已达到每人每年收入 1 196 元，但仍然显著低于国际贫困水平。[①]

2010 年，中国政府制定了每人每年收入 2 300 元的新贫困线，按购买力平价换算，相当于国际上每人每天消费 2.3 美元，已超过世界银行当时执行的 1.25 美元贫困标准。2015 年，世界银行再次将贫困标准上调至每人每天

① 据《中国青年报》2009 年 4 月 8 日报道，世界银行当天发布的《从贫困地区到贫困人群：中国扶贫议程的演进》报告指出，虽然中国自 2009 年提高了扶贫标准，但是中国政府的扶贫标准和投资计划依然难以达到国际标准。

消费 1.9 美元，此时，中国采用的最低贫困线已升至每人每年收入 2 855 元，换算下来仍明显高于世界银行的 1.9 美元水平。中国目前已经是中等偏上收入国家。2020 年，中国政府宣布如期完成了脱贫攻坚目标任务，消除绝对贫困和区域性整体贫困。2022 年 3 月，中国财政部、国务院发展研究中心与世界银行联合发布的《中国减贫四十年：驱动力量、借鉴意义和未来政策方向》指出，40 年来，按照 1.9 美元国际贫困标准衡量，中国的贫困人口减少了近 8 亿，占同期全球减贫人数的近 75%。中国减贫成就为世界其他地区提供了经验借鉴。

中国的脱贫标准是一个综合性的标准，从收入上看，高于世界银行制定的极端贫困标准；中国在脱贫攻坚中还强调“两不愁三保障”，目前贫困人口全部实现了不愁吃、不愁穿，义务教育、基本医疗、住房安全和饮水安全有保障。

中国在治理贫困问题上面对的主要挑战有两个：已脱贫人口的返贫风险和社会成员之间贫富差距的逐渐拉大。

关于中国每年的基尼系数，不同研究机构的调查研究结果一直有分歧。

2012 年 12 月，西南财经大学中国家庭金融调查在京发布的报告显示，2010 年中国家庭的基尼系数为 0.61，大大高于 0.44 的全球平均水平。2013 年 1 月时任国家统计局局长马建堂公布了过去 10 年中国的基尼系数，其中 2012 年为 0.474。

世界银行的统计数据显示，中国的基尼系数已经从 2010 年的 0.437 回落到 2019 年的 0.382。

三、解决贫困问题的对策与可持续发展

杰弗里·萨克斯指出结束贫困的关键在于让穷人走上发展的阶梯，这需要基础设施、公共建设、人力资本等方面的投资，需要各发达国家及国际机构的支持与援助。

（一）解决贫困问题的对策

具体而言，解决贫困问题私人力量与公共政策可以做以下三个层面的工作。

1. 财政政策层面

财政政策包括税收政策和投资政策。财政政策由于政府的多层次性及相对独立的经济利益，形成了多层次的调节体系，可以分为宏观、中观、微观三个

层次。宏观层是国家通过预算、税率等影响宏观经济总量，影响社会总供求关系。中观层则主要是通过财政的投资性支出、转移性支出等调整产业结构、区域经济结构，解决公平、协调发展等重大问题。微观层则是指通过财政补贴、转移性支付等形成个人收入，从而对居民和企业的行为产生影响。

2. 教育层面

通过营养措施、优质医疗服务、教育、就业和技能培训等手段对人投资，有助于发展人力资本，而人力资本是驱动经济增长的关键因素，对清除极端贫困和建立更包容的社会至关重要。

“穷人经济学家”舒尔茨强调人力资本在农业发展中的基础性作用。1960年，舒尔茨根据研究指出，在美国半个多世纪的经济增长中，物质资本投资增加4.5倍，经济收益增加3.5倍；人力资本投资增加3.5倍，经济收益却增加了17.5倍。舒尔茨是第一个系统分析教育投资如何影响农业生产率以及经济发展的学者。

教育是解决贫困代际传递最有效的途径之一。包括中国在内的很多发展中国家已经实现了九年义务教育。发展中国家，乡村人口占很大比重，必须发展乡村教育，让每个乡村孩子都能接受公平、有质量的教育，这是阻止贫困代际传递的必要措施。

2016年，联合国启动《2030年可持续发展议程》，将减贫视为首要任务，并为全人类制定脱贫时间表，成为继制定千年发展目标后，联合国又一致力于消除贫困的努力。

世界银行是向发展中国家教育事业投资最多的机构，在80多个国家和地区开展项目。2019财年共提供30亿美元用于教育项目、技术援助和旨在改善学习成果、为所有人提供成功机会的其他项目。目前世界银行的教育投资组合总额为160亿美元，反映了教育对加快人力资本培养的重要作用。

世界银行发起“人力资本项目”，作为该项目的一部分，世界银行和国际货币基金组织于2018年10月在印尼举行的年会上推出了“人力资本指数”。该指数将健康和教育成果与生产率和经济增长联系起来。世界银行每两年发布的《贫困与共享繁荣》报告，提供全球贫困状况的信息。

3. 金融创新层面

传统的银行通常不愿意向贫穷者提供贷款，因为穷人没有有价值的抵押品，也缺少信誉良好的担保人。这样的状况也使贫困者很难打破贫困的恶性循环，事实上即便一小笔初始资金就很可能使穷人脱贫。

这方面做出探索的人是尤努斯——2006年诺贝尔和平奖获得者，被誉为“穷人的银行家”。他是格莱珉银行总裁、国际小额信贷领袖、穷人的银行家，

“格莱珉模式”的创立者。

尤努斯创办的格莱珉银行对传统银行规则进行了彻底的颠覆。在他的银行里，你看不到电话、打字机或者地毯——尤努斯的员工们主动下到田间地头去拜访借款者——他们之间也不签署借款合同，大多数借款人都目不识丁。格莱珉银行向客户们收取固定的单利利息，通常是每年 20%，相对孟加拉国商业贷款 15%的复利，这个利率是比较低的。他们的客户都是那些没房没产的穷人，那些还不至穷困潦倒的人则被排除在外。

小额信贷是一种针对贫困和低收入人口的金融服务，也是一种金融创新。我国 20 世纪 90 年代初引进小额信贷，经过 10 年的实验示范和推广，已经证明小额信贷在我国同样是一种有效的扶贫手段。从 2004 年起，连续三年的中央一号文件都要求大力发展小额信贷。

除此之外，城镇化也是人口脱贫的一个路径。根据世界银行的报告，全球 12 亿极贫人口中，逾四分之三住在农村，而城镇化一直是减少极端贫困现象的关键驱动力。在中国的城镇化进程中，更多的农村人口被转移至城市，在很大程度上促进了中国的扶贫工作。

（二）可持续发展

1987 年，世界环境与发展委员会（又称“布伦特兰委员会”）提出了“可持续发展”这一术语，其后，可持续发展成为全球政治主流理念之一。可持续发展所追求的目标是：“不断提高人们的生活质量和环境承载能力，满足当代人的需求而不损害后代人满足其需求的能力，满足一个地区或一个国家的需求而不损害其他地区或国家满足其需求的能力的发展。”可持续发展的关键因素是：第一，收入的再分配，以确保自然资源不会因短期需求而枯竭；第二，减少穷人对自然灾害和农产品价格暴跌的脆弱性；第三，普遍提供可持续生存的基本条件，如卫生、教育、水和新鲜空气，保护和满足社会最弱势群体的基本需求，为所有人特别是穷人提供平等的发展机会和选择自由。

虽然自 1998 年以来在全球减贫方面取得了重大进展，极端贫困率一直在稳步下降，但近年来这种减少的速度已大大减缓，期望到 2030 年在全球层面实现将极端贫困率降至 3%以下的目标变得越来越不切实际，除非包容性经济增长得到广泛和持续的改善。消灭贫困受到三种全球力量——冲突、气候变化和疾病大流行的威胁，这三种全球力量相互交织，相互聚集和加强，正在对全球贫困人口产生明显影响，在许多情况下加大了贫困人口面临的挑战。

延伸阅读

文章 1

普利策奖获奖记者的贫困报道经验

记者报道与人性相关的话题如贫困报道是一项艰巨的任务。深入挖掘棘手的社会问题如贫困，需要记者拥有感性的认识和一般新闻报道并不要求的人际交往技巧。

普利策奖获得者、《格尔尼卡》(*Guernica*) 杂志记者、《地下城：孟买贫民窟的生命、死亡与希望》一书作者凯瑟琳·布（Katherine Boo）为记者提供了报道弱势群体特别是做贫困报道的采访建议。

(1) 避免程序化的采访。

记者经常接触社会服务机构和非政府组织（NGO），要求对它们所帮助的对象进行采访。这不是一个很好的策略，布说："它有助于简化采访过程，但给你一个不平衡报道：你采访的每一个贫穷的人几乎都受到了这些机构的帮助。"相反，她说，尽量选择一些可以提供该地区概况、经济状况和实际摆脱贫困的人数的采访对象。

(2) 勤于观察。

采访生活在贫困之中的人可能是一个挑战，因为他们害怕说错话，布指出。解决的办法？少说话。"倾听和观察互相配合往往效果更好，比直接询问能获得更多的复杂答案。"

(3) 探索采访地区。

你如果想了解一个特定区域内的社区，那么熟悉整个区域可以为你提供更多的社会和经济的背景资料，布指出。当在报道孟买的安纳瓦迪（Annawadi）贫民窟时，布离开她的重点区域，而是去感受整个城市。"11 年前，我并不了解这个城市，它在不断地发生变化，因此我不得不去探索它、了解它。"布说。

(4) 描绘一个完整的人。

记者在报道那些生活在贫困中的人或任何弱势人群时，通常犯的一个错误是将他们描绘成"圣人"，"在他们自己的痛苦遭遇中很完美"。这在他们与读者之间竖立了一堵墙，布说，使报道不可能提供一个真实情况的写照。相反，你需要揭示更多的细微之处。在她的书中，她在描绘一个名叫"阿卜杜"（Abdul）的人时，通过描绘这个人物的缺陷，使其更加人性化。她说："他缺乏自信，自私，不善言辞。即使家人也认为他毫无魅力。但是，读者遇见他时就能感觉到他是一个真正的人，而并非一个虚构的人物。"

文章 2

改革开放前农村有多穷?

今天，你是否相信 20 多年前会有人过着这样的生活：一家三口挤在一张床上，床对面拴着山羊；90 岁的老人一个冬天都睡在床上，因为没有衣服穿；病在床上的人，饭后不让洗碗，为的是饿极时能闻一闻碗里的香味。这是真的，这是一位记者 1978 年在沂蒙山一个普通村庄的见闻。

1978 年，全国受灾，农民生活更为困难。这一年农村人口为 8.032 亿，全国农民人均年度纯收入仅有 133 元，其中 90%以上为实物，货币收入不足 10%。

1978 年，全国有 4 000 万户农民的粮食只能吃半年，还有几百万户农家，地净场光就是断粮之时，从冬到春全靠政府救济，靠借粮或外出讨饭度日。同是这一年，约有 2 亿人每人每天挣的现金不超过 2 角，有 2.716 亿人每人每天挣约 1.64 角，有 1.9 亿人每人每天挣约 0.14 角，有 1.2 亿人每人每天挣约 0.11 角，山西省平鲁县每人每天大约挣 6 分钱。

…………

统计数字是有说服力的，但生活中的事实更能给人留下深刻的印象。

一个春节，我从农历腊月二十二到正月初二在一个村住了整整 10 天，亲眼看到在贫困中挣扎的农民生活的悲怆。在这 10 天里，目睹那凄惨场面，心灵在一次次巨大的冲击中颤抖。尽管报纸一时还不能刊登这些，但我还是一次次按动快门，记录下那些使人看了心酸的场面。

正月初一，走进一个姓鲍的现役军人的家。这间有十二三平方的小屋，四壁空空，屋角支着一口锅，因为烟熏火燎，墙壁黑得发亮。靠墙是石头垒起来的床，一家三口人挤在这张床上，床对面拴着山羊。因为实在太穷了，只好人畜同居。我一进屋就明显闻到家里一股羊粪的膻臭味。做父亲的不无庆幸地说，老大到西安参军去了，比过去住得宽敞些了。

资料来源：李锦．大转折的瞬间：目击中国农村改革．长沙：湖南人民出版社，2000.

报道提示

● 关于贫困问题的报道，通常有两大类型。其一是宏观的有关某一国家或地区的贫困人口总量的变动情况。其二是相对具体的报道，常常把贫困人群作为主要的报道对象，涉及的范围包括居住条件、生活必需品、清洁的饮用水、基本医疗卫生以及受教育情况等。注重细节，点面结合，类似人物特写。

● 关于贫困问题的数据获取和最新描述，可以参考世界银行官方网站以及其发布的两年一度的《贫困与共享繁荣》报告。

● 关于贫困问题的有关评论，除了分析某个群体特定的贫困原因之外，最好提出建设性意见。有些问题与贫困息息相关，记者也应关注。如失业问题，长期失业的人口必然是贫困人口。

● 关于中国经济发展的宏观数据，国家统计局官方网站有定期更新。国家统计局官方网站也可查到《中国统计年鉴》关于过去历年经济发展指标（人口、国民经济核算、就业和工资等）的统计数据。

问题与思考

问答题

1. 有些国家自然资源丰富，例如委内瑞拉与卡塔尔、科威特等国一样石油资源丰富，为什么委内瑞拉现在陷于穷困?

2. 美国思想家富兰克林曾说："贫穷本身并不可怕，可怕的是自己以为命中注定贫穷或一定老死于贫穷的思想。"谈谈你对这句话的理解。

第十六章

国际贸易与国家发展

商品贸易不仅是一种使国家之间交往具有意义的值得称誉的活动，而且，如果某些规则得到严格遵守的话，它恰恰是检验一个王国是否繁荣的试金石。

——托马斯·孟

案　例

2019 年 12 月《财经》杂志封面文章《制造业外迁博弈》从宏观层面剖析了中国制造面临的挑战，并发出预警：在中美贸易争端背景下，随着东亚、东南亚和南亚、南美等国家参与全球价值链的速度提升，中国“世界工厂”的绝对优势地位有所减弱，部分制造业加速外迁。中国应当警惕全球价值链、产业链的异动，全面评估其影响，特别是在劳动密集型制造业结构调整和就业方面的负面效应，以便有效应对。2022 年 9 月《财新周刊》的《跨境电商浪淘沙》则聚焦新运营环境中的中国跨境电商行业，勾勒出中国卖家遇到的几大问题。这两篇报道都起到了普利策所言的“船头的瞭望者”的作用，为宏观经济决策者和跨境电商从业者提供了必要信息。国际贸易是财经媒体常规报道题材之一，财经记者必须掌握相应的背景知识。

通过本章的学习，你可以获得如下国际贸易相关问题的答案：

- 为什么会有国际贸易？
- 国际贸易经历了哪几个阶段？
- 国际分工与国际贸易是什么关系？
- 世界贸易组织是一个什么组织？
- 参加世界贸易组织为什么要求必须是施行了市场经济的国家？

第一节　国际贸易概述

国际贸易也叫“世界贸易”，是指不同国家（和/或地区）之间的商品和劳务的交换活动。国际贸易是商品和劳务的国际转移。国际贸易由进口贸易和出口贸易两部分组成，故有时也称为“进出口贸易”。

一、从古典国际贸易理论到新古典国际贸易理论

从经济学说史上看，15 世纪末 16 世纪初就开始了对国际贸易理论的探索，当时的国际贸易理论研究重点主要是商业领域，形成了重商主义学说。到了 18 世纪，国际贸易理论发生了深刻变化，亚当·斯密与大卫·李嘉图创立了古典国际贸易理论。亚当·斯密第一个将国际贸易研究由商业领域转向生产领域，使得国际贸易理论的研究更深入，从而开创了国际贸易理论研究的新领域。亚当·斯密提出了主张自由贸易的绝对优势理论，但绝对优势理论无法解释一国在技术上具有绝对优势与另一国在技术上不具有绝对优势的情况下，两个国家仍然可以进行贸易的现象。鉴于绝对优势理论的这种局限性，大卫·李嘉图在亚当·斯密研究成果的基础上进一步发展，提出了比较优势理论。其基本观点是：国家间按照“两优取其重，两劣取其轻”的比较优势原则进行分工。但其比较优势理论的局限性在于研究方法为静态研究，对于许多更为复杂的因素无法深入。

由于古典贸易理论存在的缺陷不能很好地解释国际贸易中出现的问题，在 19 世纪末 20 世纪初，以瓦尔拉斯、马歇尔为代表的新古典经济学逐步形成，在新古典经济学框架下对国际贸易进行分析的新古典国际贸易理论便随之产生。

在新古典国际贸易理论中，贡献最大的是瑞典经济学家埃利·赫克歇尔和伯尔蒂尔·俄林。赫克歇尔和俄林理论的产生始于对斯密和李嘉图贸易理论的质疑，在斯密和李嘉图的模型中，技术不同是各国在生产成本上产生差异的主要原因，可是到了 20 世纪初技术传播是一件很容易的事情，许多产品在不同国家的生产技术已非常接近甚至相同，但为什么成本差异仍然很大?赫克歇尔认为除了技术差异以外，一定还有其他原因决定各国在不同产品上的比较优势，而其中最重要的是各国生产要素的禀赋不同和产品中使用的要素比例不同，因而他提出了建立在相对资源禀赋情况和生产中要素比例基础上的比较优势理论，俄林则在赫克歇尔的基础上进一步发展了资源禀赋贸易学说。俄林的贡献可以概括为：揭示了区间贸易与国际贸易形成的原因，指出了国际贸易中的生产要素禀赋的差异。

如果两个国家拥有的生产要素一样，各个生产部门的技术水平一样，假定没有任何运输成本，那么进行国际贸易的结果是任何一个国家既不会获得收益，也不会招致损失。因此，产生比较成本的差异必须有两个前提条件：一个是两个国家的要素禀赋不同；一个是不同产品生产过程中使用的要素比

例不同。在这两个前提下，国家间才会发生贸易往来。

每一个国家，商品的成本比例反映的是生产要素价格的比例（工资、利润、利息、地租的比例），各国生产要素价格不同，使得成本比例不同。

商品价格的绝对差来自生产成本的绝对差，生产成本的绝对差是由生产要素价格、生产要素价格比例决定的。而生产要素价格、生产要素价格比例又是由各国的生产要素禀赋的差异决定的。也就是说，为什么存在绝对成本的差异呢？是因为各国生产要素价格比例的不同。

根据要素禀赋论，一国的比较优势产品是应该出口的产品，是在生产上需要密集使用该国相对充裕而便宜的生产要素生产的产品，而进口的产品是在生产上需要密集使用该国相对稀缺而昂贵的生产要素生产的产品。简言之，劳动丰富的国家出口劳动密集型商品，而进口资本密集型商品；相反，资本丰富的国家出口资本密集型商品，进口劳动密集型商品。因此，结论就是一国应当出口丰富要素密集的产品，进口稀缺要素密集的产品。

自从20世纪初赫克歇尔与俄林提出资源禀赋模型即赫克歇尔-俄林模型（H－O模型）后，在很长的一段时间内，H－O模型成为解释工业革命后国际贸易产生原因的主要理论。

人们普遍认为各国资源禀赋和生产中的要素使用比例的不同是产生国际贸易的主要原因。但是这一理论在实证检验中遇到了挑战，实证研究成果表明，一方面H－O模型有其一定的合理性，但也存在着很大的局限性，需要发展和创新。古典与新古典国际贸易理论认为国际贸易的基础是各国之间产品生产的比较优势，即国际贸易的根源在于各国不同产品生产方面的差异，包括技术的差异（李嘉图模型）或固有的资源禀赋的差异（H－O模型）。按照这些理论，国家之间的技术和资源禀赋差异与它们的贸易量呈现正相关关系，即各国之间主要是不同产品之间的贸易（行业间贸易），但是战后同类产品之间的贸易量大大增加，发达的工业国家之间的贸易量大大增加，以及产业领先地位不断转移，这些难以用新古典国际贸易理论解释。古典与新古典经济理论在分析国际贸易时都假定产品市场是完全竞争的，这与当代国际贸易的现实也不吻合，国际贸易理论逐渐发展为当代国际贸易新理论。

二、战后国际贸易的特点

战后，随着社会化大生产的发展和生产国际化的加深，各国之间相互依赖与相互竞争的程度日益加深。为了保持和提高在国际市场上的竞争力，世界许多国家积极努力寻求与其他国家合作，通过优惠贸易安排、自由贸易区、关税同盟、共同市场等不同方式，组建区域经济贸易集团，实现区域内商品、资本、劳动力和服务等的自由流动。同时，跨国公司也有了比较迅猛的发展。这一切都推动了国际贸易的迅速发展，使国际贸易的规模、结构、范围、内容和方式等都发生了巨大的变化。

（一）国际贸易发展迅速

战后，在良好的国际贸易环境下，各国之间商品和服务的交换活动有了非常迅速的发展，其发展速度是历史上未出现过的，其具体表现就是国际商品贸易的增长速度不仅比战前要快，而且比生产增长速度快。

当代国际贸易迅速发展的原因主要有四个方面：科技革命为国际贸易的发展提供了技术基础和物质基础；战后生产国际化的加快，为国际贸易的发展提供了一个稳定的载体；区域经济合作组织的不断出现，为国际贸易的发展创造了越来越好的局部发展的环境；国际性经济组织的建立为国际贸易的发展创造了良好的制度环境。

（二）国际贸易商品结构的变化

战前，国际贸易中初级产品所占比重一直较高，1938 年初级产品比重达到 59.2％，工业制成品占 40.8％。这主要是由于发达国家为满足制造业和人们的生活需要，从国外大量进口原料、燃料和食品等造成的。战后，随着世界产业结构的重大变化，国际贸易商品结构相应地发生重大变化，其趋势是初级产品比重下降，工业制成品比重上升。从 1953 年起，工业制成品所占比重开始超过初级产品所占比重。

造成国际贸易商品结构变化的主要原因是：科学技术的发展促进了不可再生的原材料的节约，并发明了以廉价原材料合成的复合材料，从而减少了资源缺乏的国家对进口原材料的依赖。产业结构的不断升级带来了工业制成品贸易的增加。伴随着消费水平的提高，各国消费中食品、低附加值产品所占的比重相对下降，耐用消费品等工业制成品所占的比重日益提高。

（三）地区贸易发展不平衡

在世纪之交的五年间各地区对外贸易在全球贸易中的比重有明显的不同，从变化的情况看，亚洲对外贸易所占比重增长得最快，转型国家所占比重增长次之，拉美所占比重增长第三，而非洲所占比重没有任何增长。同期，北美和西欧对外贸易在全球贸易中的比重有所下降。从总的情况看，北美、西欧和亚洲三者加在一起的贸易额 1997 年为 86.1％，2001 年为 83.6％。

各地区对外贸易发展不平衡的主要原因是：发达国家、新兴工业化国家和经济发展较快的国家和地区主要集中在上述三个区域，它们在对外贸易中的地位是其经济发展程度和速度的反映。发达国家生产结构调整趋向于更多地生产和出口高技术产品，这些产品的高附加值以及较高的利润水平刺激了这些国家对外贸易的迅速发展，比起发展中国家的初级产品和原材料出口具有较强的竞争性。国际贸易的发展具有某种惯性，贸易关系比较密切的国家之间会创造出更高的相互依赖度，对外贸易趋向于集中在某些地区。

(四) 服务贸易迅速发展

在农业经济和工业经济时代，以物质生产为主，世界贸易的主体是货物贸易。进入服务经济时代，物质生产的比例随着服务业在国民经济中比例的提高而不断下降，与服务经济相适应的世界贸易随之改变，服务贸易随着服务经济的快速发展得到加强。国际服务贸易是以获取经济收益为目的的非物质产品的跨国界交易活动的总称。战后，特别是20世纪80年代以来，国际服务贸易发展十分迅速，超过了货物贸易的增长速度。

服务贸易的迅速发展有着深刻的原因：科技进步和生产力的巨大发展使产业划分日趋细化，各产业相互依赖日益加深，为生产顺利进行而产生的服务部门日趋扩大和增多。各国收入水平的提高，人们对消费需求的日趋细化，多层次的消费需要使服务业有了明显的发展。

(五) 国际贸易与经济增长的关系日趋密切

对外贸易对各国经济增长，从而对世界经济增长的促进作用或影响日趋增加。据统计，二战后初期，各国对外贸易的平均依赖度仅为7%左右，到2001年这一指标达到20%以上。经济学家们将这种现象概括为“对外贸易是经济增长的发动机”。

对外贸易又依赖于经济增长。可以说，没有一定的经济发展水平就难以开展国际贸易活动，甚至可以说，经济发展水平决定了一国对外贸易的发展。从直观上看，凡是经济规模相对比较大的国家，对外贸易的发展规模也比较大，特别是大国的情况更是如此。对于有些国家而言，在不同的历史时期表现出来的对外贸易与经济增长之间的关系也有不同。在经济的发展或起飞阶段，对外贸易与经济增长的因果关系表现为国际贸易是“因”，经济发展是“果”。随着该国经济的发展和成熟，对外贸易成为经济增长的结果。

(六) 国际贸易秩序逐步强化

战后的国际贸易不仅延续了原有的国际贸易惯例或规则，以保障国际贸易的顺利进行，更重要的是，为保障各国之间的贸易在比较自由的贸易环境下开展，从1948年1月开始启动了旨在促进贸易自由化、减少贸易壁垒的关税与贸易总协定，1995年1月1日建立的世界贸易组织正式取代关税与贸易总协定，行使促进贸易自由化的职能。从全球贸易秩序的角度看，多边贸易体系所倡导的贸易自由化和协调、约束各国对外贸易政策的协议，在很大程度上促进了国际贸易的发展。

此外，在地区层次上，各地理上相邻的国家为了稳定它们之间的贸易关系，保证各自对外贸易市场的稳定，各国政府出面纷纷建立起区域经济一体化组织，期望通过这种一体化协议实现成员之间贸易的自由化。许多国家之间还签订了相互给予贸易优惠待遇的长期协定。这些都对战后国际贸易的发展做出了贡献。

三、当代国际贸易理论

（一）不完全竞争和规模经济的国际贸易理论

1. 不完全竞争、价格歧视与国际贸易

不完全竞争作为贸易的起因之一是与垄断企业或垄断竞争企业的价格歧视行为紧密联系在一起的。在国际贸易中，这种价格歧视行为就是通常所谓的“倾销”。

经济学家在研究当代国际贸易现象时也将倾销给企业带来的收益看成一种出口激励，以解释在不完全竞争条件下企业的出口动力和对外贸易原因。

我们可以用不完全竞争条件下的倾销行为来解释行业内贸易：只要一个产品的国内外市场满足价格歧视的条件，即使外国市场价格低于本国市场价格，企业为了追求利润最大化，仍有出口的动力，因为出口倾销比在国内市场销售这个产品的结果要好。如果外国同类企业也在其他产品上采取类似的行为，就会出现相互倾销，从而形成行业内贸易。

2. 规模经济与国际贸易

传统国际贸易理论（从斯密到赫克歇尔-俄林模型）都假设产品的规模报酬不变，要素投入与产出的比例是一致的，在以初级产品生产为主的前工业化时代，这个假设基本上是接近现实的。但是，在现代化社会尤其是在工业生产中，许多产品的生产具有规模报酬递增的效应，大规模的生产会降低单位产品成本，存在着规模经济，其对国际贸易的主要影响表现在降低了单位产品成本，增加了出口的产品在国际上的竞争能力。

（二）国际贸易新要素理论

该理论认为生产要素不仅包括土地、劳动、资本和企业家才能四种要素，而且还包括技术、人力技能、研究与开发、信息、规模经济与管理等新型生产要素，并从新要素的角度说明国际贸易的基础和贸易格局的变化。以下对前四个新要素略作说明。

1. 技术要素

传统的经济学家把技术排除在生产要素之外，而新要素理论将技术作为一个独立的生产要素，因为技术不仅可以提高其他单个生产要素的使用效率，而且可以提高生产要素整体的生产效率，从而降低单位产品成本，优化产品质量，提高产品国际市场竞争力。技术进步还会对各国生产要素禀赋的比率产生影响，从而影响各国产品的相对优势，对国际贸易格局的变动产生作用。

2. 人力技能要素

人力资本论者如基辛、凯能等认为，技能禀赋或人力资本赋予状况对国际贸易格局、流向、结构和利益等方面具有重要的影响作用。他们认为，人力资本充裕的国家在贸易结构和流向上，往往是出口人力资本或人力技能要素密集的产品，并以美国作为例证。美国最充裕的要素不是物质资本，而是人力资本，相对稀缺的是非熟练劳动。这就决定了美国贸易结构必然是出口技能密集型产品占主体。比如最先进的通信设备、电子计算机等都属于技能密集型产品，而不再是传统的资本密集型产品。因此，用传统国际贸易理论的三要素是无法说明当代国际贸易现实的。

3. 研究与开发要素

格鲁勃、梅达与基辛等西方经济学家注重技术要素作用的同时，进一步研究了推动技术进步的形式和途径及技术进步与贸易的关系，提出了研究与开发要素论。他们研究的结果表明，一个国家出口产品的国际竞争力和该种产品中的研究与开发要素密集度之间存在着很高的正相关关系。

4. 信息要素

信息是一种无形资源，能够创造价值，尤其是在现代信息技术对生产的影响力越来越强的情况下，信息利用的状况能够影响一个国家的比较优势，从而改变一国在国际分工和国际贸易中的地位。

（三）国家竞争优势理论

传统国际贸易理论认为只要各国能够按照比较优势参与国际分工就能获利，而国家竞争优势理论认为现实情况不是这样的。一个国家在国际贸易中能否获得利益，关键在于在国际市场上能否取得竞争优势。国际竞争优势能否形成，关键在于一个国家的主导产业是否具有优势，而产业优势的建立根源于企业的创新机制和创新能力。

国家竞争优势的形成受到多方面因素的影响。

首先是生产要素，它包括自然资源、技术资源、资本资源、人力资源及信息资源等。这些要素又可以分为基本要素（如自然资源、非熟练劳动力等）和高级要素（如高科技、熟练劳动力等）。对一个国家最重要的是高级要素的价值，如果一国基本要素不足，但高级要素具有优势，仍然可具有国家竞争优势，如日本。

其次是国内需求市场，如果一个国家国内需求市场很大，并且国内消费者对企业产品的消费要求很高，则不仅有利于企业迅速达到规模经济，而且有利于提高企业在世界市场上的竞争能力。

再次是相关产业与支撑产业，其基本含义是为主导产业提供投入的国内产业。一个国家这方面的产业发达完善，可以将高级生产要素方面投资的好处逐步扩展到主导产业中，主导产业就能降低产品成本、提高产品品质，从而建立自己的优势。

最后是企业战略结构与竞争。良好的企业战略结构和国内强有力的竞争，是促进本国企业成长和开拓国外市场活力的重要源泉之一。除了以上这些因素，机遇与政府的作用也对形成国家竞争优势起着辅助作用。

一个国家优势产业的发展可分为四个不同阶段：第一阶段是生产要素推动阶段，这个阶段的竞争优势在于一个国家的基本要素是否具有优势，如自然资源是否丰富，劳动成本是否低廉等；第二阶段是投资推动阶段，这个阶段主要取决于资本要素，因为资本是经济发展的第一要素；第三阶段是创新推动阶段，竞争优势主要来源于研究与开发要素能力；第四阶段是财富推动阶段。

第二节　世界贸易组织

世界贸易组织（World Trade Organization，WTO，简称“世贸组织”）是负责监督成员经济体之间各种贸易协议得到执行的一个国际组织。其前身是1948年起实施的关税与贸易总协定（General Agreement on Tariffs and Trade，GATT，简称“关贸总协定”）的秘书处。它是根据乌拉圭回合多边贸易谈判达成的《建立世界贸易组织协定》于1995年1月1日建立的。它取代关贸总协定，成为以乌拉圭回合多边贸易谈判所形成的一整套协定和协议的条款作为国际法律规则，对各成员之间经济贸易关系的权利和义务进行监督、管理和履行的正式国际经济组织。世贸组织总部位于瑞士日内瓦。它是当代最重要的国际经济组织之一，截至2022年9月拥有164个成员，其成员间的贸易额占世界贸易额的绝大多数，被称为“经济联合国”。这个多边国际贸易体系的产生经历了一个从自然贸易秩序到国际贸易体系的历史过程。

一、国际贸易体系的产生与发展

国际贸易体系是一系列规范和调整各国国际贸易关系的行为准则的总称。

（一）与国际贸易体系相关的概念

世界贸易格局——各国在世界贸易中的实力对比。强调的是一国在世界贸易活动中的地位，用数字或文字说明表述。

国际贸易体系——国际贸易范畴内的各项行为与行为规范共同组成的整体，包括国际贸易理论体系、运作实务体系、条约与协定组成的法律体系等。

国际贸易秩序——客观存在的、随国际贸易关系产生而产生的国际贸易关系模式。国际贸易体系确定的结果会形成一种国际贸易秩序，国际贸易秩序统率、包容了国际贸易体系。

（二）从自然贸易秩序到国际贸易体系

在多边国际贸易体系产生之前，掠夺式自然贸易秩序是国际贸易秩序的最初形态。国际贸易秩序产生于 14、15 世纪西欧资本主义生产关系萌芽，15、16 世纪的地理大发现、海外殖民地开拓时期。掠夺式自然贸易秩序遵循丛林法则，是弱肉强食的、不公平的。随着国际贸易的发展，国际贸易秩序越过了自然贸易秩序，向双边性质的贸易体系靠拢——双边条约产生。

1933 年，罗斯福新政提出对外经济政策的目标是“建设一个世界贸易的多边体系”，由此开启了建立多边贸易体系实验。其内容有二：推行“无歧视原则”；减少关税壁垒、取消数量限制和外汇管制等非关税壁垒。

第二次世界大战后，西方各国重建国际贸易体系时，认识到国家间进行经贸合作对推进自由贸易的重要性。1944 年 7 月，美、英等 44 国在美国新罕布什尔州布雷顿森林召开会议，宣布成立国际货币基金组织（IMF）和国际复兴开发银行（IBRD），这就是“布雷顿森林体系”。布雷顿森林体系完成了建立多边体系的工作。1945 年 11 月，美国提出“扩大世界贸易与就业方案”和建立国际贸易组织（International Trade Organization，ITO）的设想，以及建立多边自由贸易体系的原则。1946 年 2 月，美国向联合国经济及社会理事会提交了草拟的《国际贸易组织宪章草案》。

1947 年，在美国左右下，关税与贸易总协定以“临时适用议定书”形式在美、英、法、比、荷、卢、澳、加、中华民国等 23 国范围内生效。这份协定对关税进行了大幅削减，影响了大约五分之一的全球贸易。关税与贸易总协定自临时适用以来，在其框架内新增了众多协议与守则，从而形成了以关税与贸易总协定为框架，以其文本、守则、协议为内容的多边国际贸易体系。

1994 年 4 月 15 日，在摩洛哥举行的关贸总协定乌拉圭回合部长级会议决定成立更具全球性的世界贸易组织，以取代关贸总协定。

二、世界贸易组织体系与市场经济

一个国家加入世界贸易组织的前提条件是必须实行市场经济体制。市场经济体制的一般框架包含：（1）自由的企业制度；（2）完善的市场体系；（3）完备的市场法规；（4）灵活有效的宏观调控制度；（5）完善的社会保障制度；（6）国际化开放化的运行机制。

WTO 体系基础于市场经济体制，这是因为：首先，WTO 规则根源于市场经济。WTO 体现市场经济的四个原则：非歧视原则、贸易自由化原则（可预见和不断增长的市场准入程度原则）、公平竞争原则、鼓励发展和经济改革原则。其次，WTO 通过运行机制体现市场经济体制要求。WTO 负责实施管理的协定与协议都是通过谈判达成的；WTO 成员资格的确认、加入与退出的方式体现了市场经济下的平等、自由、开放性；WTO 的决策程序，体现了市场经济下的自主性和平等性。最后，WTO 促进成员市场经济体制的发展与完善。根据《建立世界贸易组织协定》，WTO 成员必须一揽子接受乌拉圭回合达成的所有贸易协定与协议。WTO“每一个成员，都应保证其法律、法规和行政程序”与 WTO 各种协定与协议的规定义务相一致。WTO 成员对《建立世界贸易组织协定》的任何条款不得提出保留意见。在新成员加入的谈判中，新成员要做出承诺，不断改革不符合 WTO 规则的国内贸易法规。

三、世界贸易组织的职能与法律框架

《建立世界贸易组织的协定》的序言中规定 WTO 的宗旨是：提高生活水平，保证充分就业，大幅度稳步地提高实际收入和有效需求；扩大货物、服务的生产和贸易；坚持走可持续发展之路，各成员应促进对世界资源的最优利用，保护环境，并以符合不同经济发展水平下各自成员需要的方式，加强采取各种相应的措施；积极努力确保发展中国家，尤其是最不发达国家，在国际贸易增长中获得与其经济发展水平相应的份额和利益。

世贸组织的目标是建立一个完整的、更具有活力的和永久性的多边贸易体系。与关贸总协定相比，世贸组织管辖的范围除传统的和乌拉圭回合确定的货物贸易外，还包括长期游离于关贸总协定外的知识产权、投资措施和非货物贸易（服务贸易）等领域。世贸组织具有法人地位，它在调解成员争端方面具有更高的权威性和有效性。

世贸组织的五大职能：（1）管理职能，世界贸易组织负责对各成员的贸易政策和法规进行监督和管理，定期评审，以保证其合法性。（2）组织职能，为实现各项协定和协议的既定目标，世界贸易组织有权组织实施其管辖的各项贸易协定和协议，并积极采取各种有效措施。（3）协调职能，世界贸易组织协调其与国际货币基金组织和世界银行等国际组织和机构的关系，以保障全球经济决策的一致性和凝聚力。（4）调节职能，当成员之间发生争执和冲突时，世界贸易组织负责解决。（5）提供职能，世界贸易组织为其成员提供处理各项协定和协议有关事务的谈判场所，并向发展中国家提供必要的技术援助以帮助其发展。

世界贸易组织的法律框架由《建立世界贸易组织的协定》及其四个附件组成。附件 1 包括《货物贸易多边协定》《服务贸易总协定》和《与贸易有关的知识产权协定》，分别被称为附件 1A、附件 1B 及附件 1C；附件 2 为《关于争端解决规则与程序的谅解》；附件 3 为《贸易政策审议机制》；附件 4 是《诸边贸易协议》。相关内容如图 16－1 所示。

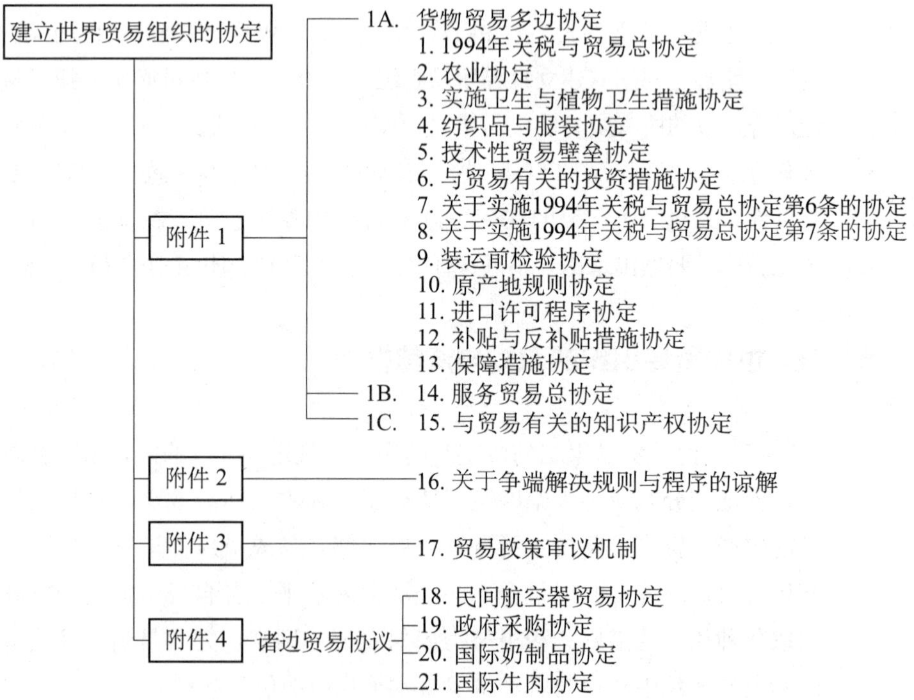

图 16－1　世界贸易组织协定内容框架

四、对世界贸易组织的批评

对世贸组织的批评主要包括以下几方面。

（一）轻视劳工权益

世贸组织成员的政策优先考量受到跨国公司主导，维护基本劳工权益方面被边缘化。只有政府单位能在世贸组织做出正式投诉，工会和人权组织只能鼓励世贸组织成员去做相关投诉。由于世贸组织的制裁只及政府不及跨国公司，跨国公司侵犯劳工权益鲜少得到处罚，并没有具体的财务后果。

（二）损害地方利益

自 20 世纪 90 年代后期，世界贸易组织成为反全球化运动人士的主要反对目标。如日本农民举行抗议取消保护性关税的集会，因为害怕壁垒取消后国内农产品失去竞争力。世界贸易组织的目标原是为了监督新的全球秩序，确保其合法性；然而 WTO 没有类似民主机构的特征：世界贸易组织秘密运作，没有义务向成员或他者解释其行动；世界贸易组织的国家代表多是贸易律师，往往会因为企业需要而为之打通关节，而该组织也秉持对市场的信仰，往往向企业利益倾斜，常让地方环境法与劳工法受挫、无以伸张。

（三）决策机制不公平

一些国家对于在 WTO 框架下的不公平的决策机制表示不满。如在数国组成的小团体内讨论而达成的协议，往往挤压了其他比较“不重要”的国家如发展中国家的权益等，而在此情况下大部分发展中国家没有足够的力量去反对。

世界贸易组织最为人诟病之处，即为其不透明的所谓“密室会议”或“绿室会议”（Green Room）。“绿室会议”的说法，一说源自 GATT 乌拉圭回合中少数会员代表于绿色房间内做出决议，另一说源自世界贸易组织日内瓦秘书长办公室的颜色。在密室会议中，部分与议题有利益关系的少数国家事先就议题做出一致的方案，之后再将此方案提交到所有成员参与的部长级会议审议通过。此种形成决议的方式在后来的 1999 年西雅图、2001 年多哈及 2003 年坎昆部长级会议中均被采用，甚至成为许多决议失败的原因，因为非洲或其他周边国家在整个会议讨论中均被排除在密室会议之外，故拒绝承认最后的决议。此种决策过程在 20 世纪 90 年代常被提及，成为发展中国家或非政府组织对于 WTO 决策机制不透明的批判焦点。

过去数十年中有许多方案尝试解决密室会议的问题，如由数个永久核心成员及由其他成员以轮值的方式组成执行委员会来管理WTO的议程，其中的核心成员可由各国对世界经济体的影响力或其他准则来决定。然而至今这方面仍未有明显的进展。许多决策者认为，让世界贸易组织会议更为透明无疑是有必要且可取的，但同时也有人认为密室会议这样的讨论过程在如此一个日益庞大的组织中是不可避免的。

除上述内容以外，包含世界贸易组织中最重要的关税限制及其他由所有成员决议的数据库无法自由获取，也常是被多方批评的一项。

第三节　世贸组织与中国

2001年12月11日，中华人民共和国经过15年的谈判正式加入世贸组织。其后作为中国入世首席谈判代表的龙永图成为媒体相关话题的嘉宾，参与央视《面对面》、凤凰网财经频道等对话类节目。其中披露我国入世具体过程细节丰满的报道当数2020年8月《财经》杂志独家刊发的龙永图自己撰写的《龙永图披露当年最后一场入世谈判经历，中美如何博弈与合作》一文。此文甫一刊出，网易、新浪、凤凰网等多家媒体纷纷转载。了解中国的入世承诺及入世对中国的影响，是财经记者做相关题材报道时必做的功课。

一、中国的入世承诺及承诺履行情况

（一）中国的入世承诺

1. 非关税壁垒

进口许可证要求及招标要求将于2005年被取消，所有的进口配额在2005年以前逐步被取消。

2. 关税减让

工业产品的平均关税2004年降至8.9%。农业产品的平均关税将降至15%，农产品进口和销售无须通过国有企业和中介机构。中国国内农业补贴上限为8.5%。取消对大麦、大豆、油菜籽、花生油、葵花籽油、玉米油和棉花籽油的进口关税配额体制。信息技术产品关税最迟将于2005年被取消。

3. 贸易权

入世后的第一年，外资占少数股权的合资企业将全部获得进出口权，在

加入 WTO 后头两年内进一步扩展到外资占多数股权的合资企业。入世后三年，所有中国境内企业都将获得贸易权。

4. 流通领域

两年内允许外资在合资批发公司内拥有多数所有权，届时地域或数量限制将不复存在。

除了图书、报纸、杂志、药品、杀虫剂和农用薄膜商品的分销将在三年内放开，化肥、成品油和原油在五年之内放开之外，一年之内合资企业将可分销一切进口产品及国内生产的产品。

外国投资的企业可以分销其在中国生产的产品，并针对其分销的产品，提供包括售后服务在内的相关配套服务。所有的省会以及重庆市、宁波市将在两年内向合资零售企业开放，三年之内将取消地域、数量限制和企业股权比例的限制。

除了药品、杀虫剂、农用薄膜和成品油的零售将在三年后放开，化肥在五年后放开之外，所有产品的零售（除了图书、报纸和杂志）将在入世后一年内放开。

5. 特许经营

入世三年后将无限制。

6. 交通

对公路运输，将分别在一年和三年后允许外资占合资企业多数股份和全资拥有子公司；对于铁路运输，将分别在三年和六年后允许外资占合资企业多数股份和全资拥有子公司。

7. 仓储

分别在入世一年和三年后允许外资占合资企业多数股份和全资拥有子公司。

8. 货运代理

分别在一年和四年后允许外资占合资企业多数股份和全资拥有子公司，合资企业经营一年以后可以建立分支机构。

外资货运代理公司在其第一家合资公司经营满五年后可以建立第二家合资公司。入世两年后，此项要求将被减至两年。

9. 海上运输

允许开展国际海上货运和客运业务（如航班、散货和不定航线货船）。外资占少数的合资企业还可以中国国旗作为国籍旗进行经营注册。

10. 邮递服务

分别在一年和四年后允许外资占合资企业多数股份和全资拥有子公司。可以涉及国内一种或多种运输方式的邮递服务，但邮政部门专营的服务除外。

11. 通信和互联网

增值服务（含互联网服务）与寻呼业务：入世后上海、广州及北京允许合资企业外资占少数30%股权；入世后一年内推广至成都、重庆、大连、福州、杭州、南京、宁波、青岛、沈阳、深圳、厦门、西安、太原、武汉（以下称“其他城市”），外资所占股份可增至49%；入世两年内取消地域限制，外资所占股份可增至50%。

移动话音与数据业务：入世后，外资占少数（25%）股权的合资企业可以在上海、广州、北京及这些城市之间开展业务；入世后一年内推广至“其他城市”。外资所占股份可增至35%；入世三年后，外资可占49%；入世五年后取消地域限制。

国内与国际业务：入世三年内，外资占少数（25%）的合资企业可以在上海、广州、北京及这些城市之间提供服务；入世五年内推广至“其他城市”。外资所占股份可增至35%；入世后六年内取消地域限制，外资可占49%。

12. 银行金融

所有地域与客户限制将于入世后五年内取消，只根据审慎标准颁发许可证，取消一切现有的限制外国银行所有权、经营及法律形式的非审慎措施，包括有关内部分支机构和许可证的限制；开放金融租赁业务和汽车信贷业务。

入世后外汇业务将取消地域及客户限制。入世时，人民币业务将限于上海、深圳、大连、天津；一年内推广至广州、珠海、青岛、南京和武汉；两年内推广至济南、福州、成都和重庆；三年内推广至昆明、北京和厦门；四年内推广至汕头、宁波、沈阳和西安。入世五年内取消地域限制。入世两年内外资银行可以对国内公司开展人民币业务，五年内外国银行可以为国内个人客户开展人民币业务。

13. 保险

入世时，外国保险公司能在上海、广州、大连、深圳和佛山开展业务；两年内扩展到北京、成都、重庆、福州、苏州、厦门、宁波、沈阳、武汉和天津；三年内取消地域限制。入世后允许成立外资占51%的非寿险公司分支机构或合资公司，两年内将允许建立独资子公司；入世后外资可以占寿险合资公司50%的股份；入世后，作为分支机构、合资公司或外国独资子公司的外资保险公司可为人寿保险和非人寿保险提供再保险服务，而不受地域或数量的限制；入世后四年内逐步取消中国保险公司再保险20%的要求。

14. 证券

入世三年内，外资证券公司可以建立合资公司（外资占三分之一），承销A股、承销并交易B股和H股以及政府与公司债券；入世后外资证券公司还可以直接跨国界交易B股。

15. 资产管理

入世后外资占少数股权（33%）的合资企业可以从事国内证券投资基金管理业务；入世后三年内外资股权上限可提高至49%。

16. 专业服务

法律：入世一年内将取消外资律师事务所经营地域与数量上的限制。

会计：入世后，通过中国注册会计师资格考试的外国人将获得国民待遇，即可以合伙或合并成立会计师事务所；已有的合资公司不只限于雇佣持有中国注册会计师证的会计师。

17. 企业服务

管理咨询：入世后将允许外方在合资公司中占多数股权，六年内允许建立全资子公司。

广告：分别在两年后和四年后允许在合资公司中占多数股权及建立全资子公司。

18. 音像

每年引进20部大片，收入分成；允许通过合资公司的形式发行音像视像产品（不包括电影）；电影院继续允许外方最多占49%股权。

19. 建筑业

入世后将允许外资在合资企业中占多数股权，三年内将允许成立外国独资企业。

20. 旅游业

饭店：入世后外资可占多数股权，四年内准入不受限制，且可有外资独资。

旅行社：入世三年内允许外资在合资企业中占多数股权，六年内允许成立外国独资企业，并取消地域限制和对成立分支机构的限制。

21. 教育

外资占多数股权的合资学校可以提供小学、初中、高中、成人教育及其他教育服务。

（二）承诺履行情况

入世以来，中国在关税减让、消除贸易壁垒、根据世贸组织的规则完善国内贸易法律体系和开放市场等方面切实履行了作为发展中国家应该履行的义务，兑现了加入世贸组织时做出的郑重承诺。

中国有计划有步骤地减让关税，达到并超过了世贸组织对发展中国家设定的要求，并按照非歧视原则在全境实行公平、统一的关税税率。

入世 10 年后，中国的关税总水平从 2001 年的 15.3%降到了 9.8%，入世降税承诺全部履行完毕。到 2020 年，关税总水平已经降至 7.4%，在世界上处于较低水平。除了在制造业领域履行开放市场义务外，中国还加强了以金融服务业为代表的服务业市场开发开放力度，到 2021 年，在中国加入世贸组织时承诺开放 100 个服务贸易部门的基础上新增承诺开放 22 个服务部门。例如在保险业领域，自 2021 年起，“外资寿险公司必须采取合资形式”这一条限制被取消，外资寿险公司在中国展业可申请独资。

为使中国的法律法规环境与世贸组织相一致，入世前后，中国展开了有史以来最大规模的法律整理工作，废止、修改和制定了数千条法律法规。

二、加入 WTO 的积极影响

加入 WTO 的中国，享有最惠国待遇，这对中国经济发展极其有利，具体有以下几方面。

其一，有利于中国参与国际经济合作和国际分工，促进经济发展。加入世贸组织后，中国经济发展与世界经济发展紧密联系在一起，中国的进出口贸易呈现爆发式增长，为中国经济发展提供了强大动力。截至 2023 年，中国出口规模居世界第一，进口规模居世界第二，成为举足轻重的贸易大国。

其二，有利于扩大出口和利用外资，并在平等条件下参与国际竞争。中国有着丰富的劳动力和一些自然资源，通过 WTO 这个世界大平台给予的降低关税等最惠国待遇，吸引了大量的人前来中国购买或者投资，中国获得了宽敞的出口渠道。中国加入世贸组织的 10 年里吸引了 7 000 多亿美元外资，世界 500 强企业中有 480 多家已在华开展业务。在接下来的十年，中国吸引外资额稳步增长。2020 年，中国实际利用外资 9 999.8 亿元，逆势增长 6.2%，成为全球最大的外资流入国。

其三，有利于促进技术进步、产业升级和经济结构调整，进一步完善社会主义市场经济体制。大规模削减关税和消减贸易壁垒后，国内企业直接面对来自国外同行的竞争。如果固守陈旧的技术和落后的管理方式，就会被来自全球的竞争对手无情淘汰。中国目前在向以高新技术产业为主导、基础产业和制造业支撑、服务业全面发展的产业结构格局迈进。

其四，有利于改革开放、社会主义市场经济的发展和人民生活水平的提高。加入世贸组织后，外资企业的直接竞争可以倒逼国资企业和我国民营企业改善经营管理，加大研发投入，提高产品质量和服务质量。同时，大量外国商品的涌入给我国消费者提供了更多的选择。

其五，有利于促进世界经济的增长。特别是 2008 年金融危机以后，在美国、日本经济增长乏力、欧洲深陷债务危机之时，中国明显成为世界经济增长的引擎。在这次金融危机的冲击下，虽然中国的进出口贸易也一度出现大幅下滑，但面对危机，中国应对及时，在经贸领域展现出非同寻常的韧性与活力，为推动全球经济从危机中复苏发挥了重要作用。2020 年，中国经济在新冠疫情的冲击下仍增长 2.3%，为陷入深度衰退的世界经济带来难能可贵的亮色。

其六，有利于直接参与 21 世纪国际贸易规则的决策过程，摆脱别人制定规则而中国被动接受的不利状况，从而维护自身合法权益。世贸组织统计数据显示，从 2001 年到 2006 年，中国通过世贸组织争端解决机制申诉并得以正式立案的贸易争端只有一起，而 2007 年以来，中国共向世贸组织提出 20 多次申诉。这充分显示了中国企业利用世贸组织的规则维护自身权益的意识在不断提升。在理解把握规则和应诉水平方面，中国也不断取得进步。2010 年以来，中国先在“中美禽肉限制措施案”中赢得世贸组织争端解决机制的支持，使得美国最终修改了国内法律中与世贸组织的规则不符的条款，又在“中欧紧固件反倾销措施案”等裁决中获胜，维护了中国企业的权益。中国运用世贸组织的规则保护自身权益的能力不断提升，从而在一定程度上遏制了国际贸易中滥用反倾销、反补贴等措施的贸易保护主义行径。

三、国际贸易理论与国际贸易政策选择

国际贸易政策是指世界各国和地区对外进行商品、服务和技术交换活动时所采取的政策。从单个国家或地区的角度出发，有关国际贸易的政策就是对外贸易政策。它有两种基本类型，即自由贸易政策和保护贸易政策。

自由贸易政策是指国家对进出口贸易活动一般不进行干预，减免关税和其他贸易壁垒，让商品和服务等自由进出口，在国内外市场上自由竞争。保护贸易政策是指国家采取各种措施干预对外贸易，通过高关税和非关税壁垒来限制外国商品和服务的进口，以保护本国商品和服务免于与国外商品和服务的竞争；同时对本国出口商品和服务给予优惠或补贴，鼓励扩大出口，以

提高本国商品和服务在国外市场上的竞争能力。

国际贸易理论与国际贸易政策相辅相成。国际贸易实践为国际贸易理论提出新的课题，国际贸易理论来源于国际贸易实践并成为国际贸易政策实施的依据。从国家角度而言，每一个国家在从事国际贸易时都遵循了实用主义路线——若实行自由贸易政策对本国有利，则施行之；反之，则实施保护贸易政策。

大卫·李嘉图在1817年出版的《政治经济学及赋税原理》一书中提出了以自由贸易为前提的“比较成本论”。在以李嘉图比较成本论为核心的自由贸易思想的影响下，英国在1820年以后的近一个世纪内，推行了一整套自由贸易政策，为其向海外扩张和最终取得世界霸主地位发挥了重要作用。

1776年，美国宣布成为独立国家。为了摆脱英国的殖民统治，避免成为英国的农业附庸，作为美国的开国元勋、政治家和金融家、美国独立后的首任财政部部长，亚历山大·汉密尔顿坚决主张实行保护贸易政策，保护美国当时尚处于幼稚的工业特别是制造业的发展。他于1791年12月向美国国会递交了一份《关于制造业的报告》。在该报告中，他阐述了保护和发展制造业的必要性，极力主张美国应该实行保护贸易政策。他的政策主张对美国政府的内外经济政策产生了重大而深远的影响，促进了美国资本主义的发展。

同样，作为后发的工业国家，德国在工业的起步阶段相对落后于老牌工业国家英国与法国。为保护德国幼稚工业，德国经济学家弗里德里希·李斯特抨击了古典经济学的自由贸易理论，发展了汉密尔顿的保护关税论，提出了以生产力理论为基础、以经济发展阶段论为依据、以保护关税制度为核心、为经济落后国家服务的保护幼稚工业论。他在《政治经济学的国民体系》一书中对这一理论做了十分深刻的论述：“在自由竞争下一个无保护的国家要想成为一个新兴的工业国已经没有可能。……必须牺牲眼前利益，使将来的利益获得保障。……财富的生产力比之财富本身，不晓得要重要多少倍。”

一般说来，经济落后国家强调贸易保护，经济发达国家则强调贸易自由。一个国家在经济落后时强调贸易保护，当经济发展强大时转而倾向于实施贸易自由政策；对本国落后而又重要的产业倾向于保护，对本国具有国际竞争力的优势产业倾向于自由竞争。

虽然当代国际贸易主要在WTO框架下进行，然而近些年相继出现的跨太平洋伙伴关系协定（TPP）、区域全面经济伙伴关系协定（RCEP）、全面与进步跨太平洋伙伴关系协定（CPTPP）等区域性自贸区协议削弱了WTO的影响力。中美贸易争端是近年来国际贸易中最引人注目的事件，引发中外财经媒体的持续关注。2019年第14期《财经》杂志转载翻译其媒体合作伙伴《巴伦周刊》的一些文章，这些文章的作者包括桥水基金创始人瑞·达利欧。这些文章聚焦全球贸易及投资的新动向，其中一篇文章指出："即便中美达成协议并停止互加关税，企业经营发展之道可能也无法再一如从前。全球贸易体系正在被重新调整。持续数十年的推动国际贸易自由化的趋势已经开始逆转……企业供应链决策罕见地充满了浓厚的政治担忧。"文章也提醒投资者，可以从供应链的变化中发现投资机遇，"购买那些将受益于新的中国投资的股票"，或者"把目光转向那些将在全球贸易中扮演更重要角色的国家"。

延伸阅读

阅读联合国贸易和发展会议 2022 年度贸易和发展报告《分裂世界中的发展前景：全球失序与区域应对》。

报道提示

- 一份贸易协议，是双赢还是有一方是利益受损者？
- 贸易协议会刺激出口吗？哪一种行业受益最多？能增加多少工作岗位？
- 一个国家在全球产业链中处于什么地位？其出口产品是高附加值的科技产品还是农产品和工业原料、低端工业产品？
- 一个国家出口的大宗产品是否以牺牲环境和资源为代价？这种国际贸易是可持续的吗？
- 哪些地区的哪些国家出口类似产品，比较而言，哪个国家更有出口竞争力？
- 谁支持自由贸易，为什么？谁反对自由贸易，为什么？

问题与思考

判断题

指出下列说法正确还是错误，并说明理由。

1. 国际贸易只有利于发达国家，不利于发展中国家。
2. 世界贸易组织是目前唯一一个全球性多边贸易组织。
3. 一个国家加入世界贸易组织的前提条件是必须实行市场经济体制。

附录一

中国财经大事件（1992—2023）

1992 年 12 月 21 日，南方证券有限公司经中国人民银行批准，由工行、农行、中行、建行、交行和中国人民保险公司联合发起，注册资本 10 亿元，是中国内地首批成立的全国性证券公司，与华夏证券、国泰证券并称为三大中央级证券公司。

1994 年，分税制改革。

1995 年 2 月，“327 国债”事件发生，万国证券破产。

1995 年 10 月，中银信托被接管。

1997 年 1 月，中国农村发展信托投资公司被关闭。

1998 年 4 月 22 日，沪深证券交易所决定对“财务状况异常”的上市公司股票交易实行特别处理（special treatment），这些股票被冠以“ST”的帽子。

1998 年，住房制度改革。

1998 年 6 月 21 日，中国人民银行宣布关闭海南发展银行，海南发展银行成为中华人民共和国金融史上第一家破产倒闭的银行。

1998 年 6 月 22 日，中国新技术创业投资公司被关闭。

1998 年 10 月 6 日，中国人民银行宣布关闭广东国际信托投资公司。

1999 年年初，广东国际信托投资公司向广东省高级人民法院递交破产申请书，通过破产关闭，是为“广信事件”。

2001 年 10 月 26 日，刘姝威写了题为《应立即停止对蓝田股份发放贷款》一文，对蓝田股份的财务报告提出质疑。

2001 年 12 月 11 日，中国正式加入世界贸易组织（WTO）。

2002 年 3 月，中国银联（中国银行卡联合组织，简称“银联”）问世，帮助各家银行逐步实现了银行卡跨行转账。

2002 年 6 月 7 日，中国经济开发信托投资公司被撤销。

2002 年 7 月，土地招拍挂（卖方决定市场）制度施行。

2003 年 5 月，阿里巴巴创立淘宝网，让中国千家万户实现了网上购物。2003 年秋天，支付宝问世。

2003 年 6 月 9 日，全国社保基金正式进入证券市场，由六家基金公司管理的社保基金开始在二级市场购买股票及有关债券。

2003 年 10 月 28 日，《中华人民共和国证券投资基金法》获得通过，并于 2004 年 6 月 1 日起正式实施。

2004 年年初，国务院决定中国银行和中国建设银行实施股份制改造试点。

2004年1月31日，国务院颁布了《关于推进资本市场改革开放和稳定发展的若干意见》（简称“国九条”）。

2004年5月13日，上海盛大网络有限公司获得软件银行集团4 000万美元的投资后，在纳斯达克上市。

2004年5月27日，深交所正式启动中小企业板。

2004年8月26日，华融公司与新疆德隆、德隆国际、屯河集团签订《资产托管协议》，华融公司将全权行使德隆系上市公司实际控制人权利。

2005年4月29日，南方证券正式宣布关闭。

2005年7月29日，国务院办公厅转发中国证监会《关于证券公司综合治理工作方案的通知》（国办发〔2005〕43号），证券公司综合治理开始。

2005年9月28日，经中国证监会批准，在原南方证券股份有限公司基础上重组形成的中国建银投资证券有限责任公司成立，南方证券退出市场。

2005年10月，中国建设银行登陆香港资本市场。

2005年11月，中国国家储备局交易员刘其兵失踪，“国储铜事件”曝光。

2006年1月1日，我国废止《中华人民共和国农业税条例》，全面取消了农业税。

2006年1月24日，大鹏证券被深圳中院裁定破产。

2006年6月15日，中国证监会正式对外发布施行《证券投资基金管理公司治理准则（试行）》。

2006年7月5日，沪深两市中权重最大的上市公司、国内首家H股和A股全流通的上市公司——中国银行登陆沪市。

2006年8月16日，南方证券被深圳中院裁定破产。

2006年10月27日，中国工商银行以“A+H”的方式，在上交所和香港联交所同步上市。

2007年5月，基金经理唐建因建“老鼠仓”而成为中国证券市场第一个被查处的基金经理，并被基金公司辞退。

2007年6月，中国第一家网贷平台——拍拍贷宣布成立。此后几年内，网贷平台发展缓慢。2015年开始，网贷平台几乎以每天1～2家上线的速度快速增长，全面进入爆发期。

2008年5月4日，中国银监会和中国人民银行联合发布了《关于小额贷款公司试点的指导意见》，首次正式承认小额贷款公司的合法地位。从2008年起，截至2023年12月末，全国共有5 500家小额贷款公司。

2008年8月1日，《中华人民共和国反垄断法》正式实施。

2010年7月15日和16日，中国农业银行正式在上海和香港两地上市。

2010年9月，保监会发布《保险资金投资不动产暂行办法》。

2011年5月，央行颁发首批27家第三方支付牌照，包括支付宝等。

2012年7月，河北省肃宁县尚村镇农村信用社通过司法程序进入破产清算。

2013年6月，余额宝问世。2018年年末余额宝累计交易用户超过了6亿。

2013年下半年，由于流动性收紧，银行间市场一度出现了“钱荒”。

2013年8月16日，光大证券发生“乌龙指”事件。

光大证券“乌龙指”事件的发生经过如下：交易员早上交易的时候，发现有一些单子没有交易成功，就在程序员的帮助下点了个重下，因为系统的问题，以234亿元巨量申购180ETF成分股，实际成交72.7亿元，导致上证综指突然上涨5.96%，50多只权重股均触及涨停。在发现问题之后，光大证券高管明知市场推高的原因的情况下，为了弥补损失，在没有披露的情况下，在期货市场做空股指期货，卖空ETF。最后这个事情被中国证监会认定是内幕交易，光大证券策略投资部总经理杨剑波，还有公司总裁徐浩明，以及两位高管被罚款，而且终身禁入证券市场和期货市场。

2014年，齐鲁银行、广西北部湾银行相继暴露信贷风险。

2014年6月，欧洲央行开始实施负利率。

2014年7月9日，中央电视台关于中行公然“洗钱”的报道，称中国银行涉嫌提供洗钱服务。央视报道称，中国银行旗下多家分支行有一项偷偷摸摸似乎见不得光的跨境人民币结算业务——优汇通业务，这是一项无限额的换汇业务。专家表示，跨境人民币结算并不允许个人投资移民，银行绕开监管，实现超额汇兑，已经涉嫌违法。消息播出后掀起轩然大波。中行坚称此项业务仅是众多试验性的外汇业务之一，且受到央行支持。

2014年9月19日，阿里巴巴在纽交所上市，股票代码“BABA. US”。

2014年10月，支付宝的母公司以蚂蚁命名。

2014年11月，中国股票市场“沪港通”试点正式启动。

2015年以来，央行开始推进利率市场化改革，放开银行存款的利率浮动上限，但仍由银行业协会自律机制设置一定的上浮限制。

2015年5月1日起，《存款保险条例》施行。存款人人民币存款和外币存款的最高偿付限额为人民币50万元。

2015年6月15日，股灾爆发，上证指数从5 170点高位突然掉头向下，趋势转弱，股灾正式降临；市场进入恐慌，个股更是恐慌不止，连续跌停；从6月15日—8月26日，共计52个交易日，其中有21个交易日指数大幅下跌或暴跌，有17次千股跌停，其中出现过几次超过2 000只个股跌停。

2015年7月24日，“宝能系”第二次举牌，持有万科股票达10%。“宝能系”对万科股权的争夺战凸显。

2015年8月11日，中国人民银行宣布完善人民币汇率中间价报价机制，当天中间价一次性贬值近2%，是历史上人民币汇率第三次改革，金融市场称之为“8·11”汇改。

2016年年初，股市熔断，一个月内大盘从3 600点跌到了2 600点。2月，中国证监会换帅，刘士余接替肖刚，成了A股新的掌门人。

2016年9月28日，中国邮储银行在香港联交所首次公开发行H股，正式登陆国际资本市场。

2016年，市场曝出海航有息负债高达6 652亿元，陷入流动性危机。2018年7月，海航实际掌舵人王健在法国意外身亡。

2016年年底，“侨兴债违约事件”发生。

2016年12月25日，《中华人民共和国环境保护税法》正式颁布。自2018年1月1日起，我国开征环境保护税。

2017年5月19日，国税总局等六部门联合发布《非居民金融账户涉税信息尽职调查管理办法》，该办法规定了我国金融机构识别非居民金融账户的操作办法，标志着中国版CRS正式落地，该办法于2017年7月1日正式实施。

2017年7月14日至15日，第五次全国金融工作会议在北京召开。本次会议明确了三项任务以及四项重要原则，着重强调了“防风险”“加强金融监管”等词汇。为此，特别新设立了国务院金融稳定发展委员会。

2018年，中美贸易战爆发。

中美贸易战具体进程如下：

2018年3月23日，特朗普宣布要正式对从中国进口的约600亿美元的商品加征25%关税。同日，中国商务部回应将对美国的产品加征关税。

2018年4月4日，中国宣布将对从美国进口的约500亿美元的商品加征25%的关税。

2018年4月5日，特朗普宣布将考虑对从中国进口的约1 000亿美元的商品加征关税。

2018年4月16日，美国宣布制裁中兴通讯。

2018年5月19日，中美宣布达成共识，不打贸易战，停止互相加征关税的行为。

2018年6月15日，特朗普宣布重启贸易战，金额从约600亿美元改为约500亿美元，税率依然为25%，并出台了第一份要被加征关税的商品清单，合计约340亿美元，正式加税从7月6日起执行，同时宣布就对另外约160亿美元的商品加征关税开始征求公众意见。

2018年6月16日，中国宣布对美国约500亿美元的商品加征25%关税，并公布商品清单，其中对约340亿美元的商品加增关税自7月6日起正式执行。

2018年6月18日，特朗普宣布要对从中国进口的约2 000亿美元的商品加征10%关税，同时威胁说如果中国继续反击，他将再对另外约2 000亿美元的中国商品追加额外关税。

2018年7月5日，中国发表声明：“美方挑起了这场贸易战，我们不愿打，但为了维护国家和人民利益，必要时不得不打。中方绝不打第一枪，但如果美方实施征税措施，中方将被迫进行反制。”

2018年7月6日，美方正式对从中国进口的约340亿美元的商品加征25%关税，这是贸易战开启以来的首次真正加税。同日，中国对同等规模的美国商品加征25%的关税。

2018年7月10日，特朗普政府宣布将对额外约2 000亿美元的中国商品加征10%的关税，并公布了一份长达近200页、涉及6 000余种商品的清单。

2018年7月11日，美国参议院以88∶11的压倒性票数优势，约束并限制了特朗普控制的关税权力。

2018年7月26日，美国国会参议院通过口头表决一致通过了一项《综合关税法》，同意降低超过1 600种进口商品的关税，据路透社分析，其中一半为中国商品。

2018年8月2日，特朗普宣布将考虑把对从中国进口的约2 000亿美元商品的加征税率从10%提升到25%。3日，中国宣布将考虑对从美国进口的约600亿美元的商品加征

25%、20%、10%、5%不等的关税。

2018年8月8日，美国宣布将从8月23日起对从中国进口的约160亿美元的商品正式开始加征25%关税。同日中方回应，决定正式对从美国进口的约160亿美元的商品加征25%关税，并在23日和美方同步实施。

2018年8月23日，中美双方执行约160亿美元商品的加税计划。

2018年9月18日，美国宣布对从中国进口的约2 000亿美元的商品加征10%的税率。同日，中方宣布对从美国进口的约600亿美元的商品加征10%或5%的关税。

随后是长达8个月的休战期，中美双方连续举行了五轮经贸高等级磋商。

2019年5月9日，美方宣布自10日起对从中国进口的约2 000亿美元商品加征的关税税率从10%提升至25%。10日，中方对此深表遗憾，并宣布将不得不采取必要反制措施。

2019年5月13日，中方宣布对从美国进口的已加征关税的约600亿美元商品中的部分，按不同类别，提高加征关税税率，分别按25%、20%或10%加征关税。

2019年5月15日，美国将华为列入管制清单。

2019年6月17日，沪伦通正式启动。

2019年8月4日，特朗普威胁说要对从中国进口的约3 000亿美元的商品加征10%关税。

2019年8月15日，美国政府宣布，对从中国进口的约3 000亿美元的商品加征10%关税，分两批自2019年9月1日、12月15日起实施。

2019年8月23日，中国宣布将对价值约750亿美元的美国商品加征10%、5%不等的关税，并公开表示美方的极限施压打错了算盘。

2019年9月12日，特朗普宣布对从中国进口的约2 500亿美元的商品推迟关税加征时间至10月15日。

2019年10月11日至12日，中美经贸团队在华盛顿举行第13轮经贸高级别磋商。中美达成协议，宣布暂停互相加征关税的行为。

2019年1月26日，中国证监会换帅，易会满接替刘士余成为新的证监会主席。

2019年5月24日，"明天系"持股89%的包商银行因出现严重信用风险，被央行与银保监会联合接管。这是中国第一宗真正意义上的银行破产案例。

2019年8月以来，央行开始实施贷款利率市场化改革。截至2023年12月20日，一年期LPR（贷款市场报价利率）从4.31%下降到3.45%。

2019年10月5日，先锋控股发布公告，先锋集团董事长、网信集团实际控制人张振新在伦敦去世。《21世纪经济报道》此前披露，截至2019年6月末，"先锋系"借贷余额约700亿元。

2019年年末，不法商人叶简明控制的华信证券在"华信系"被查后，也进入司法破产的程序。

2020年1月，国家市场监督管理总局官网发布就《〈反垄断法〉修订草案（公开征求意见稿）》公开征求意见的公告。

2020年3月，新《证券法》确立了中国版证券代表人诉讼制度，由中证中小投资者服务中心作为代表人，以公益性方式为投资者争取权益。在此制度下，共55 326名原告发起康美药业证券虚假陈述纠纷案。2021年11月12日，广州中院做出一审判决，康美案的22名被告总共需赔偿24.59亿元人民币。此案是新《证券法》确立中国版证券代表人诉讼制度后的首个实践。

2020年4月，美国大量印制美钞。

2020年4月2日，瑞幸咖啡自曝财务造假。

2020年4月21日，中行"原油宝事件"发生。6万余户中行客户组成的抄底原油大军，因底牌早就暴露无遗，在移仓换月时被空头"屠杀"，不仅损失保证金42亿元，此外还穿仓导致"倒欠"中行保证金逾58亿元。

2020年4月30日，蒙商银行正式成立并开业。

2020年5月14日，深圳证券交易所发出公告：深交所决定乐视网股票终止上市。

2020年5月15日，美国对华为的制裁再一次升级，严格限制华为使用美国的技术、软件设计和制造半导体芯片。受此影响，A股5 G、芯片、半导体等行业的股票纷纷下跌。

2020年7月4日，杭州最大的P2P微贷（杭州）金融信息服务有限公司（微贷网）涉嫌非法吸收公众存款被立案侦查。微贷网2011年上线，2018年11月在纽交所上市，是浙江第二家P2P上市公司，2020年5月31日宣布退出网贷行业，不再经营网贷信息中介业务。

2020年7月，康美药业实际控制人马兴田被公安机关采取强制措施，作为康美药业IPO保荐机构的广发证券受到中国证监会的严重处罚，暂停保荐机构资格6个月，证监会暂不受理广发证券债券承销业务有关文件12个月，责令广发证券对相关责任人进行内部追责等。

2020年8月初，我国首批基建REITs方案正式公布首创股份、渤海股份、东湖高新已经在上交所或深交所进行申报发行工作，公司旗下的相关项目均已公示。

2020年8月28日，商务部、科技部发布《中国禁止出口限制出口技术目录》。

2020年9月18日，国务院反垄断委员会发布《经营者反垄断合规指南》。

2020年10月，计划在科创板上市的蚂蚁集团，获得了包括全国社保基金在内的顶级战略投资者青睐，有望成为历史上全球最大规模IPO。

10月24日，马云上海外滩金融峰会演讲。

11月2日，央行行长易纲在香港金融科技周上表示，大型科技公司改变了游戏规则，但商业秘密的保护和消费者隐私的保护，是极大的挑战。

同日，中国证监会网站消息显示，中国人民银行、中国银保监会、中国证监会和国家外汇管理局对蚂蚁集团实际控制人马云、董事长井贤栋、总裁胡晓明进行了监管约谈。同日，中国银保监会、中国人民银行就《网络小额贷款业务管理暂行办法（征求意见稿）》（简称《办法》）向社会公开征求意见。《办法》将小额贷款公司的网络小额贷款业务对外融资杠杆率限制在5倍，即网络小额贷款公司的非标准化融资形式（银行借款、股东借款等）融入资金的余额不得超过其净资产1倍；通过标准化融资（债券、资产证券化产品等）融入资金的余额不得超过其净资产4倍。同时，在单笔联合贷款中，经营网络小额贷款业务的小额贷款公司的出资比例不得低于30%。

11月3日晚，上海证券交易所发布暂缓蚂蚁集团科创板上市的决定。受此影响，蚂蚁集团决定于香港联交所H股同步上市的计划也将暂缓。此前一周，蚂蚁集团IPO初步询价完成，最终A股发行价确定为每股68.8元。如若顺利发行，将成为全球市值最大的公司。从7月下旬蚂蚁集团宣布启动上市计划到10月下旬证监会同意蚂蚁集团科创板首次公开发行股票（IPO）注册，蚂蚁集团从起跑上市到拿到批文冲刺，仅仅用了三个月的时间。

11月6日，国务院政策例行吹风会上，中国银保监会首席律师刘福寿表示，将“按照金融科技的金融属性，把所有的金融活动纳入统一的监管范围”。

12月14日，阿里巴巴遭国家市场监管总局涉嫌垄断处罚。

12月22日，国家市场监管总局联合商务部组织召开规范社区团购秩序行政指导会，提出社区团购的“九个不得”。

12月，国家市场监管总局对阿里巴巴在中国境内网络零售平台服务市场滥用市场支配地位的行为立案调查。24日，国家市场监管总局调查组依法进驻阿里巴巴展开现场调查。

12月26日，金融管理部门（中国人民银行、中国银保监会、中国证监会、国家外汇管理局）联合约谈蚂蚁集团，并提出了五项整改要求。蚂蚁集团表示，将积极对照落实。

2021年4月10日，国家市场监管总局对阿里巴巴作出行政处罚。

2020年10月23日，华晨汽车发行的私募债“17华汽05”（AAA级债券）因无法按期足额兑付，造成了实质性违约，引发了债券市场极大震动。

2020年11月10日，国家市场监管总局官网发布就《关于平台经济领域的反垄断指南（征求意见稿）》公开征求意见的公告。

2020年11月15日，区域全面经济伙伴关系协定（RCEP）正式签署，全球最大的自由贸易区宣告诞生。其成员包括东盟10国，以及中国、日本、韩国、澳大利亚和新西兰。RCEP区域总人口、经济体量、贸易总额均占全球总量约30%，货物贸易零关税产品数额整体上超过90%。

2020年11月17日，多家企业在《深圳特区报》发布联合声明，深圳市智信新信息技术有限公司已与华为投资控股有限公司签署了收购协议，完成对荣耀品牌相关资产的全面收购。出售后，华为不再持有新荣耀公司的任何股份。

2020年11月中旬，全国实际运营的P2P网贷机构由高峰时期的约5 000家逐渐压降至完全归零。

2020年12月18日，美国《外国公司问责法案》签署生效。此法案规定，若外国公司连续三年未能通过美国公众公司会计监督委员会（PCAOB）的审计，将被禁止在美国任何交易所上市。

2021年1月15日，中国银保监会、中国人民银行下发《关于规范商业银行通过互联网开展个人存款业务有关事项的通知》，其中规定“商业银行不得通过非自营网络平台开展定期存款和定活两便存款业务，包括但不限于由非自营网络平台提供营销宣传、产品展示、信息传输、购买入口、利息补贴等服务”。商业银行已经开展的存量业务到期自然结清。

2021 年 1 月 18 日，汇源果汁（01886.HK）被香港联交所摘牌，正式退市。

2021 年 2 月 7 日，包商银行被裁定破产。

2021 年 7 月初，中共中央办公厅、国务院办公厅印发了《关于依法从严打击证券违法活动的意见》。

2021 年 9 月 1 日，《中华人民共和国数据安全法》正式实施。

2021 年 11 月 1 日，《中华人民共和国个人信息保护法》正式实施。两天后小红书因超范围搜集个人信息被工信部通报并要求整改。

2022 年 1 月 30 日，号称“广州第一民企”的雪松控股集团有限公司发出致歉信，宣布原定于 1 月底完成的兑付无法落实。

2023 年 9 月 28 日晚间，中国恒大（03333.HK）公告证实，公司接到有关部门通知，公司执行董事及董事会主席许家印因涉嫌违法犯罪，已被依法采取强制措施。

2023 年 11 月 14 日，“杭州 30 亿元量化私募基金跑路”传言拉开了华软新动力爆发投资风险事件的大幕。网传华软新动力有产品涉及多级套嵌，该公司有产品投向深圳汇盛，再下投至杭州瑜瑶，再下投向了已经注销了的磐京股权的无托管产品，并称，华软新动力拿到的投前的估值表和投后的业绩全是假的。华软新动力在当天就发布了公告，承认了部分传言的真实性，即华软新动力因深圳汇盛发生违约行为导致兑付困难。

2023 年 11 月 22 日，中植集团发布致投资者的致歉信表示，公司存在重大持续经营风险，剔除保证金后相关负债本息规模在 4 200 亿元至 4 600 亿元之间，短期内可用于兑付债务的资源远低于整体债务规模。

2023 年 12 月 4 日，京东正式发布声明称，诺亚财富恶意起诉京东，误导投资人和公众，推卸和转嫁责任，为自己寻找“替罪羊”。京东表示，“承兴案”引发媒体和公众广泛关注。在承兴系合同诈骗过程中，承兴系公司用假冒的京东公章、京东员工、京东系统和虚假的交易数据，轻易骗过号称“全球综合金融平台”的诺亚财富及旗下歌斐资产，获得歌斐巨额融资，直至暴雷。但京东作为毫不知情的受害者被卷入历时四年的恶意诉讼中，公司的声誉和权益遭受重大损失。

2023 年 12 月 7 日，支付宝与华为终端宣布合作，成为又一家启动鸿蒙原生应用开发的头部平台伙伴，鸿蒙生态布局进一步完善。

附录二

中国财经新闻大事记（1991—2023）

1991年，《上海证券（试刊）》创办。

1992年，《中国证券报》《证券市场周刊》先后创办。

1992年9月27日，新华社发表针对股市暴涨的文章《关于股市的通信》。

1993年，《上海证券报》《证券时报》先后创刊。

1993年9月，宝安集团收购上市公司延中实业股票，延中实业反击，是为中国上市公司第一起收购案例“宝延风波”。

1993年，“苏三山”诈骗事件发生。11月6日，海南《特区证券报》在头版头条刊登广西北海正大置业有限公司给该报编辑部的来信，信中称该公司已经持有并将继续收购江苏昆山三山公司股票。此事经查是一场骗局。

1994年，《中国改革报》创刊。

1995年11月2日，国务院第三十七次常务会议通过了《国务院关于股份有限公司境内上市外资股的规定》。

1996年12月16日，《人民日报》头版发文《正确认识当前股票市场》，称股市：“最近一个时期的暴涨是不正常和非理性的。”随后大盘连续两日跌停。

1998年，《财经》创刊，确立“独立、独家、独到”的办刊宗旨，着重财经调查报道。

1999年6月15日，《人民日报》头版发文《坚定信心，规范发展》，将同年5月19日以来的小幅上涨行情定义为：“调整两年之久的中国股市开始出现了较大的上升行情”，“反映了宏观经济发展的实际状况和市场运行的内在要求，是正常的恢复性上升”。6月15日当天，A股是1 387点，随后疯牛市开启，并一路冲上了2 200点，开启了世纪牛行情。

1999年8月，《中国证券报》整版刊登了关于康达尔（集团）股份有限公司投资价值分析的文章，作者署名“和讯信息”。据后来记者查证，全部原始材料均由吕梁提供。

2000年5月9日，《人民日报》发表时任中国建设银行行长周小川的文章《国有商业银行如何充实资本?》。

2000年8月14日，《中国证券报》发表中国社会科学院金融研究中心“投资基金”课题组《四问证券投资基金》一文。

2000年10月，《财经》杂志刊登了《基金黑幕——关于基金行为的研究报告解析》一文，中国调查性财经报道开始崛起。

2000年10月29日，吴敬琏接受了中央电视台《经济半小时》专访，对“基金事件”发表自己的看法。

2000年10月30日，新华社《新华视点》专栏刊发《假典型巨额亏空的背后——郑百文跌落发出的警示》。

2000年12月19日，中国民生银行成功登陆沪市。中国民生银行是中国第一家非国有控股的股份制商业银行。

2001年2月3日，王克勤在《中国经济时报》发表近2万字的《兰州证券黑市狂洗"股民"》，报道兰州证券诈骗案。朱镕基总理对此作出批示，从而展开对全国非法证券市场的整顿。此案成为2001年"全国经济秩序整顿第一案"，仅兰州就有150多名涉案人员被逮捕。

2001年2月5日，《财经》杂志发表《庄家吕梁》，报道吕梁操纵中科系股价事件。

2001年2月8日，新华网发表《财经时评：中国股市，风物长宜放眼量》，就中国股市发表评论。

2001年8月5日，《财经》杂志发表封面文章《银广夏陷阱》，揭露中国股市绩优股银广夏造假，被誉为"中国财经报道史上的珠峰之作"。此前，2001年3月31日，中国证券市场研究设计中心研究部蒲少平撰写《关于银广夏的九个疑点》，对银广夏2000年年报中的数据提出疑问。4月10日，《财经时报》刊登《银广夏的业绩真实吗?》和《透视银广夏1998年业绩》，明确质疑银广夏可能存在的严重问题。

2002年12月6日，王克勤在《中国经济时报》用五个整版发表《北京出租车业垄断黑幕》。12月14日，时任总理温家宝就此作出批示，从而推动了中国出租车行业最早的改革。

2004年5月17日下午5点20分，中央电视台《中国证券》栏目率先播发消息：经国务院批准，中国证监会正式发出批复，同意深圳证券交易所在主板市场内设立中小企业板，并核准了中小企业板的实施方案。

2004年5月27日，《上海证券报》刊登《中国独董生存现状》的调查报告。

2004年8月31日，《中国证券报》发表了波涛《用新股市发展政策扭转股市发展危机》。9月27日、11月5日和9日，波涛第二篇题为《建立量化的违规处理与信用管理制度》、第三篇题为《我国股市运行机制存在安全隐患》（上下）的文章在《中国证券报》相继发表。

2004年9月25日，《中国经营报》发表刘晓午、石海平的文章《整体上市潮彰显利益之争 证监会已先输一役》，讨论国企的整体上市问题。

2004年12月1日，新加坡《联合早报》发布了中国航油（新加坡）股份有限公司在石油期货交易中损失5.5亿美元的消息。

2005年2月7日，《经济观察报》01版刊发《中行和它的金钱大盗》一文。

2005年12月12日，《经济观察报》刊发《谁掌管30万亿金融国资》一文。

2007年1月22日，《中国经营报》刊发调查性财经报道《外资做庄中国股市揭秘》。

2007年，《财经》首期刊发封面文章《谁的鲁能?》。

2007年2月6日，中央电视台《新闻调查》播出《亿万"富"翁现形记》。

2007年8月31日，《中国经营报》刊发调查报道《娃哈哈与达能纠纷真相》，对中国饮料品牌娃哈哈与法国食品巨头达能发生商标归属权纠纷事件做了比较翔实的梳理。

2008年7月1日，新华社发表针对中国股市暴跌的文章《关于中国股市的通信》。

2008年7月14日，《人民日报》用一个整版发表了以“全力维护资本市场稳定运行”为主旨的四篇文章，这四篇文章分别是《有序调节融资节奏》《让“大小非”减持更透明》《鼓励引导长期资金入市》和《逐步完善内在稳定机制》。

2008年7月17日，新华社发表《上市公司半年报陆续出炉，价值投资值得期待》。7月18日，发表《宏观经济平稳较快运行，股市长期向好基础未改》和评论文章《让股市发现资产的真正价格》。7月28日，发表《市场信心重聚，稳定已成强音》和《A股长期投资价值日益显现》两篇述评。

2009年4月22日，《南方周末》刊发李锦的文章《谁制造了信贷井喷》。

2010年4月13日，《南都周刊》刊发深度调查《“封口费”背后的新闻寻租》。

2011年4月4日，《经济观察报》刊发《危险的天贵所》一文。

2011年8月8日，《经济观察报》刊发《IPO宽严尺度调查》一文。

2012年，《新世纪》周刊第1期《达芬奇案中案》、第22期《IPO有偿沉默》以及2013年第6期《删帖生意》揭露我国传媒界“有偿沉默”的腐败现象。

2012年4月16日，《新世纪》周刊封面报道为《税收为什么这样痛》。

2013年4月到5月，上海的《第一财经日报》、深圳的《新财富》杂志、广州的《21世纪经济报道》先后发表对民营资本系族企业“明天系”的调查报道。

2013年5月27日，《新快报》刊发了记者陈永洲采写的《中联重科再遭举报财务造假 记者暗访证实华中大区涉嫌虚假销售》一文，报道了A股、H股上市公司中联重科2012年在华中大区涉嫌销售造假。2013年7月，中联重科董事长助理高辉在微博中连续发布以“舆霸与打手”等为题的微博内容，直指《新快报》及记者陈永洲，并将陈永洲的记者证及身份信息在网络上公开。高辉称，陈永洲“先后10篇负面文章”抹黑中联重科，致其股价大幅下降。2014年10月17日，长沙市岳麓区人民法院以损害商业信誉罪、非国家工作人员受贿罪，一审判决原广州《新快报》记者陈永洲有期徒刑1年10个月。

2013年7月1日，《新世纪》周刊封面报道《银行履险》聚焦流动性紧张竟引发部分银行短期停贷。该文指出，危机预演，中国银行业的脆弱超乎预期。

2014年7月29日，财新传媒发布了《周永康的人与财》的数据新闻报道，资料翔实，内容体量达到数万字，以动态互动信息图表的形式让用户理清了周永康家族敛财的脉络。这一数据新闻报道一周内获得了约400万的访问量，推荐这一报道的微博被转发约5万次，阅读量超过2 000万次，获亚洲出版业协会（SOPA）“2015年度卓越新闻奖”之卓越网络新闻奖。

2014年8月11日，《新世纪》周刊封面报道为《申万宏源合并》。

2014年9月，21世纪网及21世纪报系新闻敲诈事件发生。3日，有媒体报道21世纪网主编等8名犯罪嫌疑人被依法采取刑事强制措施。9月25日，21世纪报系总编、《21世纪经济报道》创办人兼发行人沈颢、21世纪报系总经理陈东阳被警方带走。2015年4月30日，国家新闻出版广电总局向社会通报了对21世纪网、《理财周报》和《21世纪经济报道》新闻敲诈案件的行政处理情况，其中21世纪网被责令停办，《理财周报》被吊销出版许可证，《21世纪经济报道》被责令整顿。

2014 年 10 月 18 日，《经济观察报》刊发《“保卫”超日债》一文。

2015 年 4 月，《新世纪》周刊（创刊于 1988 年 10 月）正式更名为《财新周刊》。

2015 年 7 月 13 日，《财新周刊》发表封面报道《A 股救市苦战》。7 月 27 日，再发封面报道《救市之后》。

2015 年 8 月 3 日，《财新周刊》发表封面报道《百亿美元石油陷阱》。

2015 年 8 月 10 日，《财新周刊》发表封面报道《互联网金融结束野蛮生长》。

2015 年 11 月 5 日，《财新周刊》封面报道《清算日》及同期的特稿《徐翔：神话的结束》共同聚焦徐翔及其掌控的泽熙投资。

2016 年 1 月 11 日，《财经》刊发针对非法集资的两篇报道《洛阳集资崩盘始末》与《陕西民办高校集资陷阱》。

2016 年 8 月 8 日，《财新周刊》发表封面报道《百度灰生态》。

2016 年 9 月 10 日，《经济观察报》刊发《222 天，一份非完整版的新能源车骗补名单意味着什么?》一文。

2016 年 9 月 19 日，《财新周刊》发表封面报道《宝武大合并》。

2016 年 10 月 3 日，《财经》发表封面文章《中海油之殇》。

2017 年 7 月 24 日，《财新周刊》发表封面报道《贾跃亭：All-in 到 All-out》

2017 年 8 月 14 日，《财新周刊》发表封面报道《“吃人”的传销》。

2017 年 11 月 27 日，《经济观察报》刊发《现金贷生死劫》一文。

2018 年 7 月 16 日，《财新周刊》发表封面报道《互联网金融整治攻坚》。

2018 年 9 月 10 日，《财新周刊》发表封面报道《私募基金漩涡》。

2018 年 10 月 29 日，《财新周刊》发表封面报道《广东振戎黑洞》。

2019 年 6 月 19 日，界面新闻调查记者发表 3 篇独家深度报道《安翰科技的谎言》，揭露正在审核期间的科创板拟上市企业安翰科技涉嫌欺诈发行，包括涉嫌过度包装、涉嫌通过未披露关联方舞弊等问题。

2019 年 7 月 15 日，《财新周刊》发表封面报道《罗静的“罗生门”》。

2019 年 10 月 5 日，澎湃新闻深度报道《48 岁神秘资本大佬张振新在英国去世，先锋系何以陷入败局?》。

2019 年 10 月 21 日，《财新周刊》发表封面报道《百亿假黄金骗贷》。

2020 年 7 月 27 日，《财新周刊》封面文章《A 股“收割机”升级》指出，程序化高频“T＋0”交易勃兴，加速收割散户。

2020 年 8 月 3 日，《财新周刊》封面文章《解构蚂蚁》指出，通过“流量巨头＋支付巨头＋各类金融产品嵌套”，蚂蚁集团搭建起一个庞大的资金内循环模式。

2020 年 8 月 17 日，《财新周刊》发表封面文章《包商银行破产倒计时》。

2020 年 11 月 23 日，《财经》封面文章《监管蚂蚁：十六年博弈史详解》对蚂蚁集团在 IPO 前夜突遭监管新政进而暂缓上市进行了详细报道。2020 年 11 月 9 日，《财新周刊》封面文章《蚂蚁刹车》也对此进行了深度分析。

2021 年 2 月 22 日，《财经》发表封面文章《致敬中国资本市场三十年：鼎新而立》。

2021 年 5 月 24 日，《财经》发表封面文章《人口十年之变》。

2021年7月12日，《财新周刊》发表封面文章《滴滴强震》。

2021年8月16日，《财经》发表封面文章《截断教培》。

2021年9月20日，《财新周刊》发表特稿《恒大何以至此》。

2022年2月21日，《财新周刊》发表封面文章《雪松泡沫破了》。

2022年8月8日，《财新周刊》发表封面文章《芯片大基金风暴》。

2022年9月5日，《财经》发表封面文章《人民币汇率跌宕》。

2022年11月26日，《财经》刊发《7家上市公司董事长被查，涉嫌操纵市场和内幕交易》一文。

2022年12月8日，《财经》发表特别报道《中兴四年生死路》。

2023年3月22日，《财经》刊发《美联储为什么还在加息?》一文。

2023年6月13日，《财经》发表特别报道《存款利率下调也“赶”不走存款》。

2023年6月26日，《财经》发表封面文章《京东20年，骨感与梦想》。

2023年9月8日，《财经》刊发《李宁的利润去哪了》一文。

2023年9月18日，《财经》发表封面文章《资管变局》。

2023年10月9日，《财经》刊发《人民币汇率承压》一文。

2023年10月9日，《财新周刊》发表封面文章《围剿跨境电诈》。

2023年11月20日，《财新周刊》发表封面文章《重估地产业》。

2023年12月18日，《财新周刊》发表封面文章《日本经济30年：教训与经验》。

参考文献*

阿奎．喧哗与骚动：新中国股市二十年［M］．北京：中信出版社，2008.

波特．竞争论［M］．刘宇，高登第，李明轩，译．2 版．北京：中信出版社，2009.

达利欧．原则：应对变化中的世界秩序［M］．崔苹苹，刘波，译．北京：中信出版社，2022.

弗里德曼，施瓦茨．美国货币史：1867－1960［M］．巴曙松，王劲松，等译．北京：北京大学出版社，2009.

海恩，勃特克，普雷契特科．经济学的思维方式：修订第 12 版［M］．史晨，马昕，陈宇，等．北京：世界图书出版公司北京公司，2012.

贺宛男，佟琳，唐俊．财经专业报道概论［M］．上海：复旦大学出版社，2006.

黄嵩，李昕旸．兼并与收购［M］．北京：中国发展出版社，2008.

纪廉．趋势 2030：重塑未来世界的八大趋势［M］．曹博文，译．北京：中信出版社，2022.

郎咸平，等．误区：中国企业战略思维误区分析［M］．北京：东方出版社，2006.

李高奎．基础会计学［M］．大连：东北财经大学出版社，2013.

栗丽．世界贸易组织体制［M］．北京：中国人民大学出版社，2009.

刘易斯．经济增长理论［M］．郭金兴，等译．北京：机械工业出版社，2015.

洛．格雷厄姆精选集［M］．林安霁，樊帅，姚立，译．北京：机械工业出版社，2020.

马尔基尔．漫步华尔街：原书第 12 版［M］．张伟，译．北京：机械工业出版社，2022.

缪尔达尔．亚洲的戏剧：对一些国家贫困问题的研究［M］．谭立文，张

* 本书相关数据多来源于世界银行、国家统计局、沪深两市交易所、和讯网、网易财经、知乎等多家网站以及《财经》杂志、《财新周刊》等，兹不一一列举。

卫东，译．北京：北京经济学院出版社，1992.

帕利普，希利．经营分析与评价：第 4 版 [M]. 朱荣，译．大连：东北财经大学出版社，2008.

任纪军．中国式私募股权基金 [M]. 北京：中国经济出版社，2008.

萨克斯．贫穷的终结：我们时代的经济可能 [M]. 邹光，译．上海：上海人民出版社，2007.

斯蒂格利茨．经济学：第 3 版：上、下册 [M]. 北京：中国人民大学出版社，2005.

谭云明．在中财讲财经新闻：第 1 辑 [M]. 北京：中国经济出版社，2016.

吴晓灵．中国金融体制改革 30 年回顾与展望 [M]. 北京：人民出版社，2008.

席勒．非理性繁荣：第 3 版 [M]. 李心丹，俞红海，陈莹，等．北京：中国人民大学出版社，2016.

肖星．一本书读懂财报 [M]. 杭州：浙江大学出版社，2014.

谢芙琳，贝赛特．全球化视界：财经传媒报道 [M]. 李良荣，审译．上海：复旦大学出版社，2005.

张志平．金融市场实务与理论研究 [M]. 北京：中国金融出版社，1991.

周其仁．货币的教训：汇率与货币系列评论 [M]. 北京：北京大学出版社，2012.

《中央银行概论》编写组．中央银行概论 [M]. 成都：西南财经大学出版社，1993.

后　记

本书是在四川大学出版社2014年出版的《财经新闻基础》的基础上修订而成的。

10年间，国内外重大事件频繁发生，英国脱欧、中美贸易争端、新冠疫情以及仍在持续的俄乌冲突等都深刻地影响了全球贸易格局。石油、钢材等大宗商品价格动荡，全球产业链正在重构。人工智能发展迅速，ChatGPT正在改变目前的生产和消费场景。

10年间，主要经济体央行的货币政策经历了重大转向。新冠疫情之初美联储货币宽松政策已然改变为2022年以来的频繁加息，而中国政府正努力扩大内需，中国人民银行近两年持续降息降准。

10年间，资本市场黑天鹅事件和灰犀牛事件屡屡发生，财经信息传播的速度和广度超越以往，投资者对资金安全的顾虑增加。互联网和通信技术的升级迭代不仅实现了全球资本市场的全天候交易，也使投机泡沫更易形成。任何国家任何事件的发生都可能瞬间引发全球蝴蝶效应和多米诺骨牌效应，金融危机山雨欲来，各国金融系统的监管者将面临更加严峻的挑战。

10年间发生的国内外重大财经事件也为本教材的修订提供了大量新鲜素材。经本次修订，第2版的具体变动如下：

一是内容拓展，由2014年版《财经新闻基础》的五编十五章扩至七编十六章，各章增加了相应案例，以及“延伸阅读”和“问题与思考”板块。

二是体例进行了更新。各章内容由原来直接介绍理论知识变为以案例导入，并提出具体的学习目标。增设“中国财经大事件（1992—2023)”和“中国财经新闻大事记（1991—2023)”两个主题附录。

三是对原教材数据、相关政策法规等进行了更新。这一点在第一编的三章与第七编第十五章中表现尤为明显。

四是对原版教材进行了适度的删减和整合。删除了“主权债务危机”“石油与发展”“人力资源与人力资本”“公司治理”专章，保留其内容精华部分并整合到“金融危机”“公司概述”“贫困与消除贫困”等相关章节之中。增加了“金融危机”“通货膨胀”“公司战略与战略分析”专章。

本书修订工作量之大始料未及。第 2 版的初稿完成之际，中原大地迎来了一场飘飘洒洒的瑞雪。刹那间，数日焦虑消失在玉屑琼花装扮的清凉世界，那些在编撰过程中温暖的时刻涌上心头。感谢中国人民大学出版社编辑翟江虹老师、汤慧芸老师、赵建荣老师，她们给予了热情的鼓励和强大的支持。翟老师不仅不厌其烦地与我就内容编排上的具体调整进行磋商，更是做了大量此书出版流程方面的烦琐工作。感谢河南财经政法大学潘克勤教授、程连于教授、董宣教授，郑州升达经贸管理学院郭苏敬老师、会计师韩园园女士、律师刘灏明以及河南省公共资源交易中心刘琦主任，没有他们极其宝贵的专业建议，本书的一些章节成形可能还会延宕多日。同时感谢中央财经大学谭云明教授、上海财经大学林晖教授长久以来对笔者的热情鼓励与支持。林晖教授在百忙之中为本教材作序，令笔者尤其感动。

本书的再次修订出版既是笔者多年专业课“财经新闻概论”教学经验的提炼总结，也是对疫情中失去至亲伤痛的一种告慰。如果读者能从中有所收获，将是我最大的快乐！我也期待着财经新闻领域耕耘多年的专家和同行们不吝赐教，直言指正。我相信，那不仅有益于读者，而且体现了财经新闻教研领域砥砺奋进的良好传统。

本次修订囿于自身视野和掌握资料的局限，一定会有这样或那样的不足，诚恳欢迎专家学者指正！

编　者

图书在版编目（CIP）数据

财经新闻基础/贺晓宏编著．-- 2 版．-- 北京：中国人民大学出版社，2024.10

新编 21 世纪新闻传播学系列教材

ISBN 978-7-300-32477-7

Ⅰ．①财… Ⅱ．①贺… Ⅲ．①经济-新闻工作-高等学校-教材 Ⅳ．①G212

中国国家版本馆 CIP 数据核字（2023）第 255050 号

河南省“十四五”普通高等教育规划教材

新编 21 世纪新闻传播学系列教材

财经新闻基础（第 2 版）

贺晓宏　编著

Caijing Xinwen Jichu

出版发行	中国人民大学出版社		
社　　址	北京中关村大街 31 号	**邮政编码**	100080
电　　话	010－62511242（总编室）		010－62511770（质管部）
	010－82501766（邮购部）		010－62514148（门市部）
	010－62515195（发行公司）		010－62515275（盗版举报）
网　　址	http://www.crup.com.cn		
经　　销	新华书店		
印　　刷	北京溢漾印刷有限公司		
开　　本	787 mm×1092 mm　1/16	**版　　次**	2024 年 10 月第 1 版
印　　张	20.5 插页 1	**印　　次**	2024 年 10 月第 1 次印刷
字　　数	374 000	**定　　价**	49.80 元

关联课程教材推荐

书号	书名	作者	定价	出书时间
978-7-300-31487-7	媒介经营与管理	周蔚华	69.8	2023-03
978-7-300-27847-6	传媒经济学教程（第二版）	喻国明　等	49.8	2019-12
978-7-300-25702-0	新媒体运营	刘友芝	49.8	2018-05
978-7-300-32871-3	新媒体运营实务（第 2 版）	张浩淼　等	49.8	2024-06
978-7-300-25972-7	新闻采访与写作	高钢　等	49.8	2018-08
978-7-300-29756-9	深度报道	唐铮	48.0	2021-08

配套教学资源支持

尊敬的老师：

衷心感谢您选择使用人大版教材！

相关的配套教学资源，请到人大社网站（www.crup.com.cn）下载，或是随时与我们联系，我们将向您免费提供。

欢迎您随时反馈教材使用过程中的疑问、修订建议并提供您个人制作的课件。您的课件一经采用，我们将署名并付费。让我们与教材共成长！

联系人信息：

地址：北京海淀区中关村大街 31 号　　龚洪训 收　　邮编：100080

电子邮件：gonghx@crup.com.cn　　电话：010－62515637　　QQ：6130616

如有相关教材的选题计划，也欢迎您与我们联系，我们将竭诚为您服务！

选题联系人：翟江虹　电子邮件：zhaijh@crup.com.cn　　电话：010－62515636

周　莹　　zhouying@crup.com.cn　　010－62511612

俯仰天地　心系人文

人大社网站　www.crup.com.cn

专业教师 QQ 群：

723715191（全国新闻教师群 2 群）

欢迎您登录人大社网站浏览，了解图书信息，共享教学资源

期待您加入专业教师 QQ 群，开展学术讨论，交流教学心得